9
TRENTO
BOLZANO
Vezzano
2
1
Sarche
Levico Terme
18
15
10
3
19
17
4
Arco
12
16
Ronzo Chienis
5
6
Rovereto
Folgaria
Pedemonte
el Garda
25
Isera
7
13
20–24
8
14
Torbole
26
Loppio
11
27
28
Malcesine
29
48
Belluno
one
49
A22
Sant' Anna
d'Alfaedo
VENETO
o di Montagna
47
46
Caprino
88
51
Volargne
83
89
Fumane
82
84–86
Negrar
S. Ambrogio
di Valpolicella
87
Grezzana
81
Mezzane di Sotto
Illasi
VERONA
90–93
80
Soave
VENEZIA
ampagna
78
79
Dossobuono
Villafranca
cio
MANTOVA
Isola della Scala
Bovolone

2019 / 2020

KULINARISCHE ENTDECKUNGEN AM GARDASEE

Über 350 Genussadressen & Tipps

INHALT

ZEICHENLEGENDE

€–€€€€ Preise für ein durchschnittliches Menü in Euro

€ - 25 Euro

€€ - 26–39 Euro

€€€ - 40–50 Euro

€€€€ - über 50 Euro

 Plätze im Freien. Bei Einkaufsadressen: mit Bewirtung

 Zimmervermietung

 Weingut, Weinhandlung

 Olivenölverkauf, Ölmühle

 Eine Vielfalt von Spezialitäten oder Besonderheiten wie Bier, Destillate, Kaffee, Fisch etc.

 Biobetrieb bzw. in Umstellung. Betrieb, der viele Bioprodukte anbietet oder verwendet

 Käserei, Käsegeschäft

 Wurst, Metzgerei

GRANA
PADANO

MIT GENUSS ENTDECKEN

Der Gardasee - seit Jahrzehnten verkörpert er für uns „Nordlichter" den Beginn des Südens. Dolce Vita, Sonne, Wein und gutes Essen ... Der größte See Italiens war schon um 2000 v. Chr. erstmals besiedelt. In der Antike trug er den Namen Lacus Benacus. Heute teilen sich die drei Regionen Trentino, Lombardia und Veneto den See. Und diese könnten landschaftlich kaum unterschiedlicher sein. In jeder Region scheint es fast, als sei man an einem anderen See. Die Landschaft, die Farbe des Wassers und das Klima unterscheiden sich allein schon bedingt durch die Umgebung.

Im Norden grenzt der Gardasee direkt an Gebirgsketten, im Süden hingegen geht er in eine sanfte Hügellandschaft über - der Gardasee ist so vielfältig wie kein anderer. Und diese Vielfalt prägt auf wunderbare Weise auch die Küche des Gardasees. Jede seiner Regionen hat ihre eigenen Spezialitäten. Öl, Wein, Käse, Wurst und andere Köstlichkeiten sowie eine regionaltypische Küche mit verschiedensten Gerichten - eine kulinarische Reise rund um den Gardasee hat wahrlich für jeden etwas zu bieten.

Auch das besondere Mikroklima trägt dazu bei, dass hier fast alles an Kulinarik zu finden ist, was Italien ausmacht. Im Süden des Sees herrschen fast schon mediterrane Bedingungen. Man findet Früchte wie Datteln, Feigen und sogar Kiwis. Und wer denkt bei Safran nicht sofort an ein typisch orientalisches Gewürz? Weit gefehlt. Er wächst u. a. am schönen Gardasee und in der Lessinia. Der berühmteste Safran des Landes kommt aus Pozzolengo, einem kleinen Ort südlich des Sees. Ebenfalls aus dem Süden stammt der Grana Padano, eine der berühmtesten Käsesorten der Welt. Bereits im Jahr 1996 erhielt der Hart- und Reibkäse von der Europäischen Union die Anerkennung der geschützten Ursprungsbezeichnung DOP. Rund um den See findet man viele kleinere Käsereien, die sich der Herstellung dieses feinen Produkts widmen. Diese kann man gern besuchen und bei der Käseherstellung zusehen.

Spezielle Winde, ehemaliges Vulkangestein und mineralische Böden machen die Früchte der Region so unverwechselbar. Fahren Sie doch einmal durch das Valpolicella oberhalb von Verona und sehen Sie die Weinreben, so weit das Auge reicht. Dies ist der Ursprungsort einer der berühmtesten Rotweine Italiens - des Amarone. Auch im Norden des Sees, passend zur etwas würzigeren und fast schon alpenländischen Küche, finden wir zwei kräftige Rotweine, die nur im Trentino hergestellt werden: den Teroldego und den Marzemino. Die südliche Region ist die Wiege des mittlerweile auch bei uns sehr beliebten Lugana. Dieser frische goldgelbe Weißwein wird zwischen Peschiera del Garda und Desenzano del Garda angebaut und trägt schon seit 1967 das DOC-Gütesiegel. Direkt an das Weinanbaugebiet des Lugana schließt sich das Valtènesi an. Die hier im Hinterland beheimateten Weine kennt man u. a. als die Linie des Garda Classico. Beliebt der junge, sehr schmackhafte rote Groppello, aber auch der Garda Classico Bianco auf Riesligbasis ist jeden Schluck wert. Und natürlich nicht zu vergessen der typische roséfarbene Chiaretto. Ein Garant für die hohe Qualität dieser Weine ist die Strada dei Vini e dei Sapori del Garda, die Weinstraße des Brescianer Gardaseeufers. Dieser Zusammenschluss verschiedener Partnerbetriebe legt größten Wert auf lokaltypische Produkte und Produktion, den Einsatz erstklassiger Rohstoffe und ein besonderes Augenmerk auf Tradition. Fährt man in Richtung Brescia, kommt man in die Franciacorta, in der ein Spumante produziert wird, der dem Champagner absolut das Wasser reichen kann. Von hier lohnt sich auch ein Abstecher zum nahe gelegenen Iseosee. Als Pendant zum Franciacorta gilt der Trento DOC. Dieser Schaumwein aus der nördlichen Region besticht ebenfalls durch seine außergewöhnliche Qualität.

Vom Wein zum Hochprozentigen. Sprechen wir doch zunächst über den Grappa, den man zweifelsfrei mit Italien verbindet. Was wäre ein Abendessen ohne einen Grappa zum Abschluss? Er wird aus den gepressten Traubenrückständen, dem sogenannten Trester, gewonnen und denkt man an die mannigfaltige Weinvielfalt der Gardaseeregion, wird schnell klar, weshalb auch die Auswahl der Grappasorten entsprechend groß sein muss. Wer es etwas milder mag, dem sei der köstliche Limoncello empfohlen. Apropos Limoncello - waren Sie schon einmal zu Besuch bei Karin Steinbacher? Dieses Ziel lohnt sich! Frau Steinbacher stammt ursprünglich aus München, ist aber vor vielen Jahren nach Gardone Riviera ausgewandert und ihr ist es gelungen, die fast in Vergessenheit geratenen Zitronen des Gardasees wiederzubeleben. „Es musste erst eine Deutsche kommen, um die ‚limoni del Garda' schätzen und nutzen zu lernen", so eine Einheimische mit wohlwollendem Lächeln. Frau Steinbacher produziert heute verschiedene Marmeladen sowie einige Liköre, u. a. einen unglaublich erfrischenden und zitronigen Limoncello. Das bringt uns zur nächsten Empfehlung: Falls Sie noch nie eine Cedrata gekostet haben, die aus der Cedra (Zitronatzitrone) hergestellt wird, sollten Sie mal bei Tassoni in Salò vorbeischauen.

Im Bereich „Hochprozentiges" natürlich nicht zu vergessen: der Picco Rosso. Ein Likör, der seit 1940 nach einem alten Rezept von Dr. Achille Foletto aus Walderdbeeren und Himbeeren hergestellt wird. Er kommt aus dem Ledrotal, in dem die Hersteller auch heute noch als Apotheker tätig sind. Kleiner Tipp on top: Machen Sie unbedingt einen Abstecher ins Apothekermuseum der Familie Foletto.

Im Norden des Sees befindet sich der Monte Baldo. Abgesehen von einem atemberaubenden Blick auf den gesamten Gardasee, unberührter Natur, vielen Sport- und Wandermöglichkeiten, hat der Monte Baldo auch kulinarisch so einiges zu bieten. Zunächst sei hier der Trüffel erwähnt - eine weiße Sorte mit schwarzer Schale und eine am Gardasee verbreitete Delikatesse. Man findet Trüffel aufgrund der nährstoffreichen Böden auch in Tignale, Tremosine und Toscolano Maderno. Tignale widmet dem edlen Pilz im September und Oktober sogar ein eigenes Fest.

Der Monte Baldo ist zudem ein wahres Kräuterparadies, an denen sich auch die vielen Rinder erfreuen und satt fressen. Und so, Sie ahnen es schon, kommen wir zum Fleisch. Eine der Spezialitäten vom Baldo ist „la tenerona del Baldo", eine weniger salzige Version der Carne salada (Carne salà), was wörtlich mit „Salzfleisch" übersetzt wird. Dieses ist v. a. im Trentino verbreitet und wird gern als Carpaccio, Tatar oder auch gekocht bzw. gebraten serviert. Für unseren deutschen Gaumen vielleicht etwas gewöhnungsbedürftiger ist der berühmte Spiedo bresciano, ein üppiger Fleischspieß, auf dem sich u. a. das Fleisch von Singvögeln wiederfinden kann. Auch den Bollito misto, ein Gericht mit gemischten Fleischsorten, sollte man unbedingt probieren. Hier können Gäste häufig direkt von einem „carrello", einem kleinen Wagen, auswählen. Darauf liegen verschiedene Fleischsorten und Würste, darunter Rindfleisch, Cotechino, Zunge oder auch Schweinsfuß. Vielleicht ein bisschen ungewöhnlich, aber ein Klassiker der norditalienischen Küche.

Wer Fisch bevorzugt, findet in vielen Lokalen typische und schmackhafte Gerichte aus Gardaseefisch, wie z. B. Felchen, Forelle vom Grill oder gekocht, Schleie oder Hecht mit einer Soße aus Zwiebeln, Knoblauch, klein gehackten Sardellen, Kapern und Petersilie. Unter den vielfältigen kulinarischen Feierlichkeiten rund um den See sind auch dem Fisch zahlreiche Feste gewidmet, z. B. „La Festa del Pesce e dell'Olio", das Mitte Juni in Malcesine stattfindet.

Doch was wäre eine Reise an den Gardasee, ohne in die Welt des Olivenöls einzutauchen? Das herrliche Öl aus der Region ist vielfältig, vom fruchtigen und eher milden Geschmack bis hin zu kräftigen Varianten. Manche sagen, ein Olivenöl sei erst richtig gut, wenn es schön im Hals kratze, und für viele ist Olivenöl eine wertvolle Medizin. Ein Teelöffel Olivenöl, jeden Morgen zum Frühstück eingenommen, soll dieselbe Wirkung entfalten, wie es bekanntlich der täglich verzehrte Apfel kann. Das Öl, das um die Orte Torbole, Riva und Arco produziert wird, ist gar das nördlichste Olivenöl der Welt. Rund um den See werden außerdem oft spezielle Gütesiegel verwendet. Achten Sie beim Kauf auf die Bezeichnung „Garda D.O.P.". Nur mit diesem Siegel können Sie sicher sein, dass das Olivenöl die typischen und garantierten Eigenschaften der Region aufweist und dass es nach strengen Richtlinien hergestellt wurde. Eventuell finden Sie auf dem Etikett darüber hinaus noch eine der geografischen Zusatzbezeichnungen „bresciano", „orientale" oder „trentino". Dann wissen Sie genau, an welchem Ufer die Oliven gewachsen sind, die jetzt als eine herrliche goldgelbe Delikatesse in der Flasche glänzen.

In Sommacampagna, einer Region im Custoza-Gebiet unweit des Sees, wird der Pfirsich gefeiert, und man kocht auch deftige Speisen mit der süßen Frucht. Absolut zu empfehlen ist zudem der Broccoletto, eine fast vergessene Stangenkohlart, aus der z. B. Pesto hergestellt wird. Reist man nur etwas weiter, gelangt man in die Orte Monzambano und Valeggio sul Mincio. Letzterer ist weltberühmt für seine Tortellini.

Südlich des Sees beginnt das große Reisanbaugebiet, das sich bis in die Poebene erstreckt. So findet man in den gängigen Menüs der regionalen Restaurants meistens auch Risottogerichte. Diese werden sehr gern mit „funghi porcini" (Steinpilzen), Radicchio oder auch mit Amarone zubereitet. Eine Wucht!

Sie sehen, der kulinarischen Vielfalt am Gardasee sind keinerlei Grenzen gesetzt. Bereits in siebter Auflage wollen wir Ihnen mit diesem Buch einen Helfer an die Hand geben, der Sie durch die verschiedenen Regionen führt und Ihnen die aus unserer Sicht lohnenswertesten Restaurants und Einkaufsadressen vorstellt. Ein Redaktionsteam hat den See den ganzen Sommer bereist, auf der Suche nach kulinarischen Entdeckungen, um Ihnen Ihre nächste Genussreise so köstlich wie möglich zu gestalten – von der einfachen kleinen Trattoria bis hin zum Sternelokal. Neu in dieser Ausgabe ist unsere Rubrik für Vegetarier und Veganer.

Und da der Weg bekanntlich das Ziel ist, haben wir Ihnen auch für die Anreise einige lohnenswerte Tipps zusammengestellt.

Wir wünschen viel Spaß beim Lesen und Genießen!

PRAKTISCHES

Wir haben Platz geschaffen für Neues

In der neuen Ausgabe der **Kulinarischen Entdeckungen** sind wieder die Ergebnisse unserer Recherchen der letzten Jahre zusammengetragen. Dieses Mal durfte ein ganzes Autorenteam an der Entstehung des neuen Buches mitarbeiten. So konnten wir die unterschiedlichen Regionen noch besser bereisen und die Betriebe noch genauer kennenlernen, darunter auch viele neue Restaurants und Einkaufsadressen. Andere sind geblieben, wurden aber neu recherchiert, getestet und ergänzt. Da die Auswahl kulinarischer Entdeckungen rund um den Gardasee und sein Hinterland sehr groß ist, mussten aber auch einige Adressen der alten Ausgabe Platz machen für Neues. Schließlich wollen wir Ihnen stets Abwechslung bieten und neue Erlebnisse ermöglichen.

Jeweils nach den Empfehlungen zum Essengehen präsentieren wir Genussadressen, auch wiederum nach den drei Regionen gegliedert. Zusätzlich finden Sie bei den Restauranteinträgen weiterführende Tipps und Adressen in der Nähe. Um sich besser orientieren zu können, finden Sie die Restaurants auf einer Karte vorne im Buch und die Einkaufsadressen hinten. Entsprechend der Wünsche unserer Leser haben wir außerdem Platz gemacht für noch mehr Bilder.

Komplett umstrukturiert wurde das Kapitel der Anreise. Hier werden nun nicht mehr einzelne kulinarische Anlaufstellen präsentiert, sondern verschiedene Orte. Wir haben uns vier Städte auf dem Weg an den Gardasee herausgesucht und wollen Ihnen diese kurz vorstellen. Aber natürlich gibt es für jede Stadt auch genügend kulinarische (Geheim-)Tipps!

Neu auch die Rubrik „Vegetarisch & Vegan“ am Ende des Buches. Zudem finden Sie exklusive Infos und Tipps für das Weinanbaugebiet Franciacorta.

Unsere Auswahl

Es gibt rund um den Gardasee inklusive seines Hinterlands immer noch weit mehr als die hier empfohlenen Lokale, in denen man ebenfalls gut isst, und mehrere Hundert Weinbaubetriebe, von denen viele auf ihre Erzeugnisse stolz sein können. Wir haben versucht, eine gute Mischung aus einfachen, aber wirklich guten Trattorie für die ganze Familie, aus leidenschaftlich geführten Osterie für Genießer und Weinliebhaber sowie aus edlen Restaurants zusammenzustellen. Bei den Erzeugern von Wein, Olivenöl und Spezialitäten haben wir darauf geachtet, dass sie Besuchern offenstehen, dass man ihre Produkte vor Ort verkosten und direkt kaufen kann. So kann jeder ein Stück Gardasee mit nach Hause nehmen und noch lange vom Urlaub zehren – im wahrsten Sinne des Wortes.

Uhrzeiten

Mittags zum „pranzo" sind Gasthäuser in der Regel von 12.30 bis 14.30 Uhr geöffnet, abends selten früher als ab 19, eher 19.30 Uhr. Doch immer mehr Lokale bieten auch durchgehend entweder warme Speisen oder aber Brotzeitteller und andere kleine Gerichte an. Dies haben wir dann extra vermerkt. Im Vergleich zur vorherigen Ausgabe gibt es keine Informationen mehr zu den Betriebsferien, da diese immer wieder variieren.

Preise

Die Durchschnittspreise für die einzelnen Gänge eines italienischen Menüs – in der Regel Primo, Secondo und Dolce finden Sie im Buch. Preise für ein durchschnittliches Menü in Euro: **€** bis 25 Euro, **€€** 26 bis 39 Euro, **€€€** 40 bis 50 Euro, **€€€€** über 50 Euro.

Über Trinkgeld freut sich v. a. angestelltes Bedienungspersonal.

Reservieren

Tun Sie sich und den Gastronomen einen Gefallen und reservieren Sie, wenn irgend möglich. Manchmal, weil Sie sonst keinen Platz bekommen, manchmal aber auch (v. a. außerhalb der Saison), weil die Wirte gern wissen möchten, ob überhaupt jemand kommt. Auch kann ein Restaurant aus verschiedenen Gründen geschlossen sein, gerade bei Familienbetrieben können freudige und weniger freudige Anlässe der Grund sein. In einigen Agriturismi und kleinen Restaurants bekommt man ausschließlich auf vorherige Reservierung einen Platz. Informationen dazu finden Sie dann beim jeweiligen Eintrag.

Ihre Meinung

Wir freuen uns über Ihre Meinungen, Ihre Erfahrungen, Ihre Kritik. Diese Rückmeldungen sind ein kostbares Gut, denn viele sehen, schmecken und riechen mehr als nur eine kleine Gruppe von Autoren. Schreiben Sie uns also, egal ob Kritik, Wünsche und Anregungen oder Lob. Die E-Mail-Adresse hierfür lautet: kulinarischeentdeckungen@gardasee.de.

Neuigkeiten, Änderungen, Korrekturen

Die Gastronomie ist eine schnelllebige Branche. Köche wechseln, bisweilen schließen Restaurants oder sie ändern ihre Öffnungszeiten. Sofern wir dies mitbekommen, veröffentlichen wir Neuigkeiten und Änderungen unter www.gardasee.de/kulinarische entdeckungen. Wir freuen uns, wenn Sie uns Ihre Beobachtungen mitteilen. Auch Fehler, die ja nur menschlich sind, werden, sobald wir sie entdecken, dort korrigiert.

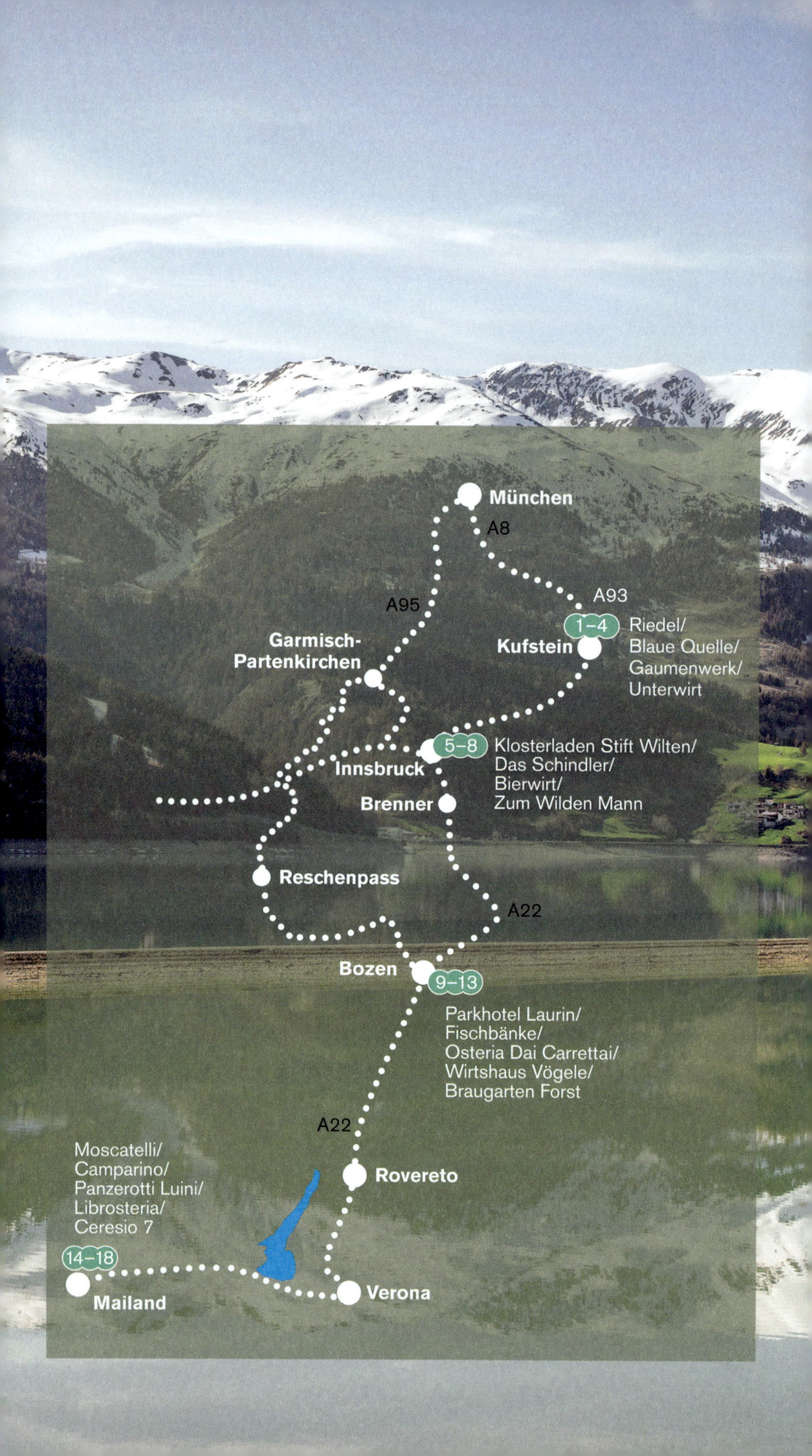
München
A8
A93
A95
1–4
Riedel/
Blaue Quelle/
Gaumenwerk/
Unterwirt
Kufstein
Garmisch-
Partenkirchen
5–8
Klosterladen Stift Wilten/
Das Schindler/
Bierwirt/
Zum Wilden Mann
Innsbruck
Brenner
Reschenpass
A22
Bozen
9–13
Parkhotel Laurin/
Fischbänke/
Osteria Dai Carrettai/
Wirtshaus Vögele/
Braugarten Forst
A22
Rovereto
Moscatelli/
Camparino/
Panzerotti Luini/
Librosteria/
Ceresio 7
14–18
Mailand
Verona

DER WEG IST DAS ZIEL

Lohnenswerte Stopps
auf der Reise an den Gardasee

KUFSTEIN – DIE PERLE AM GRÜNEN INN

Speisen und übernachten in der Blauen Quelle, Brotzeit beim Biometzger, Glaskunst bei Riedel

Ein längerer oder kürzerer Aufenthalt in Kufstein lohnt sich für Genießer allemal. Wer einen weiteren Anreiseweg zum Gardasee hat, der möchte vielleicht sogar übernachten. Hier sei Hotel und Gasthof **Zur Blauen Quelle** im kleinen Ort Erl in der Nähe des Alpenstädtchens empfohlen. Es gibt wenige Restaurants, bei denen sich die Genussguides so einig sind, ganz gleich ob „Falstaff", „Slow Food" oder „Gault Millau". Alle loben – und zwar zu Recht: Gabi und Alexander Struth sind herzliche Gastgeber und dem Hausherrn gelingt eine hochinteressante Küche zwischen regionalen, traditionellen und internationalen Einflüssen. Die Standardkarte bietet Tiroler Gröstl und Schnitzel, aber auch einen köstlichen Glasnudelsalat oder ein Linsencurry, Schlutzkrapfen oder gegrillte Blutwurstscheiben. Das Bleiben lohnt sich allein schon wegen des interessanten Abendmenüs, bei dem Alexander Struth sein Können und seine Kreativität zeigt. Alternativ sei auch der **Unterwirt** im Nachbarort Ebbs genannt. „Gault Millau" & Co. empfehlen dieses Haus wärmstens. Traditionelle, bodenständige Tirolerische Küche trifft hier auf internationale Einflüsse.

Für eine kürzere Pause bietet sich ein Stopp bei der Biometzgerei **Gaumenwerk** im Ortsteil Zell an. Neben Biowurst, Rindfleischsülze, Kaminwurzen, Schinken oder Tiroler Speck bietet die Metzgerei auch Frühstück und Mittagstisch – alles hausgemacht und in Bioqualität.

Sodann ist ein Stopp in Kufstein für Weinkenner quasi Pflichtprogramm. Auf der ganzen Welt wird edler Wein in **Riedel**-Gläsern serviert. Das Kufsteiner Unternehmen fertigt seit über 260 Jahren hochwertiges Glas, heute in der elften Generation. Bei Riedel hat man schon früh begonnen, für jeden Wein ein eigenes Glas zu entwickeln, das den Charakter des jeweiligen Tropfens besonders gut zur Geltung bringt. Ein schwerer Roter, wie z. B. der Enantio aus dem Etschtal, benötigt ein anderes Glas als der schlanke weiße Custoza. Bardolino Chiaretto Spumante fühlt sich in Gläsern wohl, die für Champagner gedacht sind, Groppello in solchen für Burgunderweine. Im Werksverkauf wird man beraten und kann obendrein so manches Edelglas zum günstigen Preis erwerben. Außerdem ist es möglich, den Glasmachern bei der Arbeit zusehen und den vielseitigen Werkstoff Glas mit allen Sinnen zu erfassen – Vorführungen und die Multimediashow „Sinnfonie" ermöglichen dies.

1

RIEDEL GLAS AUSTRIA
Weissachstraße 28–34
A-6330 Kufstein,
Tel.: +43 (0)5372 648 96-33
www.riedel.com

2

BIOMETZGEREI GAUMENWERK
Herzog-Stefan-Straße 3
A-6330 Zell-Kufstein,
Tel.: +43 (0)5372 621 51
www.gaumenwerk.at

3

RESTAURANT ZUR BLAUEN QUELLE
Mühlgraben 52
A-6343 Erl
Tel.: +43 (0)5373 81 28,
www.blauequelle.at

4

UNTERWIRT
Wildbichler Straße 38
A-6341 Ebbs
Tel.: +43 (0)5373 422 88

INNSBRUCK – IMMER EINEN BESUCH WERT

Kultur, hervorragendes Essen und Schnapsbrennerkultur mit Bergpanorama

Wie oft sind Sie schon an Innsbruck, der Hauptstadt Tirols, vorbeigefahren, haben das Bergpanorama bewundert, aber nie angehalten? Dabei lohnt es sich! Innsbruck hat eine lange Historie und ist für seine Bauwerke aus der Kaiserzeit, aber auch für seine moderne Architektur bekannt. Im Norden der Stadt befindet sich die Nordkette, eine der vier Gebirgsketten im Karwendel, im Süden liegt der Patscherkofel. Mit den Nordkettenbahnen kann man vom Innsbrucker Stadtzentrum sogar auf die Nordkette hochfahren, bis zur Seegrube auf 1905 m, von wo aus man einen atemberaubenden Blick auf die Stadt hat.

Hier nur einige der empfehlenswerten Stopps: das Goldene Dachl, der Dom zu St. Jakob, die Alte Spitalskirche, die Basilika Wilten (mit der **Schnapsbrennerei von Stift Wilten** – das Schnapsbrennen hat in Tirol und seinen Klöstern eine lange Tradition), das Haus der Musik und die Bergiselschanze (eine der Örtlichkeiten der Vierschanzentournee, an der man auch im Sommer Skispringern beim Showjumping zusehen kann). Von München kommend kurz vor Innsbruck, in Wattens, befinden sich übrigens die wunderschönen Swarovski-Kristallwelten – ebenfalls einen Stopp wert. Hier lädt zudem ein sehr nettes Restaurant zum Pausieren ein.

Auch kulinarisch gibt es viel zu entdecken. Von alpenländisch rustikaler Küche bis zu Lokalen für den Gourmetgaumen auf Haubenniveau, wie z. B. **Das Schindler** in der Innenstadt, mit Blick auf die Maria-Theresien-Straße. Man legt großen Wert auf heimische Küche, diese aber modern und elegant interpretiert und stets mit einer internationalen Note versehen.

Ein bisschen rustikaler, aber herrlich bodenständig, geht es zu im **Bierwirt**, der von der Autobahn gut zu erreichen ist. Der Bierwirt ist mit seinem 300-jährigen Bestehen ein traditionsreiches Tiroler Gasthaus, in dem man typisch österreichische Gerichte und Hausmannskost, wie z. B. das berühmte Tiroler Gröstl, serviert bekommt. Dazu gibt's selbst gebrautes Bier.

Rund zehn Kilometer südlich von Innsbruck, an der Ausfahrt Igls/Patsch, finden Sie das renommierte Gasthaus **Zum Wilden Mann**. Es liegt im hübschen Ort Lans, hoch über dem Inntal. Das Haupthaus ist ein uriges Gebäude aus dem 16. Jahrhundert, im Landhotel gegenüber speist man mit sagenhaftem Bergblick. Viel Wert wird hier auf das „kulinarische Erbe Österreichs" gelegt: Man bezieht die Produkte vom Nachbarn bzw. aus der nahen Umgebung und es gibt traditionelle Gerichte wie Schlutzkrapfen oder Jungschweinebratl mit Erdäpfelknödel.

5

KLOSTERLADEN STIFT WILTEN
Klostergasse 7
A-6020 Innsbruck
Tel.: +43 (0)512 58 30 48
www.stift-wilten.at

6

DAS SCHINDLER
Maria-Theresien-Str. 31
A-6020 Innsbruck
Tel.: +43 (0)512 56 69 69
www.dasschindler.com

7

BIERWIRT
Bichlweg 2
A-6020 Innsbruck-Amras
Tel.: +43 (0)512 34 21 43
www.bierwirt.com

8

ZUM WILDEN MANN
Römerstraße 12
A-6072 Lans
Tel.: +43 (0)512 37 96 96
www.wildermann-lans.at

BOZEN – DIE SÜDTIROLER LANDESHAUPTSTADT

Ein guter Mix aus mediterranem Lebensgefühl und alpenländischer Kultur

Auf dem Weg Richtung Gardasee empfehlen wir einen Stopp in Bozen, der Hauptstadt Südtirols. Bozen (italienisch: Bolzano) liegt eingebettet zwischen den Dolomiten und wunderbaren Weinbergen, am Zusammenfluss von Etsch und Eisack, und ist eine zauberhafte Mischung aus italienischem Flair und alpenländischer Tradition.

Das wunderschöne Stadtzentrum bietet einige Sehenswürdigkeiten, wie z. B. den Waltherplatz mit dem Denkmal des Minnesängers Walther von der Vogelweide, den Kornplatz nördlich des Waltherplatzes, kurz dahinter die Laubengasse mit dem Merkantilmuseum sowie viele Kunstgalerien. Weitere Tipps: das Schloss Sigmundskron mit dem Messner-Mountain-Museum, das Archäologiemuseum, in dem man die Gletschermumie „Ötzi" besichtigen kann, die Stadtpfarrkirche Mariä Himmelfahrt, die Kapuzinerkirche oder die Franziskanerkirche.

Wer gern hoch hinaus möchte, kann z. B. vom Stadtteil St. Anton über das Weinbaugebiet St. Magdalena in die Berge wandern und einen herrlichen Blick auf Bozen und sein Etschtal werfen. Apropos Wein: Die Südtiroler Weine sind weit über Italiens Grenzen hinaus bekannt und beliebt. Wunderbar ist auch die Südtiroler Weinstraße, die in Bozen beginnt und in Nals endet.

Weiter geht's kulinarisch mit ein paar Restauranttipps: Wer gut essen und vielleicht auch eine Nacht in Bozen bleiben möchte, sollte im **Parkhotel Laurin** einkehren. Im hauseigenen Fine Dining Restaurant hat Chefkoch Manuel Astuto das Sagen, der sich darauf spezialisiert hat, traditionelle alpenländische Gerichte mit mediterraner Leichtigkeit zuzubereiten und Mittelmeer und Berge in seiner Küche zu vereinen. Ein Erlebnis der besonderen Art sind die **Fischbänke**. Der Wirt, ein echter Lebenskünstler, serviert kleine Snacks und Bruschette. Gegessen wird auf den alten Marmortheken, an denen früher auf dem Bozener Fischmarkt die Ware verkauft wurde. Nur ein paar Meter weiter gelangen Sie zu einem anderen tollen kulinarischen Erlebnis, zur **Osteria Dai Carrettai**. Bier aus der Flasche und Wein zum Selbstzapfen, Selbstbedienung am Buffet, es gibt verschiedene kleine, immer frische Brötchen. Hier herrscht stets reger Betrieb – ein Erlebnis. Traditioneller geht es im **Wirtshaus Vögele** zu. Ein Familienbetrieb mit holzvertäfeltem Gastraum. Auf der Karte stehen Gerichte wie Schlutzkrapfen, Knödel (Canederli), aber auch Fleisch- und Fischgerichte und natürlich jede Menge guter Weine. Nachtischtipp: Topfenknödel mit Zwetschgenröster.

Wer noch einen Abstecher ins nahe gelegene und zauberhafte Meran machen möchte, sollte bei der Südtiroler Traditionsbrauerei **Forst** in Algund mit gemütlichem Biergarten vorbeischauen. Auch hier gibt's eine für die Region typische Küche und natürlich eine reichliche Auswahl an Bierspezialitäten.

Direkt an der Autobahn befindet sich die Kletterhalle von Salewa. Hier kann man sich sportlich betätigen, etwas essen, aber auch noch letzte Einkäufe tätigen, wenn man einen alpin-sportlichen Urlaub vor sich hat und noch Funktionskleidung benötigt.

9

PARKHOTEL LAURIN
Laurinstraße 4
I-39100 Bozen
Tel.: +39 0471 31 10 00
www.laurin.it

10

FISCHBÄNKE
Dr.-Josef-Streiter-Gasse 24
I-39100 Bozen
Tel.: +39 0471 97 17 14

11

OSTERIA DAI CARRETTAI
Dr.-Josef-Streiter-Gasse 20b
I-39100 Bozen
Tel.: +39 0471 97 05 58

12

WIRTSHAUS VÖGELE
Johann-Wolfgang-von-Goethe-Straße 3
I-39100 Bozen
Tel.: +39 0471 97 39 38
www.voegele.it

13

BRAUGARTEN FORST
Via Val Venosta 9
I-39022 Algund
Tel.: +39 0473 44 77 27
www.braugartenforst.com

MAILAND – DAS PULSIERENDE HERZ NORDITALIENS

Wirtschaftliche und kulturelle Hauptstadt des modernen Italiens, Stadt des Aperitivo nach Feierabend, aber auch des traditionellen Risotto

Die Anreise zum Gardasee über Mailand ist nur für wenige Deutsche der schnellste Weg zum Ziel – und doch kann die Tour durch die Schweiz eine lohnende Alternative sein. Dies nicht nur für alle, die bereits im Besitz einer Jahresvignette für die Schweiz sind und somit die Gebühren für die Brennerstrecke sparen, sondern auch für alle, die Lust auf die brodelnde Kultur der heimlichen italienischen Hauptstadt haben.

In Mailand dreht sich die Welt ums Business. Viele internationale Unternehmen haben hier ihren Hauptsitz und spätestens seit der Weltausstellung Expo 2015 („Feeding the Planet, Energy for Life!“) hat die Stadt einen erstaunlichen städtebaulichen Modernisierungsschub erfahren, der sich in Wolkenkratzern, wie dem imposanten Bosco Verticale (Vertikaler Wald) von Stefano Boeri, und blitzblanken Einkaufsmeilen ausdrückt. Wie könnte es anders sein, als dass auch in Mailand die Esskultur – natürlich neben Mode und Design – im Mittelpunkt des Lebens steht. Geschäftliches und Kulinarik vereinen sich besonders nach Feierabend beim Aperitivo. In kaum einer anderen Stadt versuchen sich Bars und Lokale mit immer noch attraktiveren Angeboten zu übertrumpfen wie hier. Zum Spritz, Wein oder auch immer häufiger zum Bier serviert man entweder ein Brett mit Snacks – von Oliven, über kleine gekochte Köstlichkeiten bis zur Pizza und Focaccia – oder man bedient sich selbst am Buffet. Zu zahlen ist nur das Getränk, in der Regel um 8 bis 10 Euro. Wer diese Großzügigkeit ausnutzt und nur ein Glas Wasser bestellt, wird entsprechend mit Blicken gestraft! Die besten Orte für den „Ape“ sind im Zentrum: Corso Sempione, Arco della Pace sowie Brera und Corso Garibaldi, z. B. bei **Moscatelli**. Absolute „In“-Viertel sind auch das Kanalufer der Darsena im Süden der Stadt und L'Isola am nördlichen Innenstadtring.

Mailand steht aber auch für Tradition: der Mailänder Dom, die imposanten Stadtpaläste eines reichen Bürgertums mitten im Zentrum der Stadt und die traditionellen Arbeiterhäuser, in denen die Wohnungen über breite Balkone im Hinterhaus zu erreichen sind. Hier isst man auch heute noch Risotto, das aus den Reisfeldern südlich der Stadt stammt. Traditionell „alla milanese“ mit Safran und Rindermark vom „osso buco“. In Domnähe gibt es Traditionslokale, wie das **Camparino** in der Galleria Vittorio Emanuele, aber leider nur noch wenige Trattorie, die zu erschwinglichen Preisen traditionell so gut kochen. Eine günstige und sehr beliebte Alternative sind da die Panzerotti von **Luini** direkt hinter dem Dom. Die mit allerlei Köstlichkeiten gefüllten Teigtaschen sind ein Tipp für Eingeweihte. Originell und zu guten Preisen isst man heute z. B. auch zwischen Büchern und jungen Leuten in der **Librosteria** zwischen Arco della Pace und Via Paolo Sarpi.

Echten Mailänder Chic gibt es bei **Ceresio 7**. Hier kann man direkt am Pool seinen Cocktail oder das Glas Wein schlürfen und sich anschließend ein schönes Abendessen gönnen. Und das alles „rooftop“, also über den Dächern von Mailand mit einer grandiosen Aussicht über die Stadt.

14

MOSCATELLI
Corso Garibaldi 93
I-20121 Milano
Tel.: +39 02 655 46 02

15

CAMPARINO
Piazza Duomo 21
I-20121 Milano
Tel.: +39 02 86 46 44 35
www.camparino.it

16

PANZEROTTI LUINI
Via Santa Radegonda 16
I-20121 Milano
Tel.: +39 02 86 46 19 17
www.luini.it

17

LIBROSTERIA
Via Cesariano 7
I-20154 Milano
Tel.: +39 02 99 24 77 06
www.librosteria.com

18

CERESIO 7
Via Ceresio 7
I-20154 Milano
Tel.: +39 02 31 03 92 21
www.ceresio7.com

TRENTINO
Faszinierende Berge und blaues Wasser –
hier beginnt der Gardasee.

WO DER GARDASEE BEGINNT

Wenn man sich dem Gardasse von Norden her nähert, könnte man über das Valle dei Laghi, das „Tal der Seen“ mit dem Lago di Toblino oder dem Lago di Cavedano Richtung Arco, Riva und schließlich zum Gardasee fahren – entlang einer bergigen Seenlandschaft. Diese Berge und Seen prägen auch die Küche des Trentino.

Als Antipasti gibt es oft Lachsforellen, die ebendiesen Seen entstammen oder in Teichen, vom Bergwasser gespeist, gezüchtet werden. Sie kommen eingelegt, roh mariniert oder manchmal auch leicht geräuchert auf den Tisch. An der Bergluft reifen aber auch köstliche Salamis, Schinken und andere Würste. Sie stammen vom Schwein und sind öfter auch vermengt mit Wildbret.

Die Trentiner Küche versteht sich u. a. durchaus als Bauernküche. Die berühmten Canederli, die kleinen Semmelknödel, standen sicher oft auf den Tischen der Bauersfamilien. Damit keine Langeweile aufkommt, gibt es unzählige Variationen der Klöße: mit Speck, mit Wildkräutern wie Brennnesseln, mit Käse oder manchmal auch mit Oliven und getrockneten Tomaten. Die ganz kleinen Klößchen aus Brot, Grana und Spinat heißen Strangolapreti, was so viel bedeutet wie „Priesterwürger“.

Man merkt aber auch den Einfluss des Südens, des Mediterranen. Zwar verwendet man im Norden noch viel Butter, aber es wird auch schon Olivenöl im nördlichsten Olivenanbaugebiet der Welt hergestellt, wo man im Winter den jungen Olivenbäumen „Socken“ aus Stroh anziehen muss. Dieses Öl würzt z. B. eine der bekanntesten Trentiner Spezialitäten: Carne salada. Früher, als es noch keine Kühlschränke gab, musste man sich etwas einfallen lassen, um Fleisch haltbar zu machen: Carne salada bezeichnet durch Salz konserviertes Fleisch aus den besten Stücken der Rinderkeule. Dazu kommen recht mediterrane Gewürze wie Rosmarin und Lorbeer. Varianten gibt es so viele, sagt man, wie es Bauernhöfe im Trentino gibt. Carne salada genießt man roh, mit dem würzigen Trentingrana darübergehobelt oder auch kurz gebraten.

Nicht nur in Südtirol, auch in den Tälern des Trentino werden Äpfel angebaut. Die wiederum sind Grundlage des Trentiner Apfelstrudels, der auf kaum einer Speisekarte fehlt. Die Torta de fregoloti hingegen ähnelt schon sehr der Sbrisolona vom Süden des Gardasees: dort ein mürber Mandelkuchen, hier auch schon mal mit Nüssen zubereitet und gern mit einem Gläschen Trentiner Vino Santo serviert.

Womit wir bei den Getränken angekommen sind. Während es im Süden des Gardasees für Kinder oft nur Wasser (oder diverse Softdrinks) gibt, bieten hier immer mehr Gasthöfe naturreinen Apfelsaft an. Die Großen widmen sich mit Genuss den hervorragenden Trentiner Weinen. Weißweinliebhaber dürfen sich auf einen zartfruchtigen Nosiola freuen, die ebenfalls einheimischen roten Rebsorten Marzemino und Teroldego begleiten Carne salada und Gulasch.

Zum Abschluss (oder auch als Aperitif) ein Glas Trento DOC oder den berühmten, bereits erwähnten Vino Santo, der, traditionell am Karfreitag getrunken, aus den in würziger Bergluft getrockneten Nosiola-Trauben entsteht.

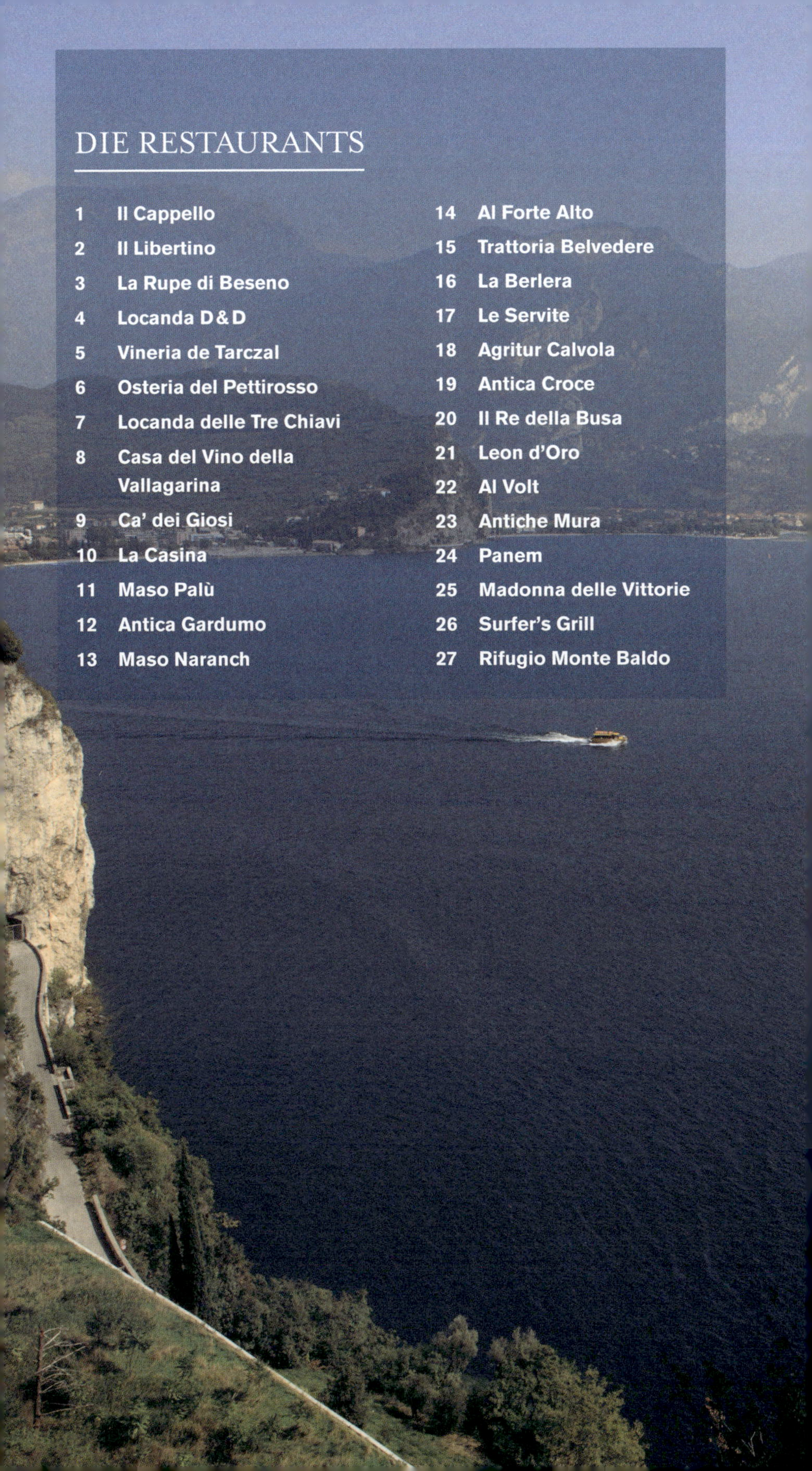

DIE RESTAURANTS

1 Il Cappello
2 Il Libertino
3 La Rupe di Beseno
4 Locanda D&D
5 Vineria de Tarczal
6 Osteria del Pettirosso
7 Locanda delle Tre Chiavi
8 Casa del Vino della Vallagarina
9 Ca' dei Giosi
10 La Casina
11 Maso Palù
12 Antica Gardumo
13 Maso Naranch
14 Al Forte Alto
15 Trattoria Belvedere
16 La Berlera
17 Le Servite
18 Agritur Calvola
19 Antica Croce
20 Il Re della Busa
21 Leon d'Oro
22 Al Volt
23 Antiche Mura
24 Panem
25 Madonna delle Vittorie
26 Surfer's Grill
27 Rifugio Monte Baldo

1

IL CAPPELLO

Feine Trentiner und mediterrane Küche in der Altstadt

Adresse: Piazzetta B. Lunelli 5, 38122 Trento (TN)
Zwischen Castello del Buonconsiglio und Dom in der Altstadt

+39 0461 23 58 50
www.osteriailcappello.it

Ruhetage: Sonntagabend und Montag (Juli/August auch Sonntagmittag)
Preise: €€

Mitten in der Altstadt von Trento, unweit vom Dom und dem Castello del Buonconsiglio, kann man in diesem schönen Restaurant typische Trentiner genauso wie mediterrane Küche finden - und das auf gleich drei Etagen. Während im Obergeschoss eher kleine Tische für das Essen zu zweit stehen, genießt man im Erdgeschoss einen unterhaltsamem Blick in die Küche. Im Untergeschoss erwartet einen ein romantisches Kellergewölbe. Außerdem wird in den Sommermonaten eine ruhige Terrasse fernab touristischen Treibens geöffnet.

Die Küche des Hauses legt größten Wert auf frische, der jeweiligen Jahreszeit entsprechende Produkte. Als Antipasti sind z. B. Schinken und Feigen, Bresaola mit Salatstreifen oder Carpaccio mit Apfelringen geboten. Typische Trentiner Primi sind etwa Knödel mit Radicchio, knusprigem Speck und Käse oder mit Steinpilzen. Mediterran fein sind die Pappardelle mit Perlhuhnsugo, der Tintenfischsalat oder die Tagliolini mit Scampi. Vorzüglich schmecken auch die überbackenen Jakobsmuscheln, das sehr zarte Lammcarré oder die Rinderbäckchen. Wie wäre es zum Nachtisch mit Kastanieneis auf Kakicreme?

Lohnenswert ist ein Blick auf die Weinkarte mit etwa 150 Etiketten, vornehmlich aus dem Trentino. Schön, dass man die Weine auch glasweise bekommt.

TIPP

Weingenießern sei darüber hinaus die Vinothek „Grado 12" empfohlen. Hier kann man einige der besten Tropfen des Landes verkosten und im Regal stehen passend dazu erlesene regionale Trentiner und italienische Spezialitäten, wie Trentiner Olivenöl, Safran aus den Abruzzen und von den besten italienischen Chefs kreierte Soßen. Neben Wein gibt es außerdem hausgemachte Biere, Grappe und weitere hochprozentige Köstlichkeiten.

www.enotecagrado12.it

IL LIBERTINO

Genuss in der Küchenwerkstatt

Adresse: Piazza Piedicastello 4–6, 38122 Trento (TN)
Auf der rechten Etschseite

+39 0461 26 00 85
www.ristoranteillibertino.com

Ruhetag: Dienstag
Preise: €–€€

Dort, wo man jetzt das nette Lokal vorfindet, befand sich zuvor eine Werkstatt. Die Umwandlung ist gelungen: Man sitzt an Holztischen im gemütlichen Gewölbe und genießt Trentiner Klassiker, hausgemacht aus Produkten der Region und der Saison, aber auch ganz eigenen Kreationen, die viel Freude machen.

Als Vorspeise z. B. einen gekonnt in Apfelessig und Zwiebeln marinierten Saibling mit Pinienkernen und Rosinen - Trentiner Interpretation des venezianischen Gerichts. Ausgezeichnet das niedertemperaturgegarte Hirschfilet mit Gewürzen, Salat, Waldfrüchten und Johannisbeersoße oder eine pikante Crème brûlée mit Pfifferlingen und Trüffeln. Als Primi wählt man im Herbst hausgemachte Tagliatelle mit Rehragout oder Gnocchi mit Pfifferlingen, knusprig gebratenem Speck und Trentingrana. Fischliebhaber sollten als Hauptspeise den edlen Carpione aus dem Gardasee probieren, einen Fisch, der beinahe ausgestorben war und nun wieder nachgezüchtet und eingesetzt wird - immer noch rar, aber ein herrlicher Genuss. Wer Fleisch mag, könnte sich für mürbe Carne salada oder zarte, in Weißwein geschmorte Kalbsbäckchen entscheiden. Dolci dürften ein Strudel im Glas oder eine Schoko-Mandelterrine mit Mascarponecreme und Himbeeren sein. Wer die Qual der Wahl scheut, nimmt entweder das kleine oder große Degustationsmenü (etwa 30 Euro bzw. 45 Euro und mit ausgezeichneter Weinbegleitung etwa 40 Euro bzw. 65 Euro).

Auf der Weinkarte finden sich über 300 Etiketten, v. a. aus der an interessanten Weinen so reichen Region, aber auch darüber hinaus. Die Weine können auch zum Mitnehmen gekauft bzw. glasweise mit Käse und Salami verkostet werden.

LA RUPE DI BESENO

Ausflugslokal für Genießer zu fairen Preisen

Adresse: Via Castel Beseno 6, Loc. Maso Trapp, 38060 Besenello (TN)
Wenige Meter vom Parkplatz des Castel Beseno

+39 0464 83 41 32
www.larupedibeseno.it

Ruhetag: keiner, Sonntag bis Dienstag nur mittags geöffnet
Preise: €–€€

Mitten im Grünen und unterhalb der imposanten Festungsmauern des Castel Beseno kann man die gute Trentiner Slow-Food-Küche von Massimo Curzel genießen. La Rupe di Beseno ist ein schönes Ausflugslokal mit großer Terrasse und moderner, wenngleich typisch Trentiner Küche. Charakteristisch für das Trentino sind die vorzüglichen Fleischgerichte, wie die Rindfleisch-Tagliata, Hase und Hirsch. Die Empfehlung des Hauses: eine Vorspeise aus Carne salada aus Arco mit Rucola-Pesto, Käseraspeln und karamellisiertem Balsamico-Essig. Ein Orzotto (Gerstenrisotto) mit Spargel und geräuchertem Ricotta als erster Gang gefolgt von Kaninchenröllchen mit Kartoffelpüree und Soße. Zum Abschluss ein Dolce nach Wahl aus der verführerisch angerichteten Vitrine. Selbstverständlich werden auch Vegetarier im Lokal verwöhnt. Die Weinkarte bietet zu äußerst fairen Preisen eine reiche Auswahl lokaler Etiketten, von Trento DOC in der Tradition der Champagner-Erzeugung über feine Weiße bis zu charaktervollen Roten. Das Bier stammt von einer kleinen Brauerei aus der Gegend.

Besonders günstig ist ein Besuch zur Mittagszeit. Dann gibt es aus dem Tagesmenü die freie Auswahl aus drei Primi und drei Secondi für nur 15 Euro bzw. einen Gang für 9 Euro - Getränke extra. Eine gute Gelegenheit, von der großen Terrasse aus den Blick über das Etschtal zu genießen.

TIPP

Das Castel Beseno ist eine der größten Burgenanlagen des Alpenraums und war von 1470 bis 1973 im Besitz der Familie Trapp. Die sehenswerte Burganlage enthält lebendig gestaltete Museumsräume, die Geschichte und Bedeutung der Burg spannend darstellen. Es gibt Filme, man kann Bogenschießen üben und der Blick von dort oben ist sagenhaft. In der Burganlage finden immer wieder Veranstaltungen statt.

Mehr unter www.buonconsiglio.it.

LOCANDA D&D

Kreative Regionalküche bei sagenhaftem Bergpanorama

Adresse: Via Maso 2, 38060 Nogaredo (TN)
Von Rovereto Nord über Nogaredo nach Sasso

+39 0464 41 07 77
www.locandaded.it

Ruhetag: Dienstag
Preise: €€

Ivano Dossi und seine französische Frau Sandrine haben die Welt gesehen und das Trentino gewählt, die Heimat von Ivano, um sich vor gut 20 Jahren in dieser wunderschönen Locanda mit Blick auf das Etschtal mit ganzer Seele der Kochkunst zu widmen. Man benötigt Zeit und Leidenschaft, um eine Sache wirklich gut zu machen, so lautet die Philosophie der beiden, und was ihnen in ihrem Bergidyll gelungen ist, bestätigt dies.

Die Küche der Locanda basiert auf sorgfältig in der näheren Umgebung ausgewählten Qualitätsprodukten von der Polenta bis zur reichen Vielfalt hervorragender lokaler Weine. Mit faszinierender Leichtigkeit interpretiert Ivano die Regionalküche, die auf der Speisekarte mit jahreszeitlich angepassten immer neuen Gerichten genauso wie den Klassikern des Hauses aufwartet. So gibt es gewürfeltes Kaninchen neben der wiederentdeckten Pastasorte Strigolo mit Ragout, köstlichen Trentiner Käse und herrliche Crema catalana. Das Brot wird jeden Tag frisch im Haus gebacken und auch die Forellen werden in der Locanda selbst geräuchert.

Übrigens: Statt Mineralwasser aus Flaschen gibt es gutes Bergwasser direkt aus dem Hahn aufbereitet und mit Kohlensäure versehen. So werden viele unnötige Transportkilometer vermieden und frischer geht es nicht.

Die Locanda verfügt über eine Handvoll stilsicher mit modernen Massivholzmöbeln eingerichteter Gästezimmer, für alle, die es vorziehen nach einem genussvollen kulinarischen Abend das Auto stehen zu lassen. Der Blick beim Frühstück über die Berge ist den Aufenthalt allemal wert.

TIPP

Die Locanda D&D ist Mitglied bei „Ecoristorazione e Slow Food Trentino" sowie Teil der Trentiner Weinstraßen. Die Trentiner Weinstraßen haben zum Ziel, regionale Qualitätsprodukte einem breiten Publikum bekannt zu machen sowie Produzenten und Restaurants miteinander zu vernetzen. Ein Besuch der einzelnen Betriebe ist darüber hinaus eine nette Idee für jeden kulinarisch interessierten Urlauber.

www.tastetrentino.it

VINERIA DE TARCZAL

Feine Landküche im historischen Gebäude

Adresse: Via G. B. Miori 6, 38060 Isera, Fraz. Marano (TN)
Südlich von Isera, gut ausgeschildert

+39 0464 45 07 07
www.detarczal.com

Ruhetage: Sonntagabend und Montag
Preise: €–€€

Schon bei der Ankunft beeindruckt einen das wunderschöne historische Gemäuer der Vineria, das seit Generationen in Familienbesitz ist. Dieses familiäre Trentiner Lokal verwöhnt jeden Gast mit der typisch regionalen Küche. Man sitzt in gemütlichen Räumen mit antikem Mobiliar oder in den vielen wärmeren Monaten im schönen grünen Innenhof. Auf der Speisekarte stehen Klassiker, die auf keinen Fall im Trentino fehlen dürfen: Strangolapreti, Carpaccio di carne salada oder Canederli, feine italienische Knödel. Am Wochenende rückt frischer Fisch aus dem nahe gelegenen Gardasee in den Mittelpunkt. Und das in vielen verschiedenen Varianten: mariniert als Vorspeise, als Sugo zu den Primi und selbstverständlich auch als Hauptspeise. Oft werden dazu saisonale Beilagen serviert. Und was könnte einen solchen Gaumenschmaus besser abschließen als ein leckeres hausgemachtes Dessert?

Als perfekte Begleiter dieser bodenständigen Küche erweisen sich die Weine aus hauseigener Produktion. Hier ist besonders der Marzemino hervorzuheben. Er stellt die absolute Spezialität des Hauses dar und war nicht umsonst schon zu Mozarts Zeiten in aller Munde, als er in der Oper „Don Giovanni" besungen wurde: „Versa il vino! Eccellente Marzemino!". Die Weine des Gutes können im Rahmen eines Menüs natürlich auch glasweise verkostet werden. Und am besten nimmt man sich gleich ein paar Flaschen für zu Hause mit.

OSTERIA DEL PETTIROSSO

Weinbar, Jazzlokal und Restaurant mit moderner Trentiner Küche

Adresse: Corso Bettini 24, 38068 Rovereto (TN)
Zwischen dem Museum MART und der Altstadt

+39 0464 42 24 63
www.osteriadelpettirosso.it

Ruhetag: Sonntagabend
Preise: €

Wie eine Osteria aus der guten alten Zeit präsentiert sich das 2001 von Paolo Torboli eröffnete Lokal mit Weinbar und Restaurant in den liebevoll renovierten Kellergewölben. Nur wenige Schritte vom Museum MART und der Altstadt entfernt treffen sich hier Einheimische zu Mittag auf ein Glas guten Wein und einen Panino oder eine gute Pasta. Paolo stellt als absoluter Weinkenner seinen Gästen auf der Tageskarte gern außergewöhnliche Weine kleiner, weniger bekannter Produzenten vor und kombiniert den Genuss bis in die späten Abendstunden nicht selten mit Jazz-Livekonzerten.

Die Küche wartet mit gelungenen Neuinterpretationen klassischer Trentiner Gerichte auf: Zur Vorspeise z. B. Kartoffelkuchen mit Speck und Schinken oder ein Carpaccio di carne salada auf Bohnencreme. Als Primi finden wir neben den klassischen Knödelvarianten des Trentino z. B. Knödel mit Tomaten und Ricottacreme, Trentiner Grana und Basilikumöl, Pasta in Rotweinsoße mit Kaninchenragout und Karotten oder Pizzoccheri mit Kürbis, Kastanien und Asiago-Käse. Oder wie wäre es mit einem Pettiburger aus gegrilltem Rindfleisch mit Saisongemüse und Ofenkartoffeln?

Zum Nachtisch ist der Apfelstrudel mit Vanillesoße zu empfehlen. Das feine Brotsortiment stammt aus eigener Herstellung. Zum Wein gibt es jede Menge Kleinigkeiten zu essen sowie eine ausgezeichnete Wurst- und Käseauswahl. Der Keller wartet mit etwa 500 Etiketten auf.

TIPP

Das MART gilt als eines der interessantesten Museen für Moderne und zeitgenössische Kunst in Italien. Die eigene Sammlung genauso wie wichtige Wanderausstellungen italienischer und internationaler Künstler locken ein internationales Publikum. Sehenswert ist auch die Architektur des Museumsgebäudes.

www.mart.trento.it

7

LOCANDA DELLE TRE CHIAVI

Hier ist Trentiner Slow Food zu Hause

Adresse: Via Vannetti 8, 38060 Isera (TN)
Mitten im Ort

+39 0464 42 37 21
www.locandadelletrechiavi.it

Ruhetage: Montag und Sonntagabend
Preise: €€

Sergio und Annarita betreiben diese schöne Lokalität schon seit über 20 Jahren und haben sich ganz dem Slow-Food-Gedanken verschrieben. Produkte aus der nächsten Umgebung werden von Annarita und ihrem Team in leckere traditionelle, aber auch außergewöhnliche Gerichte verwandelt. Viel Aufmerksamkeit wird der Auswahl der Zutaten entsprechend den Jahreszeiten geschenkt, um den Genuss von Geschmacksrichtungen wiederzuentdecken, die Sie seit Jahren nicht mehr probiert haben! Die Casonzei werden mit Roggenmehl zubereitet, der Rinderbraten wird mit Kaffee gewürzt, als Antipasto kommt geräuchertes Pferdefleisch auf den Tisch und gelangt man dann erst einmal zum Dessert, kann man wählen zwischen hausgemachten Semifreddi, frischem Apfelstrudel oder zarter Kastanienmousse. Wer vor dem Dessert noch Platz hat, sollte unbedingt die große Auswahl Trentiner Käsespezialitäten probieren. Selbstverständlich wird jeder Gang von den passenden Weinen begleitet. Sollten Sie die Gelegenheit haben, dann lassen Sie sich von Sergio den sensationellen Weinkeller zeigen. Viele der lokalen Produkte kann man auch kaufen und so ein Stück Trentiner Küche mit nach Hause nehmen.

Ein schönes alte Gewölbe beherbergt die Gasträume, im Sommer empfängt einen die wunderschöne Terrasse mit herrlichem Blick auf das Tal. Die Locanda delle Tre Chiavi ist nicht nur ein Restaurant, sondern auch ein Bed and Breakfast mit Blick auf die Landschaft des Trentino: Rovereto, das Etschtal und die umliegenden Berge. Das B&B befindet sich in Reviano, einem Ortsteil von Isera, gleich außerhalb von Rovereto.

CASA DEL VINO DELLA VALLAGARINA

Weingenuss und kreative Küche im alten Palazzo

Adresse: Piazza San Vincenzo 1, 38060 Isera (TN)
Mitten im Ort

+39 0464 48 60 57
www.casadelvino.info

Ruhetag: keiner, durchgehend von 12–22 Uhr geöffnet
Preise: €

Mitten im kleinen Ort Isera, in einem schönen Palazzo aus dem 17. Jahrhundert, ist das geschmackvoll eingerichtete Restaurant untergebracht. Und wie der Name schon vermuten lässt, geht es hier um den Wein. Die Casa del Vino Vallagarina ist nämlich ein Zusammenschluss von 30 Winzern, die sich zum Ziel gesetzt haben, die Weine des Trentino bekannt zu machen.

Ein junges Küchenteam schafft dafür den geeigneten Rahmen. Mit viel Geschick und Kreativität werden die Weine mit den passenden Gerichten angeboten. Eine Speisekarte gibt es nicht, dafür jeden Tag ein neues Menü. Kürbisblüten gefüllt mit Basilikumcreme beispielsweise, Rinderfiletstreifen mit schwarzem Trüffel, Schmorbraten, Kastanienlasagne oder auch ein sommerlicher Gazpacho aus frischen Tomaten. Die meisten Produkte kommen aus der Region und ebenfalls von Mitgliedern der Kooperative. Dreimal pro Woche, jeweils am Mittwoch-, Donnerstag- und Freitagabend, gibt es Themenabende. Der Freitag ist dabei dem Fisch reserviert.

Das Lokal hat keinen Ruhetag, keine Betriebsferien und Sie bekommen fast rund um die Uhr kleinere Snacks. Im Sommer gibt es die Möglichkeit, im Garten zu sitzen und den wunderschönen Blick aufs Etschtal und Rovereto zu genießen.

Ebenfalls ganztägig geöffnet ist der kleinen Laden, in dem Sie die Weine der Mitglieder, aber auch andere Spezialitäten aus der Region kaufen können.

TIPP

Seit ein paar Jahren kann man in der Casa del Vino auch übernachten. Dazu stehen den Gästen sehr schön eingerichtete Zimmer und Suiten zur Verfügung.

CA' DEI GIOSI

Hausgemacht und gut

Adresse: Via Villa Alta 9a, 38096 Covelo di Vallelaghi (TN)
Unterhalb der Kirche des kleinen Dorfes

+39 0461 86 21 10
www.cadeigiosi.it

Ruhetage: Montag und Dienstag, wochentags nur abends geöffnet
Preise: €–€€

Ganz im Norden des Valle dei Laghi und somit schon fast in Trento werden Liebhaber qualitativ guter hausgemachter Regionalküche fündig. Fernando, sein Bruder Germano und dessen Frau Ornella kümmern sich auf dem vom Urgroßvater einst errichteten Bauernhof um Küche und Keller des 1995 eröffneten Restaurants. Gegessen wird heute in den ehemaligen Stallungen in urigem Gewölbe und im Sommer auch auf der langen Veranda, von der aus der Blick über die Berge des Monte Bondone und der Paganella schweifen.

Zur klassischen Trentiner Küche des Hauses gehören Antipasti aus Trentiner Käse, Speck und Salami vom Wild sowie marinierte Forellen. Die selbstverständlich täglich frisch im Haus zubereitete Pasta kann mit Pilzen oder mit Speck, Sahne und Walnusskernen genauso gut munden wie mit Brennnesselsoße oder Wildragout. Beliebt ist auch der Klassiker aus Polenta mit Hirschragout. Bei den zweiten Gängen dominieren lokales Qualitätsfleisch, Wild und Trentiner Forellen. Das Gemüse stammt z. T. aus dem eigenen Garten. Beim Dessert darf unter den süßen Klassikern neben Pannacotta mit Waldfrüchten und Tiramisu natürlich auch der Trentiner Apfelstrudel nicht fehlen. Wenn Germano Zeit hat, zeigt er gern seinen gut bestückten Weinkeller, in dem alle kleinen und großen Namen des Trentino versammelt sind.

TIPP

Cà dei Giosi ist auch auf dem berühmten Weihnachtsmarkt im nahen Trento präsent. Die Weihnachtsmärkte des Trentino sind ein Highlight der italienischen Wintersaison. Die ausgezeichneten Skigebiete bescheren der gesamten Region Trentino-Südtirol eine zweite Urlaubersaison zwischen Pistenzauber, Wellness und Weihnachtstradition. Weitere beliebte Weihnachtsmärkte findet man in Rovereto und Arco.

10

LA CASINA

Trentiner Spezialitäten mit herrlichem Blick

Adresse: Loc. La Casina 1, 38074 Drena (TN)
Auf dem Weg nach Drena beschildert

+39 0464 54 12 12
www.ristorantelacasina.com

Ruhetag: Dienstag
Preise: €

Lokalküche im Natursteinhaus und auf der großen Terrasse unter der herrlich violett blühenden Glyzinie. La Casina (das Häuschen) liegt malerisch über dem Tal der Seen, umgeben von alten Bäumen und einem Bauerngarten, der die junge Köchin Giada zu ihren stets der Jahreszeit angepassten Gerichten inspiriert. Sie serviert gute Trentiner Küche, die sie einst von ihrer Großmutter erlernt hat. Die Verwendung frischer und wenn möglich biologischer Produkte aus der nahen Umgebung wird in La Casina ganz groß geschrieben, seien es die Erdbeeren aus dem eigenen Garten für ein außergewöhnliches Risotto oder die Esskastanien aus den nahen Wäldern.

Frische Pasta, Brot und Konfitüren für die Torten werden im Haus stets selbst zubereitet. Auch die typische Trentiner Carne salada wird selbst eingelegt, um den so beliebten Geschmack zu garantieren. Neben herrlichen Bergkkäsesorten und Salami, Speck und Schinken gibt es natürlich viele typische Wild- und Fleischgerichte sowie frische Forellen. Beerenfrüchte sind ein kreatives Element der Sommergerichte im La Casina, im Frühjahr findet man Spargel, im Herbst Esskastanien und im Winter köstliche Kürbiskreationen.

TIPP

Kaum ein Rezept ist typischer für das Trentino als die guten, in vielen Varianten angebotenen Canederli. Hier das Rezept von La Casina:

Man lässt in kleine Würfel geschnittenes altes Brot in 0,5 l Milch einweichen. Danach 4 Eier und 6 EL Mehl in die Schüssel geben. 200 g frische und 200 g gereifte Lucinica-Wurst aus dem Trentino in Würfeln hinzufügen und vermischen. Das Ganze mit Petersilie, Salz, Pfeffer und Muskatnuss abschmecken. Aus diesem Teig werden 8–10 cm große Knödel geformt und mindestens 15 Minuten auf kleiner Flamme in Fleischbrühe gekocht. Die fertigen Canederli schwimmen obenauf und können mit Butter und Salbei oder in der Brühe serviert werden.

MASO PALÙ

Exquisites Degustationsmenü in den Bergen

Adresse: Via Graziani 56, 38060 Brentonico (TN)
Auf dem Weg nach Drena beschildert

+39 0464 39 50 14
www.masopalu.com

Ruhetage: im Sommer nur Dienstag, sonst Montag bis Donnerstag
Preise: €

Ein Maso ist ein typischer Berghof in den Trentiner Alpen. So auch der Maso Palù auf der Hochebene von Brentonico, am nördlichen Ende des Monte Baldo. Auf 800 m Höhe ist das Lokal ganzjährig geöffnet und bietet neben dem urigen Speiseraum unter Holzgebälk auch einige wenige Plätze auf der Terrasse. Wirkt das Haus auf den ersten Blick auch eher unscheinbar, so deuten die vielen Auszeichnungen, die auf der Eingangstür prangen, auf die besondere kulinarische Qualität hin, die einen hier erwartet.

Die Gerichte werden von Küchenchefin Emiliana in strenger Bergtradition erdacht, die Zutaten aus der Umgebung des Monte Baldo gewählt. Auch wenn jedes Gericht natürlich einzeln bestellt werden kann, empfiehlt es sich hier, dem Menü des Hauses zu vertrauen, das einen sicher durch die Vorspeisen und Hauptgänge bis zum Nachtisch führt und die Vielfalt der Küche zur vollen Geltung kommen lässt. Auch der Wein wird passend zum Menü zielsicher aus der nächsten Umgebung gewählt.

TIPP

Der Monte Baldo führt den Beinamen „Garten Europas". Auf 30 km Länge verläuft er entlang des Ostufers des Gardasees und trennt diesen vom Etschtal. Von der Seeseite aus ist das bis über 2000 m hohe Bergmassiv am besten von Malcesine aus mit der Seilbahn zu erreichen. Straßen führen vom Süd- und Nordende in die Höhe. Beliebt ist der Monte Baldo bei Wanderern und Mountainbikern wegen seiner grandiosen Aussicht auf den See wie auch wegen seiner einzigartigen Flora mit über 600 Arten, darunter etliche botanische Seltenheiten.

12

ANTICA GARDUMO

Kunst und Küche

Adresse: Via Ai Piani 1, 38060 Ronzo Chienis (TN)
Mitten im Ort

+39 0464 80 28 55
www.anticagardumo.it

Ruhetag: Montag
Preise: €–€€

Oben in Ronzo Chienis fühlt man sich weit weg vom Gardasee und seinem Trubel, obwohl es nur wenige Kurven hinauf in die Berge sind. Die Hochtäler dort sind nach Norden geschützt, nach Süden geöffnet und erhalten so die milde Luft des Gardasees. Dies ist Grundlage für Gemüseanbau mit erstaunlicher Sortenvielfalt – die Mitglieder des Consorzio Ortofrutticolo des Val di Gresta sind zu fast 80 Prozent biozertifiziert. Erstklassige Grundlage also für eine feine Küche in sehr beeindruckendem Ambiente. Uraltes Gemäuer, knorrige Balken, dazu modernes Interieur, schöne Tischwäsche, luftige Terrasse – was will man mehr. Vorspeise könnte ein delikater Gemüsestrudel mit Sesamkruste, ein würziger Spinatkuchen oder eine Caponata aus vielerlei hiesigem Gemüse sein. Fleischfans bestellen hausgemachte Carne salada oder Salami. Die klassischen Primi wie Risotto (mit Spumante oder Teroldego) und Pasta mit würzigen Soßen werden ergänzt durch zarte Crespelle, die mit Ricotta und Spinat, Radicchio, Pilzen oder Fonduta aus Trentiner Käsesorten gefüllt werden – je nach Jahreszeit.

Empfehlenswert die Fleischgerichte, egal ob vom Grill oder aus dem Ofen: zarte geschmorte Schweinebäckchen, die gefüllte Wachtel oder der Schweinebraten mit Mandeln und Rosmarin. Auf keinen Fall sollte man die Dolci auslassen, alle hausgemacht und alle verführerisch. Ebenso verführerisch wie die Möglichkeit, die ausgezeichneten Weine glasweise zu Käse, Schinken, Salami und hausgebackenem Brot im Weinkeller oder im schönen Garten schon ab 18.30 Uhr zu genießen. Wer mag, mietet eines der schönen Zimmer.

MASO NARANCH

Bergbauernhof mit eigenen Bioprodukten

Adresse: Loc. Naranch, 38065 Mori-Pannone (TN)
Oberhalb von Torbole, in den Bergen

+39 0464 35 61 13
www.naranch.it

Ruhetag: nur Freitag; Sonntag geöffnet
Preise: €–€€

Die Anfahrt zum Biobauernhof Maso Naranch ist für den weniger geübten Fahrer vielleicht eine kleine Herausforderung, die sich aber absolut lohnt! Inmitten herrlicher Natur in den Bergen und mit einem atemberaubenden Blick auf den Gardasee liegt dieses Kleinod, wo man sich wunderbar nach einer Wanderung im hauseigenen Restaurant allerbestens stärken kann.

Auf der Speisekarte stehen in erster Linie typische Trentiner Gerichte. Gleich als Antipasto ist die hausgemachte Polenta aus eigens angebautem Mais zu empfehlen. Sie wird serviert mit Casolét-Käse (typischer Bergkäse aus frischer Vollmilch), Olivenöl und frischem Trüffel, dem sog. Nero pregiato aus der Region von Nago-Torbole, der eine außergewöhnliche Qualität besitzt. Das regionstypische Salzfleisch Carne salada wird hier als Tatar mit Cavolo cappuccio (Krautsalat) und Grana aus dem Trentino serviert.

Hausgemachte Teigspeisen, wie z. B. die Morbidelle (große Gnocchi mit Ricotta, Spinat, Semmelbröseln und Ei) mit zerlassener Butter, Mandelsplittern und Tomaten aus dem Ofen sowie Gemüselasagne oder die berühmten Strangolpreti erfreuen Vegetarierherzen, aber auch Fleischesser kommen voll auf ihre Kosten.

Aufschnittplatten mit frischer Salami, Schinken und verschiedenen Käsesorten werden mit hausgemachtem Senf aus Birnen und Feigen gereicht. Ein in Öl eingelegter Radicchio passt ebenfalls ganz hervorragend dazu.

Zum Essen werden Bier und Wein serviert, u. a. ein fruchtiger natürlicher Weißwein aus eigener Produktion, der aus der Traube Solaris hergestellt wird. Diese Traubenart ist von Natur aus resistent gegen Krankheiten, weshalb sie nicht behandelt werden muss. Auch das Olivenöl und so ziemlich alle anderen Produkte, die hier verwendet werden, stammen aus eigenem und biologischem Anbau - das ist seit jeher Philosophie von Maura und Lorenzo, die den Bauernhof betreiben. Raffinierte Süßspeisen und ein hausgemachter Kräuterlikör runden ein gelungenes Essen ab.

Einen Tisch vorab zu reservieren ist zu empfehlen. Für die Übernachtung stehen vier wunderschöne Zimmer zur Verfügung. Maso Naranch ist außerdem sehr gut geeignet für Hochzeiten und andere festliche Gelegenheiten.

AL FORTE ALTO

Lage, Ambiente und Küche beeindruckend exlusiv

Adresse: Via Castel Penede 26, 38060 Nago (TN)
Die Festung liegt unübersehbar links oberhalb der Straße, die hinab zum See führt

+39 0464 50 55 66
www.alfortealto.it

Ruhetage: Dienstag, nur abends, Samstag und Sonntag auch mittags
Preise: €€–€€€

Das Forte Alto ist eine der einzigartigen Örtlichkeiten am Gardasee, in die einfach ein einzigartiges Restaurant gehört. Und so ist dem auch geschehen. Das perfekt restaurierte Festungsgemäuer, das 1860 vom österreichischen Kaiserreich zur Bewachung des oberen Gardasees errichtet wurde, überblickt das gesamte Trentiner Nordufer. Doch was einst militärischen Zwecken diente, ist heute Genuss pur. Im Sommer sitzt man im Innenhof und das ganze Jahr hindurch in den von mächtigen Steinmauern eingefassten Speiseräumen, um sich der kulinarischen Kreativität von Chefkoch Marcello Franceschi hinzugeben. Wie in vielen Restaurants mit Klasse gilt auch hier das Vorhaben, mit großer Sorgfalt ausgewählte lokale Produkte saisonfrisch und kreativ in eine moderne Form zu verzaubern. Im Al Forte Alto ist das hervorragend gelungen.

Zu empfehlen sind die Vorspeisen aus Gardaseefisch oder die Trentiner Aufschnittspezialitäten. Frische Pasta oder Gnocchetti als ersten Gang und z. B. ein zartes Rinderfilet gleich hinterher. Ebenfalls herrlich sind die frisch gebackenen Brotspezialitäten mit Oliven und Nüssen. Auch beim Nachtisch spielt die Jahreszeit mit ins Menü, das entsprechend kontinuierlich angepasst wird. Ein Trentiner Apfelkuchen mit Vanillesoße gehört dabei zu den Klassikern. Auch bei der Auswahl der Weine wurde der Schwerpunkt selbstverständlich auf lokale Qualitätserzeuger gelegt, wenn auch nicht ausschließlich. Al Forte Alto wird aufgrund seines außergewöhnlichen Ambientes gern auch für Hochzeiten, Familienfeiern und größere Events gebucht.

TRATTORIA BELVEDERE

Warum ändern, was schon gut ist?

Adresse: Via Serafini 2, 38062 Varignano di Arco (TN)
Von Arco Richtung Tenno

+39 0464 51 61 44
www.trattoriabelvedere.it

Ruhetag: Mittwoch
Preise: €

Über 100 Jahre Familientradition. In der Trattoria Belvedere ändert sich so schnell nichts. „A noi funziona bene così", oder frei auf Deutsch „Für uns passt es so bestens", so die Antwort für alle, die nicht glauben können, dass das gutbürgerlich anmutende Lokal bei Arco gerade zur Haupttouristenzeit von Juni bis September geschlossen bleibt. Im Sommer hat man anderes zu tun, wie sich um die häusliche Landwirtschaft zu kümmern, und die Spezialität des Hauses ist ohnehin eher ein Winter- denn ein Sommergericht: Carne salada. Die meisten Gäste kommen genau wegen dieses Gerichts zum Essen und dies eben schon seit Zeiten der K.-u.-k.-Monarchie, als Familie Santorum das Belvedere eröffnete. Carne salada als Carpaccio oder als Hauptgang mit Fasoi, also mit weißen Bohnen. Des Weiteren finden wir Knödelsuppe und einige wenige andere Gerichte auf der Speisekarte, die schlicht und ergreifend gut sind, und deshalb auch nicht geändert werden müssen. Der Hauswein ist einfach und ehrlich, das Brot stets frisch. Diese Art der Trattoria-Kultur ist in Italien ein Zeichen dafür, dass es einfach gut schmeckt, und das zu Preisen, die sich jeder leisten kann. Eine Adresse, die unter Einheimischen wohlbekannt ist.

TIPP

Carne salada wird aus der Rinderkeule zubereitet. Von allem Fett befreit, wird das Fleisch in einem Mix aus Grobsalz, Lorbeer, Wacholderbeeren, Rosmarin, Knoblauch und Pfefferkörnern angemacht und zehn Tage in einer Keramikterrine mariniert, wobei es regelmäßig gepresst werden muss, um Wasser entweichen und die Kräuter einziehen zu lassen. Einmal fertig, wird das Fleisch in hauchdünnen Scheiben als Carpaccio serviert oder dicker geschnitten in der Pfanne gegart.

LA BERLERA

Kulinarische Perle

Adresse: Loc. Ceole 8b, 38066 Riva del Garda (TN)
Im Norden Rivas, fast schon bei Arco. Die Località Ceole ist wegen des dort befindlichen scheußlichen Betonwerks gut ausgeschildert, doch das vergisst man sofort, versprochen!

+39 0464 52 11 49
www.laberlera.it

Ruhetag: Montag
Preise: €€

Eine Perle, ein Kleinod, ein Glücksfall jedenfalls für Genießer, dass Andrea Guglielmi nach langen gastronomischen Reisen beschlossen hat, sich hier selbstständig zu machen. Er schaute bei Gualtiero Marchesi in die Kochtöpfe, kochte in Michelin-Küchen und landete schließlich in Kopenhagen, wo er den neuen gastronomischen Wind rund um Noma & Co. mitbekam. Welch großes Glück für den Gardasee, dass er nach zehn Jahren in Dänemark Sehnsucht nach der Heimat bekam. Seit einigen Jahren schon verwöhnt er nun Genießer in den beeindruckenden Felsengewölben der trutzigen Burg, deren Wurzeln bis ins Mittelalter reichen. „Berlera" soll Perle im damaligen Dialekt bedeutet haben.

Hochküche zu ganz normalen Preisen zaubert Andrea so: Er verwendet einfache Zutaten wie Kräuter und Gemüse der Saison, Fleisch wie Rindsbäckchen oder Spanferkel und heimische Lachsforelle anstatt teurem Meeresfisch. Der delikate Gruß aus der Küche: ein Mini-Borlottibohnen-Törtchen mit Schwarzkohl und Linsen, genauso schlicht wie köstlich. Er serviert auch Canederli fumanti – dahinter verbergen sich perfekt zubereitete Trentiner Knödel, mit Zwiebelcreme und kandierter Zitrone in der Cloche serviert – upgrading eines Traditionsgerichts. Egal ob Rindsbäckchen mit Cabernet-Schokoladen-Soße, niedertemperaturgegartes Spanferkel mit Rote-Bete-Creme, frittierte Kräuter und Blüten mit Ingwersorbet oder sous-vide gegartes Kaninchen – man schmeckt und sieht sein Können. Ehefrau Lizet serviert mit großer Freundlichkeit und Professionalität, berät kundig beim Wein. Denn die ebenso behutsam kalkulierte wie reich bestückte Weinkarte enthält die kreativsten und interessantesten Tropfen der Region und darüber hinaus. Es gibt zudem viele Weine glasweise. Damit wird, vergäben wir Punkte, sowohl beim Ambiente, der Küche, dem Service als auch dem Preis-Leistungs-Verhältnis die volle Punktzahl erreicht.

LE SERVITE

Biogenuss im Grünen

Adresse: Via Passirone 68, 38062 San Giorgio/Arco (TN)
Zwischen Riva und Arco

+39 0464 55 74 11
www.leservite.com

Ruhetage: Osteria April bis September Montag; Vinothek Montag; Oktober bis März auch Sonntag und Dienstag

Preise: €€

Die Osteria Le Servite ist der ideale Ort für einen Snack, ein Abendessen oder einfach nur für ein gutes Glas Wein. Sie liegt im Herzen des Trentino, zwischen Arco und dem Seeort Riva, eingebettet in das Grün eines Weinbergs, in dem einst ein altes Kloster stand. Das Ambiente ist wirklich sehr schön, rustikal und einladend. Die Gäste werden drinnen von einem alten Gewölbe und gemauerten Bogen empfangen. Die Möbel sind in schönem schlichtem Holz gehalten und richtig gemütlich. Im Sommer genießt man eine herrliche Ruhe im zugehörigen Garten und von der Terrasse aus erstreckt sich ein traumhafter Blick über die Weinberge. Der Gemüsegarten der Familie bringt für Küchenchef Alessandro Manzana und seine Mitarbeiter beste Zutaten hervor. Auch Fleisch, Wurst, Fisch, Käse u. v. m. kommen aus der direkten Umgebung und sind meist biozertifiziert. Das Küchenteam zaubert daraus regionale Spezialitäten, frische handgemachte Pasta und hausgemachte Desserts. Ein absolutes Highlight ist der Weinkeller: Über 500 verschiedene Weine kann man hier verkosten, viele davon aus biologischem Anbau.

Die Vinothek öffnet um 16 Uhr. Dann darf ein gutes Glas Wein genossen werden, begleitet von regionaler Salami, Hirschschinken, eingelegtem Gemüse aus dem eigenen Garten oder frischem Carpaccio. Abends werden natürlich auch warme Gerichte serviert. Und oft gibt es spezielle Degustationsmenüs, die so manche Überraschung bereithalten.

Zudem stehen bei Le Servite Appartements zum Übernachten bereit und die Weine sowie andere Produkte können vor Ort oder online auch gekauft werden.

AGRITUR CALVOLA

Bioparadies mit Seeblick

Adresse: Via Villa Calvola 62, 38060 Calvola Tenno (TN)
Von Riva aus kurz hinter Tenno

+39 0464 50 08 20
www.agriturcalvola.it

Ruhetage: im Sommer keiner, Oktober bis März Montag bis Donnerstag
Preise: €

Ganz gleich, ob Richtung Berge oder See: Der Blick ist sagenhaft. Hier, auf 650 m Höhe, ist man vom Trubel des Ufers weit entfernt und dennoch rasch unten am See. Blumengeschmückt ist das herrliche Steinhaus in den Sommermonaten, wenn man im schönen Garten mit Seeblick speisen kann, im Winter bieten die urigen Gewölbe eine heimelige Atmosphäre.

Der Bio-Agriturismo von Bruno Santoni und seiner Familie ist ein lohnendes Ziel für Liebhaber von Tradition und Frische. Hier werden die hauseigenen Bioprodukte in Trentiner Klassiker verwandelt. Es gibt Carne salada mit Bohnen, köstliches eigenes Olivenöl, dessen Pressrückstände, Molche genannt, einem charaktervollen hausgebackenen Brot beigemengt werden. Das Fleisch der eigenen Schweine wird in delikate Salamisorten verwandelt, das Gemüse aus dem Garten wird eingelegt als Vorspeise angeboten. Man serviert hausgemachte Pasta mit frischem Gartengemüse, mit Sugo aus Molche oder zarte Strangolapreti. Alternativ lässt man sich Kaninchen oder Spanferkelbraten aus dem Holzofen schmecken. Im Sommer erfreuen hausgemachtes Eis und ansonsten Strudel oder feine, mürbe Kuchen mit eigener Marmelade.

Dazu kann man ein gutes Glas des Weißen (Muller IGT oder Sauvignon) oder Roten (Schiava oder den charaktervollen Rebo) genießen.

TIPP

Carne salada wird so gemacht:

Sie nehmen ein schönes Stück Rinderkeule von etwa 1 kg und reiben es runderhum mit einer Würzmischung ein. Dafür 50 g Salz, 10 g braunen Zucker sowie Rosmarin, Lorbeer und Wacholder mischen. In einer Deckelterrine, in die das Fleisch gerade so hineinpasst, eine Woche im Kühlschrank reifen lassen, ab und an umdrehen. Nun kann man das Fleisch entweder wie Carpaccio roh servieren oder ganz kurz in der Pfanne braten.

ANTICA CROCE

„Slow Emotion“ in wunderbarer Lage

Adresse: Via dei Laghi 1, 38060 Tenno (TN)
In der Nähe des Lago di Tenno

+39 0464 50 06 20
www.gardaslowemotion.it

Ruhetag: Montag
Preise: €€–€€€

Das Restaurant Antica Croce liegt oberhalb des Lago di Tenno gegenüber der Kirche Chiesa dell'Immacolata. Die Devise und das Motto von Ettore und seiner Familie lautet: „Slow Emotion“. Das bedeutet, dass sie die Gäste zur Entschleunigung einladen möchten, um die Zeit bei ihnen und die angebotenen Speisen in Ruhe zu genießen.

Ettore ist Chefkoch und legt viel Wert auf natürliche und regionale Zutaten. Eine seiner Spezialitäten ist Carne salada. Zur Zubereitung verwendet er nur Rindfleisch aus dem Trentino und legt es für rund drei Wochen in eine Trockenpökelmasse und diverse Gewürze ein. Dann wird es im Restaurant mit gedünsteten Bohnen oder Pilzen serviert. Darüber ein paar Tropfen Olio extra vergine aus der Region – perfekt.

Zudem gibt es natürlich Seefisch, schwarzen Trüffel, Bergkäse, hausgemachte Pasta und alles, was die Trentiner Küche ausmacht. Besonders stolz ist die Familie auf den eigenen Weinkeller, in dem sie Verkostungen anbietet, mit zu den Weinen passenden Gerichten. Wenn man sich mit Ettore oder seinem Sohn unterhält, spürt man die Liebe zur Welt der Kulinarik und besonders zu den Schätzen der Region.

Das Antica Croce ist auch ein Hotel und bietet 15 Zimmer. Im Hotel und am Frühstücksbuffet spürt man ebenfalls die Philosophie der „Slow Emotion“.

IL RE DELLA BUSA

Haute Cuisine im Hotel Lido Palace

Adresse: Viale Carducci 10, 38066 Riva del Garda (TN)
Direkt am See

+39 0464 02 18 99
www.lido-palace.it

Ruhetag: keiner, mittags geschlossen
Preise: €€€€

Das Hotel Lido Palace in Riva del Garda, in dem sich das Restaurant Il Re della Busa befindet, gehört zu der Allianz „Leading Hotels of the World". Es lässt sich also erahnen, dass es sich um ein sehr elegantes Restaurant handelt. Die Atmosphäre ist aber keineswegs „hochnäsig", im Gegenteil. Schon die Anfahrt ist sehr schön – durch ein Tor führt der Weg durch den kleinen Park zum Parkplatz vor dem Hotel. Man wird vom Personal sehr herzlich empfangen und kann an der Bar erst einmal einen Aperitif trinken und die spektakuläre Aussicht auf den Hafen genießen.

Kulinarisch ist die moderne Küche des Chefs ein echtes Erlebnis. Es gibt Fleisch, Meer- und Seefisch sowie auch einige vegane Gerichte – appetitlich und kunstvoll angerichtet. Ein tolles Antipasto ist z. B. das Tatar vom Seebarsch mit Calvisius-Kaviar, Rote-Bete-Creme und Mango-Passionsfrucht-Chutney, das allerdings nur saisonweise angeboten wird. Natürlich dürfen auch hochwertige Produkte wie Trüffel, Hummer, rohe Scampi und andere Köstlichkeiten in den wechselnden Menüs nicht fehlen, immer basierend auf dem Angebot der Region und den Jahreszeiten.

Eine große Auswahl an hervorragenden Weinen und die auf das jeweilige Menü abgestimmte Beratung eines Sommeliers gehören hier natürlich und selbstverständlich zum guten Ton.

Es gibt keinen eindeutigen Dresscode, nur Shorts sind nicht erlaubt. Ob man nun generell ein Liebhaber der Haute Cuisine ist oder sich ein solches Essen zu einem schönen Anlass gönnt: Es ist in jedem Fall ein wunderbarer Ort für ein romantisches Abendessen bei Kerzenschein.

LEON D'ORO

Ein Lokal mit langer Familientradition

Adresse: Via Fiume 28, 38066 Riva del Garda (TN)
Mitten in der Altstadt von Riva

+39 0464 55 23 41
www.leondororiva.it

Ruhetag: keiner
Preise: €€–€€€

Der Name Leon d'Oro bedeutet Goldener Löwe, wie der Löwe an der Außenfassade schon erahnen lässt. Das Restaurant mit Pizzeria liegt in der malerischen Altstadt von Riva del Garda in einer leicht abschüssigen Straße, was dem Ganzen einen besonderen Charme verleiht, wenn man draußen Platz nimmt. Auch innen sind die Räumlichkeiten sehr hübsch, dank des historischen Gewölbes. Die Familie Salvaneschi betreibt dieses Lokal schon seit 1938 und legt sehr viel Wert auf hochwertige Produkte, viele davon von Herstellern aus der Region.

Es wird eine hervorragende Pizza in allen möglichen Varianten angeboten. Darüber hinaus findet man viele typische Gerichte der Trentiner Region, wie z. B. ein Carpaccio di carne salada (Salzfleisch) oder, sehr lecker, Bio-Dinkelcrèpres mit Radicchio und Trentiner Käsefondue. Dann gibt es natürlich Seefisch. Hier sind die Bigoli (dicke Spaghetti) „alle sarde del lago", also mit Sardinen aus dem Gardasee, zu empfehlen. Viele der Pastasorten sind hausgemacht, wie z. B. die mit Ricotta und Spinat gefüllten Ravioli, die mit zerlassener Butter und Salbei serviert werden, oder Makkaroni mit Auberginensoße und frischem Thunfisch. Auch ausgefallenere Gerichte wie Austern, Krake und Jakobsmuscheln finden sich auf der Karte, für den etwas „verwöhnteren Gaumen". Eine so große Auswahl auf der Karte könnte einen skeptisch werden lassen – doch die Sorge wird einem beim Essen dank der guten Qualität genommen.

Im eigenen Weinkeller gibt es eine große Auswahl an Weinen. Eine Spezialität ist der süße Vino Santo, eine Besonderheit aus der Region, der aus getrockneten Trebbiano- und Malvasia-Trauben hergestellt wird und mindestens acht Jahre reift. Man trinkt ihn am besten zu einem der Desserts, die alle hausgemacht sind. Hier hat man die Qual der Wahl – vom klassischen Tiramisu über Trentiner Apfelstrudel bis zu den Millefoglie (Cremeschnitte) mit Lakritze. Die Preise sind absolut angemessen, die Portionen wirklich anständig. Das Leon d'Oro vermietet auch sehr hübsche Ferienwohnungen.

TIPP

Die Familie Salvaneschi hat nahe des Leon d'Oro eine Pizzeria übernommen, die Pizzeria Bella Napoli. Und wie der Name schon verrät, bekommt man hier Pizza nach traditionellem neapolitanischem Rezept.

AL VOLT

Ein kleines Schmuckstück in Riva del Garda

Adresse: Via Fiume 73, 38066 Riva del Garda (TN)
In der Altstadt

+39 0464 55 25 70
www.ristorantealvolt.com

Ruhetag: Montag
Preise: €€–€€€

Das Ristorante Al Volt liegt mitten in der hübschen Altstadt von Riva del Garda in einem Palazzo aus dem 17. Jahrhundert mit wunderbaren Fresken an der Fassade. Es wird seit 1965 von der Familie Poli geführt, die verwandt ist mit den Polis aus Santa Massenza, welche wir in den Trentiner Einkaufsadressen vorstellen. Somit findet sich natürlich auch der eine oder andere Poli-Grappa auf der Karte.

Das Al Volt hat ein paar wenige Außensitzplätze für den Sommer – das Hauptaugenmerk liegt aber v. a. auf dem recht großen Innenbereich, der mit viel Liebe eingerichtet und dekoriert ist und ein elegantes Ambiente vermittelt. Passend zum Ambiente, kommt zur Begrüßung eine Sommelière an den Tisch, bringt die umfangreiche Weinkarte und bietet ihre Empfehlung an, wenn man seine Essenswahl getroffen hat. Auf der Speisekarte findet man eine vielfältige Auswahl an Trentiner Gerichten und Seefisch, aber auch Meeresfisch hat hier einen festen Platz im Menü. Die regionaltypischen Gerichte sind modern und elegant interpretiert. Als Antipasto empfiehlt sich die Polenta mit Pfifferlingen und Ziegenkäse oder auch das Carpaccio di baccalà (Stockfisch). Eine hausgemachte Pasta, z. B. Linguine mit Jakobsmuschelragout oder Spaghetti mit Castelmagno-Käse und Trüffel vom Monte Baldo, zum Hauptgang z. B. Fisch wie Saibling oder Wolfsbarsch oder Kalbsbäckchen mit Polenta und Gemüse – es ist für jeden Geschmack etwas dabei. Eine absolute Sensation sind die Nachspeisen, v. a. der kleine lauwarme Schokokuchen. Etwas Süßes geht ja bekanntlich immer, somit sollte man das Dolce im Al Volt auf keinen Fall weglassen.

Wer lieber mehrere kleine Gänge probieren möchte, kann ein Verkostungsmenü „pesce" oder „terra" wählen – also mit Fisch oder mit Fleisch. Eine Tischreservierung ist absolut zu empfehlen, sonst kann es schon mal schwierig werden.

ANTICHE MURA

Zwei Brüder und eine tolle Erfolgsgeschichte

Adresse: Via Bastione 19, 38066 Riva del Garda (TN)
Am Rande der Altstadt von Riva

+39 0464 55 60 63
www.antiche-mura.it

Ruhetag: keiner
Preise: €€€€

Das Ristorante Antiche Mura liegt in einer kleinen Straße nahe der Porta San Marco und am Fuße des Monte Rocchetta. Somit beeindruckt beim Betreten der Terrasse als Erstes der Blick auf den Berg und eine kleine hübsche Kapelle. Schon bei der Begrüßung spürt man, dass es sich hier um einen Familienbetrieb handelt. Das Antiche Mura wurde von den beiden Brüdern Carmine und Gianluigi Mandico gegründet, die ursprünglich aus Napoli stammen, wo Gastfreundschaft bekanntlich großgeschrieben wird. Nach vielen Jahren Erfahrung in diversen Lokalen in Süditalien, aber auch im alpenländischen Raum, darunter Sternelokale, konnten sich die beiden 2015 endlich den Traum vom eigenen Restaurant erfüllen und setzen heute auf einen Mix aus traditioneller regionaler sowie mediterraner Küche mit neapolitanischem Einfluss – und das immer auf höchstem Gourmetniveau. Gianluigi ist der Chefkoch, Carmine kümmert sich um die Gäste.

Man kann à la carte essen und sich von den herrlichen Antipasti bis hin zum hausgemachten Dolce seine Lieblingsgerichte selbst zusammenstellen – wie z. B. Barschtatar oder eine Calamarata mit Wildschweinragout (Calamarata ist eine typische Pasta aus Kampanien, die ihren Namen ihrer Form verdankt, welche an Calamariringe erinnern), bis hin zu ausgefallenen Kreationen mit Jakobsmuscheln oder Entenbrust. Die Gerichte variieren ja nach Jahreszeit und Verfügbarkeit der Produkte. Man kann aber natürlich auch Degustationsmenüs mit Fisch oder Fleisch bestellen. Für Vegetarier gibt es auf Wunsch Gerichte, die nicht auf der Karte stehen. Ein ausgezeichneter Sommelier empfiehlt die passenden edlen Tropfen zum Essen. Hier legt man viel Wert auf Weine, die aus autochthonen Rebsorten hergestellt werden. Autochthon bedeutet in diesem Fall, dass die Rebsorten dort wachsen und weiter kultiviert werden, wo sie auch ursprünglich herkommen. Da nur wenige Plätze zur Verfügung stehen, ist eine Tischreservierung ratsam.

Im B & B des Antiche Mura gibt es außerdem nette Zimmer und man bekommt ein delikates Frühstück serviert, mit vielen Köstlichkeiten aus der Region sowie hausgemachter Marmelade, Torten und den bei den Italienern zum Frühstück so beliebten Cornetti (Hörnchen).

PANEM

Das italienische Panino neu interpretiert

Adresse: Viale Roma 11, 38066 Riva del Garda (TN)
Im Zentrum

+39 0464 08 80 66
www.signorpanem.it

Ruhetag: keiner
Preise: €€–€€€

Wenn es mal nicht Pizza oder Pasta sein soll auf der kulinarischen Reise, ist das Panem in Riva wirklich sehr zu empfehlen. Dieses Lokal widmet sich voll und ganz dem bekannten und beliebten italienischen Panino aus den verschiedensten Regionen Italiens. Es liegt sehr nett in der Viale Roma und erstreckt sich über zwei Ebenen. Auch ein paar Außensitzplätze sind vorhanden.

Erfinder des Konzepts ist der geheimnisvolle „Signor Panem", von dem keiner so genau weiß, wie er aussieht und wer er ist. Man sagt aber, er habe ganz Italien bereist und dabei aus allen Regionen die besten Panino-Rezepte mitgebracht. Besonders viel Wert wird hier auf die Qualität und Authentizität der Produkte gelegt. Das Brot wird selbst gebacken, jeder Panino-Vertreter seiner Region besteht ausschließlich aus den dort vorhandenen Produkten und zu jedem Panino gibt es den dazu passenden regionalen Wein. Aber natürlich bekommt man auch Bier im Panem.

Neben den Panini stehen noch ein paar weitere Gerichte auf der Karte wie Salate oder gemischte Aufschnittplatten, sog. Taglieri mit Oliven und Chutney dazu. Zum Abschluss stehen ein sehr guter Kaffee und verschiedene kleine Süßspeisen und Kuchen zur Wahl.

Man kann vor Ort essen, die Panini können aber natürlich auch zum Mitnehmen bestellt werden.

Das Personal, das hier arbeitet, ist jung und durch die Bank sympathisch. Das Herz des Panem bilden Gabriele (der Panino- und Tagliere-Designer), Giuseppe (der Künstler an der Aufschnittmaschine) und Luciano (der Berater auf der kulinarischen Reise). Hier passt von der Inneneinrichtung über die Philosophie bis hin zu den Produkten und den Mitarbeitern einfach alles zusammen.

MADONNA DELLE VITTORIE

Ein Agriturismo mit eigenem Öl, Wein und Trattoria

Adresse: Loc. Linfano 81, 38062 Arco (TN)
In der Nähe von Torbole, mitten im Grünen

+39 0464 50 55 42
www.madonnadellevittorie.it

Ruhetag: Dienstag
Preise: €–€€

Der Agriturismo Madonna delle Vittorie ist ein echtes Muss für Liebhaber der Trentiner Weine und des außergewöhnlichen Olivenöls, die in der eigenen Cantina und Ölmühle hergestellt und auch immer wieder ausgezeichnet werden.

Die Lage ist ein absoluter Traum - wenige Minuten von Torbole entfernt, mitten im Grünen.

Die Produkte genießt man am besten zu einem Mittag- oder Abendessen in der hauseigenen Trattoria. Zum Aperitif absolut zu empfehlen: der Trento DOC, der renommierte Trentiner Schaumwein, der mit der Metodo classico (klassische Flaschengärung) produziert wird. Dazu ein bisschen vom hauseigenen Olivenöl Olio Garda DOP auf Weißbrot geträufelt und ein kleiner Gruß aus der Küche - jetzt sind die Geschmacksknospen bereit für ein ausgiebiges Mahl.

Neben Taglieri (Aufschnittplatten) mit Produkten aus der direkten Umgebung findet man hier auf der Speisekarte ganz typische Trentiner Spezialitäten, wie die Strangolapreti (die sog. Priesterwürger). Das sind kleine Nockerl aus Brot, Mehl, Eiern und meist Spinat, die mit Butter und Salbei serviert werden.

Aber auch die Secondi lassen kaum Wünsche offen. Eine kleine Auswahl an Fisch und Fleisch, alles frisch und „kilometro zero", d.h. alles von Produzenten aus dem Umkreis. Darauf wird hier großer Wert gelegt. Das Rindfleisch kommt aus eigener Aufzucht. Zum Fleisch bietet sich ein Glas Teroldego an, ein typischer Rotwein aus der Region, im französischen Eichenfass ausgebaut. Hausgemachte Desserts runden das Menü ab. Und dazu ein Espresso oder ein kleiner Grappa - herrlich.

Der Agriturismo bietet auch Zimmer zur Vermietung, mit Blick auf die Weinberge. Ein guter Ort, um die Seele baumeln zu lassen und sich kulinarisch zu verwöhnen.

TIPP

Wein und Olivenöl kann man von Montag bis Samstag im Verkaufsladen jeweils von 8.30–19 Uhr kostenlos probieren und natürlich kaufen. Geführte Touren durch das Weingut und die Ölmühle werden nach vorheriger Reservierung organisiert.

SURFER'S GRILL

Weit mehr, als der Name vermuten lässt

Adresse: Via del Sarca Vecchio 5, 38069 Nago-Torbole (TN)
Direkt gegenüber vom Minigolfplatz

+39 0464 50 59 30
www.surfersgrill.it

Ruhetag: Montag (außer im August)
Preise: €€

Als das Restaurant Surfer's Grill im Juli 1986 von Chiara, Gianni und Egidio eröffnet wird, sind Torbole und der nördliche Gardasee fest in der Hand der Windsurfer. Die Gerichte damals waren einfach. Es gab Schweinshaxe und Grillhähnchen, so ganz nach dem Geschmack der Sportler, die nach anstrengenden Stunden auf dem Wasser etwas Ordentliches zu einem günstigen Preis verlangten.

Diese Zeiten haben sich geändert. Das Windsurfen ist nicht mehr ausnahmslos die Nummer eins am See - die Mountainbiker haben ihnen diesen Rang mittlerweile abgelaufen. Doch die Surfer von damals kommen immer noch gern für ihren Sport nach Torbole und auch gern zum Essen in das hübsche Restaurant ganz in der Nähe der Sarca-Mündung. Die Küche ist schon seit Langem nicht mehr vergleichbar mit der der Anfangsjahre. Sie hat sich an die gestiegenen Ansprüche der Stammgäste angepasst - und an deren gestiegene finanzielle Möglichkeiten.

Leckere Antipasti, eine große Auswahl an Pastagerichten, hervorragende Fleischgerichte, Meeresfisch und natürlich köstliche Nachspeisen. In den Wintermonaten ist die Karte etwas reduzierter.

Nur der Name hat sich in den zurückliegenden Jahren nie geändert und sorgt bei so manchem, der diesen Platz nicht kennt, für falsche Erwartungen ...

TIPP

Spaghetti und Fisch für alle – gratis!

Jedes Jahr am letzten Karnevalssonntag wird in Torbole mitten im Ort für das ganze Dorf gekocht. „Sbigolada Torbolana“ ist der Name dieses Volksfestes, bei dem seit über 140 Jahren auf offenem Feuer riesige Töpfe aufgesetzt werden, um bis zu 400 kg Pasta zu kochen und mit einer Soße aus Fisch und Olivenöl unter die Leute zu bringen. Die Atmosphäre ist nicht chic, aber absolut authentisch!

RIFUGIO MONTE BALDO

Gute Traditionsküche am Berg

Adresse: Madonna della Neve, Loc. Val Domenegal II, 1, 38063 Avio (TN)
Oberhalb von Avio, in Richtung Prà Alpesina

+39 0464 39 15 53
www.rifugiomontebaldo.it

Ruhetag: keiner
Preise: €

Wanderer, Naturliebhaber und natürlich Hungrige finden den Weg zum urigen Berggasthof hoch über dem Etschtal bei Avio. Wie in vielen Berghütten sitzt man auch im Rifugio Monte Baldo bei schönem Wetter draußen und ganzjährig im großen Speisesaal, in dem auch Hochzeiten und Familienfeiern organisiert werden. Familie Pachera führt das Rifugio seit der Eröffnung im Jahr 1924 und setzt auf die Verbindung von Natur und jahreszeitlicher Küche. In gemütlichen Zimmern kann günstig übernachtet werden, was sich bei den vielfältigen Ausflugsmöglichkeiten allemal lohnt.

Wie in dieser Lage zu erwarten, bestimmen die Berge das kulinarische Angebot: Wild, Pilze, Kräuter, alles üppig und zu sehr moderaten Preisen. Hier gibt es Gnocchi mit einem feinen Kaninchensugo oder Tagliatelle mit Rehragout, aber auch Risotto mit Kräutern vom Monte Baldo. Als Hauptspeise könnten Hirschragout und Polenta, Kaninchenrollbraten oder Scaloppine mit Pilzen erfreuen, als Beilage gibt es bisweilen auch Wildkräuter wie Guter Heinrich. Eine Spezialität des Rifugio sind Krautwickel, italienisch gewürzt. In Refugio Monte Baldo versteht es sich von selbst, dass alles hausgemacht ist und liebevoll präsentiert wird, auch das Brot und die Kuchen.

TRENTINO

DIE EINKAUFSADRESSEN

1–5 Poli
6 Pisoni
7 Cantine Ferrari
8 Distilleria Marzadro
9 La Vineria De Tarczal
10 Letrari
11 Vallarom
12 Cantina Bongiovanni
13 Gelateria-Pasticceria Bologna
14 Casearia Trentina
15 Agriturismo Laghel 7
16 Succò by Olio Cru
17 Omkafé
18 Maso Botes
19 Acetaia del Balsamico
20 Agraria Riva
21 Domus Olivae by Olio Cru
22 Madonna delle Vittorie
23 Picco Rosso – A. Foletto

R 20/11 PREMIERE 2012
R 20/10 PREMIERE 2012
R 20/09 PREMIERE 2012
G 40/14 PREMIERE 2012
G 40/13 PREMIERE 2012
G 40/12 PREMIERE 2012
F 50/14 PREMIERE 2012
F 50/13 PREMIERE 2012
F 50/12 PREMIERE 2012
CA 75/15 PREMIERE 2012
CA 75/14 PREMIERE 2012
CA 75/13 PREMIERE 2012
CI 90/03 PREMIERE 2012
CI 90/02 PREMIERE 2012
CI 90/01 PREMIERE 2012

DIE FAMILIEN POLI

Eine lange Tradition der Grappa- und Weinherstellung in wunderbarer Umgebung

Wer gern Grappa trinkt, darf sich die Entdeckung eines entzückenden Ortes nicht entgehen lassen: Santa Massenza im Valle dei Laghi (Tal der Seen).

Hier leben fünf Familien mit Namen Poli, die seit Generationen Grappa, Wein und Öl (das aufgrund der hohen Lage als nördlichstes Olivenöl Italiens gilt) nach alten Rezepten und heute mit moderner Technik produzieren. Das Wissen, die Liebe zur Region und teilweiser Bioanbau machen diese kleinen Familienunternehmen zu dem, was sie heute sind, und den Besuch dieses Ortes zu einem unvergesslichen Erlebnis.

Die Familien Poli empfangen ihre Kunden und Gäste mit einer außergewöhnlichen Gastfreundschaft und Herzlichkeit. Auch wenn hier nicht alle Englisch oder Deutsch sprechen – man versteht sich mit Händen und Füßen. In erster Linie zählt die Verkostung und welches der vielen tollen Produkte einem am besten schmeckt.

Man kann zudem die Produktionen besichtigen und mehr über die Grappaherstellung lernen. Hier lohnt es sich, vorher zu reservieren. Die Verkaufsstellen kann man ohne Reservierung besuchen (mehr Infos auf den Websites).

Ein paar Besonderheiten seien vorab erwähnt: der Dessertwein Vino Santo zum Beispiel. Er entsteht aus getrockneten Nosiola-Trauben und reift zum Teil acht Jahre und mehr. Bei Casimiro können Sie den 100 Prozent Müller Thurgau-Schaumwein „Deorum" testen, bei Francesco Poli sollten Sie den „Massenza Belle" probieren, einen Spumante aus den Trauben Nosiola und Peverella. Bei Giovanni Poli gibt es den Rotwein „Reboro", der aus getrockneten Rebo-Trauben entsteht. Wir empfehlen in jedem Fall, sich die Zeit zu nehmen, bei allen Familien vorbeizuschauen.

1

DISTILLERIA AZIENDA AGRICOLA CASIMIRO DI BERNARDO POLI
Fraz. S. Massenza 43
38070 Vezzano (TN)
+39 0461 86 41 40
www.casimiro.it

2

FRANCESCO POLI
Fraz. Santa Massenza 36
38070 Vezzano (TN)
+39 0461 34 00 90
www.distilleriafrancesco.it

3

MAXENTIA DI EUGENIO POLI
Via del Lago 9
38070 Vezzano (TN)
+39 0461 86 41 16
www.maxentia.it

4

DISTILLERIA GIOVANNI POLI
Via del Lago 3
38070 Vallelaghi (TN)
+39 0461 86 41 19
www.giovannipolisantamassenza.it

5

GIULIO & MAURO
Piazza di S. Vigilio 4
38070 Santa Massenza (TN)
+39 0461 86 41 49
www.giulioemauro.it

PISONI

Via San Siro 7a
38070 Pergolese di Lasino (TN)
+39 0461 56 41 06
www.pisoni.it

Im wunderschön gelegenen Familienbetrieb Pisoni werden Weine wie der typische Nosiola und Rebo, aber auch hervorragende Spumanteweine Trento DOC sowie Grappa und Liköre produziert – alle biozertifiziert. Auf Wunsch kann man eine Führung durch die Produktion machen. Besonders spektakulär ist der Gewölbekeller, der sich im Inneren des Berges befindet, wo der Spumante in der Phase der Flaschengärung (Metodo classico) der „Remuage" (Klärung des Weines) unterzogen wird.

7

CANTINE FERRARI

Via Ponte di Ravina 15
38123 Trento (TN)
+39 0461 97 23 47
www.ferraritrento.com

Die Cantina Ferrari wurde im Jahr 1902 von Giulio Ferrari gegründet und ist bekannt für die Produktion des Trento DOC, der mit der Metodo classico, der sog. Flaschengärung, hergestellt wird. Bei Ferrari wird sehr viel Wert auf Gastfreundschaft gelegt. Man kann verschiedene Verkostungen und Führungen buchen. In der Nähe befindet sich außerdem die atemberaubende Villa Margon aus dem 16. Jahrhundert, die man besichtigen kann und in deren Locanda man ein Glas Ferrari Spumante zu hervorragenden Speisen genießen kann. Das Lokal besitzt zwei Michelinsterne (siehe Ende des Buches).

8

DISTILLERIA MARZADRO

Via per Brancolino 10
38060 Nogaredo (TN)
+39 0464 30 45 55
www.marzadro.it

Die Distilleria Marzadro liegt kurz vor Rovereto und ist von der Autobahn gut zu erreichen. Bereits in dritter Familiengeneration wird hier seit 1949 destilliert und die Grappe und Liköre sind für ihre hervorragende Qualität bekannt. Grappa wird aus Trester von Weintrauben hergestellt (in dem Wort Grappa steckt „grappolo", was Weintraube bedeutet) und es gibt ihn in allen denkbaren Varianten – jung und mild, jahrelang in Fässern aus verschiedenen Hölzern gereift, mit eingelegten Kräutern – es ist für jeden etwas dabei. Auf Anfrage kann man hier Führungen und Verkostungen für alle Sinne erleben.

9

LA VINERIA DE TARCZAL

Via G.B. Miori 6
38060 Isera, Fraz. Marano (TN)
+39 0464 45 07 07
www.detarczal.com

Das Weingut de Tarczal ist eines der historischsten in der Region Trentino und bekannt für seinen Spitzenwein. Es liegt wunderschön im Herzen des Vallagarina. Bei einem Besuch sollte man auf jeden Fall den Weinkeller, der in einem uralten Gewölbe beheimatet ist, besichtigen. Die Winzerfamilie verarbeitet ausschließlich Trauben aus eigenem Anbau. Berühmt ist v.a. der Marzemino, jener legendäre Wein aus Mozarts Oper Don Giovanni. Der fruchtige Tropfen passt bestens zur Trentiner Küche.

10

LETRARI

Via Monte Baldo 13–15
38068 Rovereto (TN)
+39 0464 48 02 00
www.letrari.it

Lucia Letrari leitet heute das angesehene Familienweingut in Rovereto, am östlichen Ufer der Etsch. Durch Flaschengärung, Metodo classico genannt, reifen hier ausgezeichnete Schaumweine – beispielsweise der „Trento Brut Rosé“, der „976 Riserva del Fondatore“ oder auch der „Dosaggio Zero“, dem kein Zucker zugegeben wurde. Das milde Klima der Gegend ermöglicht sogar die Produktion einer kleinen Menge Olivenöl. Nach Voranmeldung kann das Weingut besichtigt und die Weine verkostet werden.

11

VALLAROM

Fraz. Masi 21
38063 Avio (TN)
+39 0464 68 42 97
www.vallarom.it

Filippo Scienza ist überzeugter Biowinzer – und das schon seit vielen Jahren. Der Hof ist biozertifiziert. Seine Frau Barbara kümmert sich um die Gäste des Agriturismo mit seinen sehr geschmackvoll eingerichteten Zimmern. Seit Kurzem kann man hier auch essen – allerdings nur nach vorheriger Reservierung. Viele Jahre hat Filippo die Beschaffenheit der Böden im Etschtal, das Klima und die Vegetation in dieser Region studiert. Und es gelang ihm, aus den ausgewählten Rebsorten Wein in bester Qualität zu produzieren. Dazu zählt beispielsweise der „Trentatrè“, ein Weißwein aus drei regionalen Trauben.

12

CANTINA BONGIOVANNI

Via S. Antonio 28
38063 Sabbionara d'Avio (TN)
+39 0464 68 43 88
www.bongiovannilorenzo.com

Die Familie Bongiovanni widmet sich schon seit Generationen den einheimischen Weinen im romantischen Vallagarina. Die absolute Spezialität ist der „Enantio". Ein dichter, charaktervoller Wein mit kräftiger Farbe. Ein absolutes Muss für Rotweinliebhaber. Die Cantina bietet aber natürlich auch die klassischen Rebsorten Marzemino, Merlot und Cabernet oder Chardonnay und Pinot Grigio. Ein Spumante vervollständigt das Angebot. Verkostet werden können die Weine auch in der Malga Mortigola, dem Agriturismo der Familie. Im Sommer wird dort auch Käse produziert. Mehr hierzu unter www.agriturmalgamortigola.it.

13

GELATERIA-PASTICCERIA BOLOGNA

Via Giuseppe Garibaldi 12
38065 Mori (TN)
+39 0464 91 84 75
www.gelateriabologna.com

Italienisches Eis, nach traditioneller Herstellung, gibt es in Mori, zwischen Rovereto und dem nördlichen Zipfel des Gardasees. Dort befindet sich in einer eleganten Jugendstilvilla die Gelateria-Pasticceria Bologna. Familie Castellari verwöhnt ihre Gäste seit 1960 mit wahrer Eiskunst und anderen Leckereien. Alle Rohstoffe und Zutaten sind handverlesen und frisch. Für echte Eisfans ist dieses Ziel ein absolutes Muss. Und für alle, die vor dem Eisgenuss noch etwas Herzhaftes brauchen, gibt es auch kleine Snacks und Salate.

14

CASEARIA TRENTINA

Via Rivana
38060 Loppio di Mori (TN)
+39 0464 91 82 73
www.caseariatrentina.it

Der Laden liegt an der Straße und man kann direkt vor der Tür parken. Sobald man den Laden betritt, fühlt man sich sofort heimisch, denn es duftet wunderbar nach Käse und Salami und man wird von der Familie Zucchelli, die Eigentümer und Produzenten sind, persönlich beraten und bedient. Sehr zu empfehlen ist der Grana Trentino in verschiedenen Stagionature (Reifegraden), aber auch andere Sorten von Kuh, Schaf und Ziege. Viele weitere Produkte aus dem Trentino, wie z. B. Trentiner Apfelsaft und -essig, Salami, Schinken und mehr runden das Angebot ab.

15

AGRITURISMO LAGHEL 7

Loc. Laghel 7
38062 Arco (TN)
+39 335 824 06 45
www.laghel7.it

Aus Liebe zu den Tieren und zur Natur haben Paola Jori und Roberto Zampiccoli ihren Traum verwirklicht und nur wenige Minuten von Arco entfernt einen kleinen Landwirtschaftsbetrieb gegründet. Hier entsteht ein mehrfach ausgezeichnetes Olivenöl, für das nur handverlesene Oliven der Sorte Casaliva verwendet werden. Laghel 7 ist aber auch Lehrbauernhof und Reitstall. Zum Hof gehören Pferde, Ziegen, Kühe, Schweine, Hühner, Enten, Hunde und Katzen. Wer abseits des Touristenrummels und mit herrlichem Blick auf den Gardasee Urlaub machen möchte, der kann hier in einem der zwei hübschen Appartements übernachten.

16

SUCCÒ BY OLIOCRU

Piazza III Novembre 6a
38062 Arco (TN)
+39 0464 51 76 07
www.oliocru.it

Fruchtsäfte und Smoothies trinkt man bekanntlich am besten mit einem Schuss gesundem Öl. Da sitzt der nette Laden Succò von der Olivenmühle OlioCru, die bestes Trentiner Olivenöl herstellt, an der richtigen Quelle. Der Laden liegt sehr hübsch im Zentrum von Arco nahe der Kirche und neben den frisch zubereiteten Säften zum Sofortttrinken oder mitnehmen kann man das herrliche kalt gepresste Öl und andere Trentiner Spezialitäten kaufen. Darunter finden sich auch probiotische Produkte von OlioCru, die aus Oliven hergestellt werden.

17

OMKAFÈ

Via Aldo Moro 7
38062 Arco (TN)
+39 0464 55 27 61
www.omkafe.com

Die Kaffeerösterei Omkafè wurde 1947 von Ottorino Martinelli und seiner Frau Maria in Riva del Garda gegründet und noch heute werden hier nach alter Tradition verschiedenste Kaffeesorten geröstet und nach eigenen Rezepten Mischungen hergestellt. Der Kaffee „Diamante“ zeichnet sich besonders durch einen harmonischen Geschmack aus. Im hauseigenen Museum kann man auf den Spuren der Kaffeegeschichte wandeln und anschließend im Shop die verschiedenen Sorten verkosten und kaufen und auch die eine oder andere Geschenkidee finden.

18

MASO BOTES

Loc. Varignano
38062 Arco (TN)
+39 0464 79 10 14; +39 347 855 83 34
www.masobotes.it

Ein Besuch bei Maso Botes ist ein besonderes kulinarisches Vergnügen. Dieser traditionelle und gleichzeitig innovative Betrieb bietet eine herrliche Atmosphäre mitten in der Natur. Man findet eine große Auswahl an Olivenöl, verschiedenen Honigsorten (Kastanienhonig, Blütenhonig, Honig mit Nüssen), Olivenpaste u. v. m. – und alles ist biologisch. Wer etwas abseits vom großen Trubel urlauben möchte: Hier gibt es auch sehr schöne Zimmer und tolle Suiten.

19

ACETAIA DEL BALSAMICO

Strada di San Zeno 2
38060 Cologna di Tenno (TN)
+39 0464 55 00 64
www.acetaiadelbalsamico.it

Schon die Anfahrt zur Acetaia del Balsamico Trentino ist ein echtes Erlebnis, da sie relativ hoch in Cologna di Tenno liegt, von wo aus man einen wunderbaren Blick auf Riva del Garda genießt. Hier kann man Essig, den sog. Balsamico Trentino, in verschiedenen Reifegraden verkosten und kaufen, aber auch regionaltypische Rot- und Weißweine, Käse aus der eigenen Käserei, wie z. B. Ricotta, der in Kombination mit cremigem Balsamico besonders gut schmeckt. Außerdem erhält man hier ein selbst produziertes fruchtiges Olio extra vergine.

20

AGRARIA RIVA

Loc. San Nazzaro 4
38066 Riva del Garda (TN)
+39 0464 55 21 33
www.agririva.it

Wer Riva im Norden verlässt, steuert unweigerlich auf einen Bau mit sehr moderner Architektur zu, den „Store Rurale" der Genossenschaft Agraria Riva. Im Inneren findet man ein echtes Feinschmeckerparadies. Über 300 Mitglieder des Konsortiums produzieren, teilweise biologisch, Olivenöl, Wein und verschiedene Spezialitäten der Region. Es werden aber auch Produkte aus anderen Teilen Italiens angeboten. Übrigens: Das Olivenöl der Agraria Riva hat viele Preise und Auszeichnungen erhalten und zählt zu den besten am Gardasee und in ganz Italien.

21

DOMUS OLIVAE BY OLIOCRU

Via Maso Belli 1b
38066 Riva del Garda (TN)
+39 0464 71 53 44
www.oliocru.it

Domus Olivae, das „Haus der Oliven", ist die Olivenmühle von OlioCru. Dort erhält man verschiedene Oli extravergini: vom „Origini", das aus entsteinten Oliven hergestellt wird, über das „Garda DOP" bis hin zum „Biologico". Außer dem ausgezeichneten Olivenöl bekommt man weitere innovative und hochwertige Produkte wie z. B. PreBiò, eine probiotische Nahrungsergänzung aus Oliven, aber auch Wein, Essig, eingelegte Oliven und Kosmetik auf Olivenbasis. Auf einem speziellen multimedialen und multisensorischen Rundgang kann man die Herstellung und den Geschmack der Produkte entdecken.

22

MADONNA DELLE VITTORIE

Via Linfano 81
38062 Arco (TN)
+39 0464 50 54 32
www.madonnadellevittorie.it

Der Agriturismo Madonna delle Vittorie besitzt Ölhaine und Weinberge in den Gemeinden von Arco, Riva del Garda und Nago-Torbole und stellt in der hauseigenen Kellerei und Ölmühle hervorragende Produkte her. Das Olio extra vergine del Garda DOP wurde von der Zeitschrift „Feinschmecker" mit dem Olio Award 2018 ausgezeichnet. Die Weine, wie z. B. der „Trento DOC", der „Capoalago" (Gewürztraminer), Lagrein, Nosiola und Rebo können, wie die verschiedenen Öle, verkostet und gekauft werden. Man kann hier auch übernachten und es ist ein sehr nettes Restaurant dabei.

23

PICCO ROSSO – A. FOLETTO

Via Cassoni 3
38067 Ledro (TN)
+39 0464 59 10 38
www.liquorifoletto.com

Seit Generationen ist die Familie Foletto im Ledrotal oberhalb des Gardasees als Apotheker tätig. Man verkauft aber nicht nur Medikamente. Aus heimischen Zutaten werden Säfte und Liköre produziert. Das älteste und weit über die Grenzen des Valle di Ledro bekannte Produkt der Folettos ist der „Picco Rosso". Ein hochprozentiger Likör aus Waldhimbeeren und -erdbeeren. Unbedingt einen Abstecher wert ist auch das Apothekermuseum, das die Familie betreibt (www.museofoletto.it, Eintritt frei). Dort kann man – nach Voranmeldung – natürliche Zutaten der Region direkt unter Anleitung zu tollen Produkten verarbeiten.

VENETO

Von den Bergen im Norden bis zur Olivenriviera – hier beginnt der Süden.

OLIVENHAINE, WEINLAND-SCHAFT UND FISCHERHÄFEN

Das Ostufer des Gardasees gehört zur Provinz Verona und die zählt wiederum zum Veneto – Venetien. Verona hatte klug entschieden, an den Machtkämpfen der einst einflussreichen Städte Mantova und Mailand nicht mehr teilzuhaben und sich unter den Schutz Venedigs zu stellen. Es erlebte so als Handelsstützpunkt, als Drehscheibe des Warenaustausches zwischen Nord und Süd Jahrhunderte wirtschaftlicher Prosperität.

Die Lagunenstadt hat auch in der Küche des Gardasee-Ostufers ihre Spuren hinterlassen. Dort findet man Sarde in saor, gebratene Sardinen (aus dem See!) in Zwiebelmarinade, oder Risotti aller Arten aus den Reissorten Vialone Nano oder Carnaroli, die im bereits flachen Land südlich von Verona, wo die Berge plötzlich aufhören und die Poebene beginnt, angebaut werden.

Die Provinz Verona war bis zu den italienischen Befreiungskämpfen österreichisch. Und so würzt Kren das Bollito misto, das Siedefleisch (beide kennt man aus der Wiener Küche), und bisweilen steht Scaloppina, Schnitzel, auf der Speisekarte, paniert wie in einem Wiener Beisl (oder waren es doch die Mailänder, die es erfunden haben?).

Die Orte entlang des östlichen Gardaseeufers, dort, wo sich der Monte Baldo erhebt, waren vor dem Bau der Uferstraße Gardesana recht weit vom Rest der Welt entfernt. Hier spielen bis heute die Fische aus dem Gardasee eine große Rolle in der Küche: mariniert als Antipasti, inzwischen oft auch roh, als Carpaccio oder Tatar, als Sugo zu Nudeln oder als Hauptspeise meist gegrillt.

Am Ufer und soweit es geht den Berg hinauf wachsen die Olivenbäume der Riviera degli Ulivi. Ab Torri del Benaco, benannt nach dem alten Namen des Gardasees, werden die Ausläufer des Baldo niedriger, das Hinterland bietet nicht nur den Oliven, sondern auch den Weinreben beste Wachstumsbedingungen. Nach dem kleinen Städtchen Bardolino ist ein Wein benannt, der früher leider als billiger Massenwein auf den Markt gelangte. Doch seit geraumer Zeit arbeiten engagierte Winzerinnen und Winzer an seinem Ruf, vinifizieren fruchtige, nussige Rotweine, ohne seinen Charakter zu verfälschen. Bardolino, so die Meinung vieler, soll ein leichter Wein sein, der damit bestens zur Gardaseeküche passt. Das gilt auch für seinen „jüngeren Bruder" Chiaretto, einen Roséwein, den es inzwischen auch in der spritzigen Variante als Chiaretto Spumante gibt. Dicht und schwer hingegen ist der Amarone, der bekannte Wein aus dem Valpolicella, das auf der anderen Seite der Etsch beginnt und sich nördlich von Verona in die Berge hinein zieht. Die Wurzeln des Amarone liegen im Süßwein Recioto, der wie der Amarone aus angetrockneten Trauben gewonnen wird. Werden die Trauben, vornehmlich der Sorte Corvina, frisch gekeltert, entsteht Valpolicella Classico oder Superiore. Lässt man wiederum diesen Wein noch ein wenig auf den Pressrückständen des Amarone nachgären, erhält man den bemerkenswerten „kleinen Amarone", den Ripasso.

Doch auch Liebhaber von Weißwein werden glücklich. Im nahen Custoza entsteht v. a. aus den Rebsorten Trebbiano und Garganega ein zarter, charmanter Weißer, der zu Unrecht unterschätzt wird. Zu den berühmten Tortelli di Valeggio, den Nudelkringeln, deren Vorbild der Bauchnabel der Venus gewesen sein soll, passen die Weine allesamt.

DIE RESTAURANTS

SANTO CIELO

Tapas und Biowein

Adresse: Piazza Turazza 11, 37018 Malcesine (VR)
Mitten in Malcesine

+39 348 745 13 45
www.osteriasantocielo.com

Ruhetag: im Sommer keiner
Preise: €

Uriges, wunderschönes Gewölbe mitten in Malcesine, gleich bei der Burg: Die kleine Bar ist immer dann empfehlenswert, wenn man einfach ein paar wirklich gute Kleinigkeiten genießen will, ohne „groß essen zu gehen", aber gleichzeitig ohne auf das übliche Fast Food zurückzugreifen, oder wenn man mal von Pasta, Polenta und Gardaseefisch genug hat. Die Niederländerin Hella Nods, die schon lange hier lebt, bietet wunderbare, frische Kleinigkeiten an. Das können eingelegter Feta-Käse mit Sommergemüse sein, getrocknete Tomaten, Oliven, Artischocken, gefüllte Paprikaschoten, die sie entweder selbst herstellt oder von handwerklich arbeitenden Betrieben bezieht. Es gibt Bruschette mit Gemüse-, Fisch- oder Olivenpaste, Mozzarella oder Kräutern, sie schmecken ausgezeichnet und sind hübsch anzusehen. Sodann immer der Jahreszeit angepasste Salate mit viel Fantasie und feinen Dressings und schließlich eine ausgezeichnete Auswahl an Salami, Schinken, Wurst und handgemachtem Käse vom Monte Baldo, aus den Lessinischen Alpen und anderswoher.

Wie es sich für eine richtige Osteria gehört, gibt es eine große und mit viel Verstand ausgewählte Weinkarte, in der man etliche Weine aus dem Trentino, dem Valle dei Laghi nördlich des Gardasees und dem Veneto findet, darunter viele Bio- und Naturweine. Es gibt aber auch Tropfen aus anderen Gegenden Italiens wie dem Friaul, dem Piemont und der Toskana.

VIDOC

Gnocco fritto und Tigelle, eine Spezialität des Hauses

Adresse: Via del Dosso 1, 37018 Malcesine (VR)
In einer kleinen Gasse im historischen Zentrum von Malcesine

+39 045 657 00 60

Ruhetag: keiner, Montag und Mittwoch nur abends geöffnet
Preise: €€

Das Vidoc ist ein kleines Juwel in der Altstadt von Malcesine und der Ausdruck „klein" ist hier wörtlich zu verstehen. Das Lokal und auch die Außenterrasse sind eben eher klein, aber genau das macht den Charme aus. Ebenso die Gasse, in der sich das Lokal befindet. Die Einrichtung ist geschmackvoll, genauso wie die Deko auf der Terrasse. Ein Ort zum Wohlfühlen. Der Service ist bemerkenswert: Alle haben ein Lächeln auf den Lippen und beraten auf Wunsch sehr ausführlich bei der Speisenwahl - nicht in perfektem Deutsch, aber umso herzlicher. Hier wird fast alles hausgemacht. Als Antipasto sind die verschiedenen Bruschette sehr zu empfehlen. Oder, eine Spezialität des Hauses, „Gnocco fritto". Das sind kleine frittierte Teilchen in rechteckiger Form, die aus Mehl und Hefe bestehen und in Schmalz ausgebacken werden. Oder die sog. Tigelle, kleine Fladen aus Mehl, Wasser, Milch, Eiern und Bierhefe, dazu eine Aufschnittplatte mit Salami und 18 Monate gereiftem Parmaschinken, und ein Glas Wein dazu - ein Gedicht. Die Weinkarte ist anständig, da findet sich für jeden der richtige Tropfen. Auch der Hauswein kann sich sehen lassen.

Danach ein Primo: Die Pastagerichte sind sehr zu empfehlen, v. a. die gefüllten Sorten. Oder direkt zum Hauptgang? Auf der Karte stehen Fleischgerichte, die schlicht, aber qualitativ sehr gut sind, wie z. B. eine Costata di manzo (Rindersteak). Außergewöhnlich sind die „patatine fritte" (Pommes frites) des Vidoc, die eigentlich wie Chips aussehen und sehr kross schmecken.

Und anschließend natürlich noch ein Dessert - das geht ja bekanntlich immer und sollte im Vidoc nicht verpasst werden. Oder ein bisschen Käse. Und dazu einen Grappa, auch hier gibt es eine schöne Auswahl. Für einen ruhigen und gemütlichen Abend mit gutem Essen ist das Vidoc wirklich zu empfehlen. Einen Tisch sollte man v. a. im Sommer unbedingt reservieren.

TAVERNA DEL CAPITANO

Gardaseefisch direkt am Hafen serviert

Adresse: Via Lungolago 8, 37010 Porto di Brenzone (VR)
Direkt am Wasser im Hafen von Porto di Brenzone

+39 045 742 01 01

Ruhetag: Dienstag; im Sommer keiner
Preise: €–€€

Direkt am Wasser im Hafen von Porto di Brenzone könnte man ein reines Touristenlokal vermuten, und doch ist die Taverna del Capitano mit ihrer großen, komplett panoramaverglasten Veranda einer der beliebtesten Tipps, den Einheimische einem mit auf den Weg geben, wenn man nach einem Restaurant fragt, in dem man wirklich guten Gardaseefisch essen kann.

Fisch ist in der Tat der große Protagonist auf dem Menü der Taverna. Neben einem umfangreichen Vorspeisenteller mit allem Guten, was der See zu bieten hat, kann man als Antipasto die köstliche Gardaseespezialität „Sisam“ kennenlernen. Hinter dem Gericht mit diesem exotischen Namen verbirgt sich ein Teller getrockneter „agole“, kleiner, luftgetrockneter Süßwasserfische, die mit geröstetem Brot oder Polenta serviert werden. Die kleinen „agole“ sind, als Soße zubereitet, auch Teil eines der beliebtesten Primi im Restaurant, der „bigoli con le agole“, einer Art hausgemachter dicker Spaghetti. Frische und Qualität von Fisch lassen sich am besten genießen, wenn der Fisch einfach und unkompliziert serviert wird, weshalb auch ein Teller gegrillter Fischfilets immer eine Empfehlung wert ist. Wein und Nachtisch lässt man sich am besten vom Personal empfehlen. Die Weinkarte enthält eine umfangreiche Auswahl regionaler Tropfen zu sehr guten Preisen, während die Karte der hausgemachten Dolci regelmäßig wechselt. Zusammenfassend lässt sich sagen: ein tolles Plätzchen direkt am Wasser, an dem man windgeschützt zu jeder Jahreszeit und zu fairen Preisen guten Fisch bekommt.

ALLA FASSA

Ein Fischrestaurant mit eigenem Bootsanleger

Adresse: Via B.G. Nascimbeni 11, 37010 Castelletto di Brenzone (VR)
Am nördlichen Ortsrand von Castelletto, direkt am Wasser

+39 045 743 03 19
www.ristoranteallafassa.com

Ruhetage: Dienstag, Sonntagabend, Montagabend
Preise: €€–€€€

Wer träumt nicht davon, mit dem Boot direkt am Restaurant anzulegen? Beim Ristorante alla Fassa steht der Bootssteg hierfür bereit. Aber auch wer zu Fuß kommt, fühlt sich sofort wohl in diesem Fischrestaurant direkt am Wasser, egal ob man im Garten oder windgeschützt auf der hellen Glasveranda Platz nimmt. Der Schwerpunkt der Speisen liegt auf dem Gardaseefisch. Bereits zur Vorspeise wartet das Haus mit den Klassikern Sarde in saor, marinierten Gardaseesardinen, oder dem Hecht mit Polenta auf – alles natürlich aus frischestem Fisch zubereitet, auch der große Vorspeisenteller „il lago in un piatto". Birne mit Gorgonzola oder ein Kürbisflan mit gerösteten Mandeln und Parmesanfondue bieten Alternativen zu den Fischgerichten. Bei den Primi sieht es ganz ähnlich aus, neben einer Carbonara di lago oder einer Pasta mit Hechtsoße, Kapern und Zimt (!) gibt es auch Fischgerichte aus dem Meer und je nach Saison Trüffel- sowie Pfifferlingpasta mit Kaninchen. Unter den Secondi finden wir eine schmackhafte Gardaseeversion von „Fish and Chips" neben frischen Fischfilets aus See und Meer. Der Weinkeller ist gut sortiert und gerade bei den für ein Fischrestaurant so wichtigen Weißen auch mit Weinen über die regionalen Grenzen hinaus bestückt. Das Ristorante alla Fassa genießt in der Region einen ausgesprochen guten Ruf bezüglich der Qualität der Fischgerichte, was sich auch in den etwas gehobeneren Preisen widerspiegelt.

TIPP

Castelletto di Brenzone ist jedes Jahr im Juli Schauplatz der Festa dell'Agola, einem traditionellen Fischessen auf der Piazza des Ortes. Die „agola" ist ein kleiner, für den Gardasee typischer Süßwasserfisch, der einst als „Alltagsfisch" die Küche der einfachen Leute bereicherte. Heute ist die „agola" seltener geworden, weshalb man sich auf dieses Fest in der abendlichen Sommersonne besonders freut.

AL PESCATORE

Senza Lista e Lische

Adresse: Via Imbarcadero 31, 37010 Castelletto di Brenzone (VR)
Direkt am Hafen von Castelletto

+39 045 743 07 02
www.osteriaalpescatore.it

Ruhetag: Montag
Preise: €€–€€€

Ein kleines Lokal direkt am Hafen, urig und ein wenig originell, die Wände dicht bestückt mit Souvenirs und Fotos aus der „guten alten Zeit". Die Atmosphäre, die Livio, Rosaria und ihre Tochter Sara in diesem Lokal erschaffen, ist freundlich und außergewöhnlich. Genauso die Fischgerichte, die man in der Osteria geboten bekommt. Livio empfängt seine Gäste erst einmal mit einem Glas Prosecco, was sofort das Gefühl aufkommen lässt, willkommen zu sein. Das Menü folgt dem, was frisch aus dem See gefangen wurde: Hecht, Sardinen, Forelle, Aal, ausschließlich Süßwasserfische aus dem See, die von Rosaria mit großem Erfahrungsschatz zubereitet werden. Dazu gibt es frisches Saisongemüse und das Ganze wird von den dazu passenden Olivenölen der unterschiedlichen Gardaseeufer kombiniert. Auch für die Auswahl der Weine gilt im Haus dieselbe Philosophie: Ausschließlich Tropfen, die in den drei Gardaseeprovinzen gereift sind, kommen auf den Tisch. Die Osteria ist mit nur 35 Gedecken relativ klein, weshalb sich eine Reservierung unbedingt empfiehlt - v. a. wenn man einen der kleinen Tische am Hafenbecken im Freien ergattern möchte.

TIPP

Die Gemeinde Brenzone besteht aus 16 kleinen Dörfern, die von den Hängen des Monte Baldo bis zum Seeufer verstreut liegen und die der größte Nordic-Walking-Park des Gardasees miteinander verbindet. Vier sorgsam erarbeitete Parcours eröffnen auf ihrem Weg durch urige Weiler und alte Olivenhaine atemberaubende Seepanoramen und erläutern dem interessierten Wanderer auf mehrsprachigen Informationsschildern die Sehenswürdigkeiten des jeweiligen Ortes.

DA UMBERTO

Beste Lage zwischen Hafen und Seeufer

Adresse: Via Imbarcadero 15, 37010 Castelletto di Brenzone (VR)
Direkt am Hafen des Ortes

+39 045 743 03 88

Ruhetag: Mittwoch, im Sommer keiner
Preise: €€

Schöner kann man in Castelletto di Brenzone nicht sitzen. Das Ristorante da Umberto liegt direkt am Wasser, zwischen Seeufer und der Kaimauer des kleinen romantischen Hafens. Tische gibt es draußen wie drinnen, auch auf einer kleinen geschützten Terrasse im ersten Stock, und wer das Privileg hat, mit einem Boot unterwegs zu sein, der findet einen Anlegeplatz direkt vor der Haustür. Da Umberto ist ein klassisches Familienunternehmen, das es so lange gibt, wie man sich erinnern kann. Die ehemalige Osteria wurde bereits früh zu einem Restaurant umgewandelt, das den steigenden Ansprüchen der Gardaseebesucher gerecht werden konnte. Die Küche bietet vom Gardaseefisch bis zum Meeresmenü und von den Fleisch- und Käsespezialitäten des Monte Baldo, mit dem guten „Garronese"-Rindfleisch aus Verona, bis zu einem vegetarischen Menü mit frischem Gemüse aus dem Umland eine weitgefächerte Auswahl. Bekannt ist das Restaurant auch für seine hausgemachte Lasagne. Der Wein stammt überwiegend aus der Gardaseeregion: Lugana, Soave und Custoza als Weiße, Bardolino und Valpolicella als Vertreter der Roten, aber man findet durchaus auch Champagner und den einen oder anderen Wein aus entfernteren Anbaugebieten. Eine Tischreservierung ist empfehlenswert.

TIPP

Kulinarische Bekanntheit erlangt Brenzone v. a. durch sein Olivenöl „Extra Vergine Garda DOP", das an den Hängen des Monte Baldo im milden Mikroklima des Gardasees heranreift. Jedes Jahr zur Olivenernte im November feiert der Ort sein Öl auf der Antica Fiera di Santa Caterina. Ursprünglich wurde auf dem Fest mit 130-jähriger Geschichte allerdings der Almabtrieb nach der Sommersaison gefeiert. Zwei kulinarische Welten haben hier zusammengefunden.

SARSISSA

Fischers Stammkneipe

Adresse: Piazza Olivo 6, 37010 Castelletto di Brenzone (VR)
An der Piazza im historischen Ortskern

+39 045 743 04 02

Ruhetag: keiner
Preise: €

Die kleine Piazza Olivo dürfte zu einem der malerischsten Geheimtipps am Ostufer gehören. Der kurze, aber steile Aufstieg von der Gardesana hoch lohnt sich auch ohne Hunger. Häuser im venezianischen Stil, Bougainvilleen und natürlich der Olivenbaum sind die Kulisse für die hübschen Tische vor der Trattoria Sarsissa. Drinnen historische Gewölbe, urige Holztische, dafür an den Wänden moderne Bilder der Künstlerin Amaranta De Francisco. Der Service ist ausgesprochen herzlich.

Sarsissa ist eine einfache Trattoria mit schlichten Gerichten wie Schinken und Melone oder Polenta mit Fisch als Vorspeise. Dann gibt es viele Nudelgerichte, die besten mit Sugo aus Gardaseefischen. Die Tagliatelle sind hausgemacht. Die Fleischgerichte sind korrekt, aber schlicht. Genießer werden mit den perfekt zubereiteten Gardaseefischen glücklich, denn der „lavarello" vom Grill war zart, saftig und frisch - genau so, wie er gehört. Kein Wunder, dass Lauro, der Fischer in Castelletto, der gegenüber der Trattoria seinen Laden führt, hier Stammgast ist.

Der offene Wein befriedigt nur sehr Anspruchslose, bestellen Sie sich lieber eine Flasche „besseren" Wein, der wird ab 14 Euro angeboten. Schokoladenfans werden mit der Schokocreme auf knusprigem Keks glücklich gemacht.

TIPP

Schräg gegenüber der Trattoria befindet sich der Laden des Fischers Lauro Boschelli. Dort gibt es jeden Vormittag frischen Fisch aus dem Gardasee, eben was der Tagesfang hergibt. Fast immer ist der „lavarello" (Renke) dabei, manchmal auch „tinca" (Schleie) oder „sarde di lago", die berühmten Gardaseesardinen, die man auch eingesalzen erhält. Täglich von 9 bis 12 Uhr geöffnet. Die Telefonnummer: +39 045 743 00 23.

35

RISTORANTE MENAPACE

Gastfreundschaft und Fischtradition direkt am Wasser

Adresse: Via Pai di Sotto 39, 37010 Pai di Torri del Benaco (VR)
Direkt an der Gardesana

+39 045 726 00 25
www.hotelmenapace.it

Ruhetag: Dienstag
Preise: €–€€

Das Ristorante Menapace ist eine Institution in der Gegend. Schon seit 55 Jahren verwöhnt die Hoteliersfamilie nicht nur Gäste des Hauses mit feiner mediterraner Küche - auch Gäste von außerhalb sind herzlich willkommen. Drinnen lohnt es sich, einen Platz am Fenster zu ergattern, auf der Terrasse haben alle einen herrlichen Blick. Es sind nur knapp zehn Meter zum Wasser.

Herzstück ist eine echte, einfache, authentische Küche mit qualitativ hochwertigen, meist regionalen Zutaten. Das Restaurant liegt direkt am See, da steht frischer Gardaseefisch selbstverständlich ganz oben auf der Speisekarte. Die Gerichte verfeinert der Chefkoch oft mit pfiffigen Ideen. Sehr lecker sind die Bigoli mit Sardinensugo und das Risotto mit Schleie. Neben Seefisch gibt es auch immer wieder ein bisschen Meeresfisch oder Meeresfrüchte. Und natürlich kommt man auch auf seine Kosten, wenn man lieber Fleisch als Fisch isst. Zarte Rinderbäckchen, hausgemachte Ravioli mit Hasensugo, um hier nur eine kleine Auswahl zu nennen.

Wir empfehlen außerdem die tolle Käseauswahl mit Mostarde, bevor man zum Dessert übergeht. Auf der Weinkarte finden sich viele Weine der Gardaseeregion, aber auch darüber hinaus, und in der Küche wird hiesiges Olivenöl verwendet.

LOCANDA SAN MARCO

Frischer Fisch etwas abseits vom Trubel

Adresse: Piazza San Marco 22, 37010 Pai di Torri del Benaco (VR)
Am Hauptplatz von Pai di Sopra

+39 045 726 00 04
www.locandasanmarco.it

Ruhetag: im Sommer keiner; Oktober bis Ostern Mittwoch
Preise: €

Das kleine Dörfchen Pai liegt etwas oberhalb des Gardaseeufers, zwischen Torri del Benaco und Castelletto. Hier, etwas abseits vom Trubel der Uferstraße Gardesana, finden wir direkt an der Piazza des Ortes die Locanda San Marco. Tische sind vor dem Haus gedeckt, weitere befinden sich oberhalb der Bar der Locanda, die neben dem Restaurantbetrieb auch einige Zimmer vermietet. Aus dem Speiseraum im ersten Stock genießt man einen schönen Blick über die Dächer des Ortes auf den Gardasee. Die Spezialität des Hauses ist ohne Zweifel der Gardaseefisch. Ganz frisch wird dieser jeden Morgen von einem Fischer aus dem Ort geliefert und Koch Gigi Aloisi weiß mit diesem hervorragend umzugehen. Besonders gut sind die Tortelli mit Renkenfüllung oder die Spaghetti mit Gardaseesardinen. Die Pasta ist selbstversändlich hausgemacht. Zum Hauptgang folgt gegrillter Fisch oder Filet aus dem mogendlichen Fang. Wer keinen Fisch essen möchte, der findet im San Marco natürlich auch Fleischgerichte oder einen gut belegten Flammkuchen. Wie so oft macht die Qualität der aus dem Umland stammenden Produkte den großen Unterschied. Eine Philosophie, der man auch bei der Auswahl der Weine treu geblieben ist. Unser Fazit: Der kleine Ort Pai will entdeckt werden. Die Locanda San Marco ist der perfekte kulinarische Abschluss einer schönen Wanderung durch die Olivenhaine rund um das Dörfchen.

TRATTORIA PANORAMICO

Hausmannskost mit atemberaubendem Panorama

Adresse: Via per Crero 6, 37010 Torri del Benaco (VR)
In den Bergen oberhalb von Torri

+39 045 629 06 54
www.trattoriapanoramico.it

Ruhetag: keiner
Preise: €–€€

Crero ist ein kleines Dorf in den Bergen oberhalb von Torri und ein echtes Schmuckstück. Es besteht aus nur wenigen historischen Häuschen, einer kleinen bezaubernden Kapelle und eben der Trattoria Panoramico. Die Trattoria hat eine tolle Panoramaterrasse, von der man einen atemberaubenden Blick auf den Gardasee genießt und abends der Sonne beim Untergehen hinter den Bergen auf der gegenüberliegenden Seite zusehen kann.

Die Speisekarte ist übersichtlich, dafür ist alles hausgemacht und frisch. Die Betreiber, Francesco und seine Frau Giusy, kommen aus dem Süden Italiens, der bekannt ist für seine Leidenschaft für Gastronomie und Gastfreundschaft. Zum Antipasto gibt es gemischten Aufschnitt oder Oktopus-Carpaccio, danach eine hausgemachte Pasta wie z. B. Ravioli mit Kürbisfüllung, serviert mit Butter und Salbei oder die für das Veneto sehr typischen Bigoli mit Fleisch oder Fisch (Bigoli sind lange Nudeln, ähnlich wie dicke Spaghetti, die Soßen sehr gut aufnehmen). Zur Hauptspeise wird Fisch oder Fleisch gereicht – ganz klassisch wählt man seine Beilage selbst dazu aus. Hier unbedingt zu empfehlen: die „peperonata della casa". Letztlich handelt es sich hierbei um gekochtes Paprikagemüse, aber die Zubereitung und der Geschmack sind außergewöhnlich. Die Weinauswahl ist nicht sehr üppig, aber die klassischen Weine der Region bekommt man, auch glasweise.

Zum Abschluss dann ein Dessert, frisches Obst oder Käse und einen Caffè. Und wenn man nicht vor dem Essen spazieren war oder vielleicht sogar schon hierhergewandert ist, kann man hinterher einen tollen Verdauungsspaziergang machen. Es gibt ausgewiesene Wanderwege rund um Crero, in unberührter Natur und perfekt, um sich zu erholen und die Seele baumeln zu lassen.

TRATTORIA LONCRINO

Ein Traum von einem Familienbetrieb

Adresse: Via Pirandello 10, Loc. Loncrino, 37010 Torri del Benaco (VR)
Von Torri Richtung Albisano, beschildert

+39 045 629 00 18

Ruhetag: Donnerstag
Preise: €–€€

Traumblick über die Dächer von Torri del Benaco und natürlich über den See bis zu den Bergen gegenüber. Die Trattoria ist ganz sicher Anwärterin für den „schönsten Platz am Gardasee", v. a. wenn man bei gutem Wetter draußen sitzt. Aber auch drinnen ist es gemütlich, wenn man bei schlechterem Wetter den Wolken zusehen kann, wie sie über den See jagen. Ein Teil der Terrasse wird in der kühleren Jahreszeit geschützt und beheizt.

War man einmal dort und hat die Möglichkeit, wiederzukommen, wird man Stammgast. Denn die Küche von Fiorella ist kreativ, akkurat und liebevoll. Die bescheidene Frau lächelt: Der Sternekoch Isidoro Consolini meinte, ihr Vitello tonnato sei das beste überhaupt. Aber auch ihre Vorspeisen vom Gardaseefisch oder aus dem Meer, die hausgemachte Salami, die Gnocchi mit Trüffeln, die Sohn Omar auf dem Monte Baldo mit seinem Onkel zusammen findet, sind genial. Die Kräuter für die Tortellini mit Erba amara (siehe Tipp) werden auch an den Hängen des Baldo selbst gesammelt. Jeden Morgen grillt sie das Gemüse für die Beilage frisch. Gewürzt wird mit Olivenöl aus Torri. Der gute Hauswein kommt von Monte del Fra in Custoza, die Weinkarte ist sorgsam zusammengestellt. Begrüßt wird man mit einem Glas Frizzante und immer einem Lächeln. Also: Hingehen und genießen!

TIPP

Erba amara bedeutet „bitteres Kraut". Damit werden Tortellini gefüllt, salzige Torten gebacken, Risotto und Gnocchi gewürzt, sogar Getränke aromatisiert und Bier gebraut. Es ist ein Wildkraut mit vielen Namen und Varianten, es schmeckt leicht bitter und ein wenig minzeartig. In Castel Goffredo im Süden des Gardasees ist ihm ein kulinarisches Fest gewidmet. Im Agribirrificio Luppolajo, einer kleinen Familienbrauerei, wird damit das Bier gewürzt.

www.luppolajo.it

TAVERNA KUS

Elegante Kochkunst hoch in den Bergen

Adresse: Loc. Castello 14, 37010 San Zeno di Montagna (VR)
Am nördlichen Ortsausgang von San Zeno

+39 045 728 56 67
www.ristoranteveronatavernakus.it

Ruhetag: keiner
Preise: €€€–€€€€

Der Ort San Zeno di Montagna liegt in den Bergen auf etwa 700 m. Von daher herrschen selbst im Hochsommer angenehme Temperaturen. Hier befindet sich die Taverna Kus, die sich mit ihrem Slow-Food-Konzept schon lange einen Namen gemacht hat und der man unbedingt einen Besuch abstatten sollte.

Das Lokal hat wunderbare Innensitzplätze in mehreren Räumen, allesamt dank der Natursteinwände sehr urig. Aber auch auf der schönen Veranda draußen sitzt man sehr gemütlich. Die Einrichtung und Dekoration geben dem Ganzen einen feinen Anstrich, passend zur eleganten Küche.

Der Besitzer Giancarlo Zanolli wählt die verwendeten Zutaten und Produkte selbst aus und legt dabei allergrößten Wert auf Frische, Regionalität und Saisonalität. So gibt es saisonale Menüs, wie z. B. Spargel im April oder ein „Menu di Castagne" im Herbst, ein Menü mit essbaren Kastanien, die hier in der Monte-Baldo-Region wachsen. Man kann aber auch à la carte essen oder Themenmenüs bestellen, z. B. mit Fisch, Fleisch oder vegetarisch.

Die Speisen werden von Chefkoch Stefano und seinem Team mit viel Liebe zum Detail zubereitet und angerichtet, jeder Teller wirkt wie ein kleines Kunstwerk. Auch den Nachspeisen kommt viel Aufmerksamkeit zu. Niccolò, der Pasticciere (Konditor) des Hauses, zaubert süße Delikatessen, die hervorragend schmecken und oft fast zu schön sind, um gegessen zu werden.

Eine Besonderheit ist die eigene Cantina, also der Weinkeller, in dem es eine beachtliche Auswahl an Weinen gibt, auch sehr alte und exklusive Jahrgänge. Ein Blick in den Weinkeller lohnt sich allein schon, weil er so schön anzusehen ist. Viele Weine werde auch glasweise angeboten. Einen Tisch zu reservieren ist ratsam. Für kleine Feiern oder Hochzeiten ist die Taverna Kus bestens geeignet – man wird hier ausgesprochen individuell beraten.

TIPP

Wenn Sie im Herbst am Gardasee sind, sollten Sie zur Festa del Marrone, dem Kastanienfest, in San Zeno di Montagna kommen. Sie findet meist Ende Oktober statt.

RISTORANTE REGIO PATIO

Stilvolle Küche in elegantem Ambiente

Adresse: Via S. Francesco d'Assisi 23, 37016 Garda (VR)
Am Ortseingang in Garda von Bardolino kommend, wenige Schritte vom See entfernt

+39 045 725 59 77
www.regiopatio.it

Ruhetag: keiner
Preise: €€€€

Im historischen Zentrum von Garda, direkt am See, liegt das Hotel Regina Adelaide mit einem schönen Spabereich und einem Privatparkplatz. Im Hotel befindet sich das Ristorante Regio Patio, das auch für externe Gäste zugänglich ist.

Ob man in einer der Räumlichkeiten oder auf der hübschen Terrasse mit Blick auf den gepflegten Garten Platz nimmt: Die Einrichtung, das Porzellan, die Gläser und die Blumenarrangements unterstreichen den eleganten Stil des Hauses.

Chefkoch Andrea Costatini kommt ursprünglich aus dem Friaul und arbeitete u. a. zehn Jahre an der Seite von Meisterkoch Bruno Barbieri (zwei Michelin-Sterne) sowie mit Othmar Schleger im Castello del Sole in Ascona. Heute verzaubert er im Regio Patio die Gäste mit seinen Kreationen.

Besonders viel Wert legt er auf frische Zutaten, die er auch selbst auswählt. Hier ist alles hausgemacht. Das Angebot reicht von regional bis international. Eine Spezialität des Hauses sind die Menüs, wie z. B. „100 Prozent Garda", das ausschließlich den kulinarischen Spezialitäten der Region gewidmet ist. Regionales Olivenöl, das als eines der besten Oli extravergini bekannt ist, Seefisch, Huhn oder Ziege vom Monte Lessinia, Käse und Trüffel vom Monte Baldo und je nach Saison Spargel aus Rivoli oder Kastanien aus San Zeno. Um immer eine absolute Frische der saisonalen Produkte zu garantieren, wechseln die Menüs während des Jahres mehrfach. Wer lieber à la carte isst, wird sehr gut beraten und findet eine große Auswahl an hausgemachter Pasta, Fischgerichten (unbedingt probieren: Sardine mit gegrillter Frühlingszwiebel, Minze und Balsamico - klingt recht einfach, ist aber eine wahre Geschmacksexplosion), Fleischgerichten und außergewöhnlichen Nachspeisenkreationen. Auch glutenfreie und vegetarische Gerichte werden angeboten.

Die Weinkarte bietet über 300 Etiketten, italienische, aber auch internationale. Hier wird man von Weinprofi Stefano Barbieri beraten.

Das Lokal hat auch im Winter geöffnet. Dann empfiehlt sich vor dem Essen ein Aperitif in einer der gemütlichen Lounges mit offenem Kamin. Im Sommer kann man vor dem Abendessen den Sonnenuntergang genießen oder zum Abschluss eines gelungenen Essens einen Spaziergang am See machen.

OSTERIA CAFFÈ AMARO

Authentische Küche mit Blick auf See und Kirche

Adresse: Piazzale Roma 2, 37016 Garda (VR)
Wenige Schritte vom See entfernt im Zentrum von Garda

+39 346 633 22 96
www.osteriacaffeamaro.it

Ruhetag: Montag
Preise: €€

Die Osteria Caffè Amaro befindet sich in Garda, nicht weit vom See entfernt. Osteria ist die Bezeichnung für ein beschauliches Lokal, in dem man einfache und kleine Gerichte bekommt und dazu ein Gläschen Wein genießt. Und so ist es auch in dieser Lokalität mit ihren knapp 30 Sitzplätzen. Wenn man draußen sitzt, hat man einen schönen Blick auf die nahe gelegene Kirche von Garda sowie auf den See.

Bruno und seine Frau Emi führen das Lokal mit viel Leidenschaft für das „territorio", also das Land und die Umgebung. Entsprechend typische Gerichte finden sich auf der Speisekarte.

Als Antipasto z. B. Polenta mit Pilzen, Salami und Gorgonzola oder ein Aufschnitteller mit einer „selezione di salumi tipici", also gemischtem Aufschnitt, Vitello tonnato (sehr lecker!) oder ein Antipasto misto. Danach eine hausgemachte Pasta wie z. B. die für das Veneto typischen Bigoli (dickere Spaghetti) mit Sardinensoße oder mit Lauch und Salsiccia oder auch das klassischste aller Gerichte: Tagliatelle al ragù (mit Hackfleischsoße). Fragen Sie unbedingt auch nach der „pasta con sugo del giorno", also nach der Pasta des Tages.

Zum Hauptgang gibt es „frittata di verdure" (Gemüseomelett), Carne salada oder Rinderschmorbraten mit Amaronesoße und Polenta. Als Nachspeise dann ein hausgemachter Käse- oder Schokoladenkuchen und dazu einen Kaffee – das rundet einen Besuch in dieser hübschen kleinen Osteria ab.

Die Osteria Caffè Amaro bereitet übrigens gern auch Sonderwünsche zu, das Lokal ist also auch für Vegetarier oder Menschen mit Glutenintoleranz geeignet.

TIPP

Achtung! Pferde- und Eselliebhaber besser nicht weiterlesen: Hier gibt es Gerichte mit Pferde- und Eselfleisch, wie z. B. Pferdetatar, das eine sehr feine und besondere Qualität aufweist, oder Eselfleisch als Schmorbraten. Wer sich darauf einlassen kann, sollte diese Gerichte unbedingt probieren und wird nicht enttäuscht.

42

LE RASOLE

Familiengasthof mit traditioneller Küche

Adresse: Via S. Bernardo 151, 37016 Garda (VR)
In den Hügeln hinter Garda Richtung Costermano

+39 045 725 56 86
www.lerasole.it

Ruhetag: Dienstag
Preise: €–€€

Das Restaurant Le Rasole liegt abseits vom Trubel in unberührter Natur unterhalb der Rocca von Garda und wird seit über 40 Jahren von der sympathischen Familie Moratti betrieben. Claudio führt das Lokal, Mamma Maria und Cousin Michele stehen in der Küche und kochen nach althergebrachten Rezepten, die Söhne servieren und sprechen auch mehrere Sprachen.

Das Gebäude und auch der Innenraum sind eher schlicht, dafür ist die Terrasse unter der romantischen Weinpergola mit dem großen Garten umso schöner. Und in erster Linie soll es ja sowieso ums Essen gehen und das ist im Le Rasole wirklich hervorragend. Die Speisekarte ist nicht riesig, dafür ist alles frisch, hausgemacht und von der Küche her eher regional und bodenständig.

Sehr zu empfehlen sind die Antipasti, wie z. B. Carpaccio, Hecht mit Polenta oder frischer Aufschnitt. Als Primo dann z. B. Spaghetti mit Sardinensoße, Pappardelle mit Hasenragout oder, wer sich nicht entscheiden kann, bestellt direkt ein „Tris della Casa“, einen Teller mit drei verschiedenen Gerichten: Bigoli „alla Puttanesca“ (mit Tomaten, Peperoncini, Sardellen, Oliven und Kapern), Gnocchi mit Gorgonzolasoße und Strangolapreti („Priesterwürger“ oder für uns vermutlich eher bekannt als Spinatnocken). Danach bekommt man Fleisch oder Fisch vom Grill mit Salat und anderen schmackhaften Beilagen - und dazu ein Gläschen vom sehr anständigen Hauswein. Die Preise sind ausgesprochen fair. Man bekommt viel für sein Geld und das bei ausgezeichneter Qualität.

Der große Garten bietet viel Platz für Kinder zum Spielen, somit ist das Le Rasole bestens für Familien geeignet. Oberhalb des Restaurants werden auch einfache Zimmer günstig vermietet - aufgrund der Lage ideal für alle, die Ruhe suchen.

TIPP

Bigoli finden sich v. a. im Veneto auf vielen Speisekarten. Es handelt sich um eine längliche Nudelart, ähnlich wie Spaghetti, aber dicker. Somit bleiben Soßen besonders gut haften. Bigoli sind fast immer hausgemacht.

AI BEATI

Traumblick über Garda und exklusive Küche

Adresse: Via Val Mora 57/59, 37016 Garda (VR)
Von Garda Richtung Costermano ist Ai Beati gut ausgeschildert

+39 045 725 57 80
www.ristoranteaibeati.com

Ruhetage: Dienstag und Mittwochmittag
Preise: €€€€

Wer auf der Suche nach einem wahrlich exklusiv-romantischen Lokal ist, der kann im Ristorante Ai Beati nichts falsch machen. Von der ehemaligen Olivenölmühle aus dem 15. Jahrhundert blickt man traumhaft über das Städtchen Garda hinweg auf den See. Weiße Stoffe dominieren das Design des urigen Gemäuers mit seiner wundervoll hellen Terrasse. Kein Wunder, dass im Ristorante Ai Beati gern Hochzeiten ausgerichtet werden. Exklusiv ist auch die Küche, die Fleisch- und Fischgerichte gleichermaßen beherrscht. Wichtig ist der Wechsel des Menüs mit den Jahreszeiten - die vorzüglichen Zutaten stammen aus der ganzen Welt, wie z. B. für ein Entree mit Austern und Champagner oder den berühmten Krabben aus Mazara del Vallo an Nussöl mit sibirischem Kaviar. Krabben gibt es auch bei den Primi mit Cacio und Pfeffer auf Ricotta-Gnocchi. Seeteufel und Black Angus finden wir unter den Hauptgerichten. Kreativ die Desserts mit Schokoladen- und Fruchtfantasien. Die Weinkarte umfasst Exzellenzen nicht nur aller drei Gardaseeregionen, sondern aus allen namenhaften Anbaugebieten Italiens, mit einer umfangreichen Ergänzung durch französischen Champagner. Für den längeren Abend verfügt das Ai Beati auch über eine beeindruckende Auswahl an Whisky.

Exklusivität hat ihren Preis, was einem an diesem schönen Ort im Voraus bewusst sein sollte.

TRATTORIA EL BROL

Typische Küche hinter historischen Mauern

Adresse: Piazza Vittorio Veneto 7, 37010 Castion Veronese/Costermano (VR)
Mittendrin, in der Nähe der Post

+39 045 620 00 43
www.elbrol.it

Ruhetag: Mittwoch
Preise: €–€€

Das El Brol liegt in Castion, einem kleinen und ruhigen Ortsteil von Costermano. Das historische Gebäude beherbergt diese kleine Trattoria, deren Name vom italienischen, nicht mehr besonders gebräuchlichen Begriff „broletto", im Veroneser Dialekt auch „el brol", kommt. Ein „broletto" war früher eine Art ummauerte Versammlungsstätte, auf der meist Rechtsangelegenheiten geklärt wurden. Die Großeltern der heutigen Wirtsfamilie kauften dieses Haus auf dem kleinen, aber lebhaften Platz des damaligen Rathauses von Castion. Das Grundstück war einst umgeben von einer hohen Mauer, innerhalb wuchsen üppige Obst- und Olivenbäume und es gab selbstverständlich einen der typischen Gemüsegärten. Heute sind nur noch wenige Fragmente der Mauer erhalten und ein Teil des Gartens hat Platz für den hellen Saal und die Terrasse gemacht. Doch man sitzt noch immer herrlich von einer grünen Wiese und Olivenbäumen umgeben.

Die Gerichte sind typisch für die Gegend. Groß ist die Auswahl an Fleisch bei den Secondi, darunter das berühmte Bollito misto, gemischte gekochte Fleischsorten (Rindfleisch, Zunge, Cotechino etc.), oder die Tagliata. Wenn Sie lieber Fisch essen möchten, dann genießen Sie doch einen gegrillten „lavarello" (Renke) oder den typischen „luccio", den Hecht. Zudem gibt es jeden Tag verschiedene saisonale Gerichte, je nachdem, was gerade wächst oder gefangen wird. Der Weinkeller bietet etwa 100 Etiketten, hauptsächlich von lokalen Weingütern. Insgesamt ein wirklich gutes Preis-Leistungs-Verhältnis.

GARDA NATURA

Gartenfrische auf den Tisch

Adresse: Via della Valletta/Montarion 29, Loc. Marciaga, 37010 Costermano sul Garda (VR)
In Marciaga beschildert

+39 045 627 07 87
www.gardanatura.it

Ruhetag: keiner, täglich durchgehend von 10 bis 20.30 Uhr geöffnet
Preise: €

Hier hat sich die Familie Lorenzini ein kleines Paradies geschaffen. Im Grünen, inmitten der eigenen Felder, baut sie Obst, Gemüse und Wein an und hält Hühner. Die jeweiligen Gartenteile sind mit schönen Schildern geschmückt. „Isola del Pollaio" steht am Hühnerstall, „Isola del Kiwi" auf einem anderen. Außerdem gibt es eine lichtdurchflutete Probier- und Gaststube.

Die Speisekarte ist kurz und schlicht. Es gibt das, was der riesige Garten hergibt, dazu hausgemachte Wurst, etwas Fleisch, aber v. a. frisches Gemüse, Obst und Kräuter. Alles kommt direkt aus dem Garten und wird zu Aufstrichen, Pesto, Suppen und verschiedenen Soßen verarbeitet. Angeboten werden z. B. Salamiteller mit eingelegtem Gemüse oder Rührei mit Bergkäse und Kräutern, warme Bruschette mit frischen Tomaten oder verschiedene Käsesorten mit hausgemachten Marmeladen. Als Primi bekommt man Spaghetti oder Brotnocken mit verschiedenen Soßen. Zum Dessert gibt es Kuchen und Kekse mit hausgemachten Marmeladen oder Obstsalat aus gartenfrischen Früchten. Auf einem halben Hektar wird Wein angebaut, der wirklich ganz hervorragend schmeckt. Pfiffig auch die Idee der Öffnungszeiten, denn es gibt tagsüber durchgehend etwas zu essen.

TIPP

Der kleine Restaurantbetrieb schließt, wenn nichts mehr im Garten wächst, aber die Produkte, die die Familie Lorenzini herstellt, kann man auch im Winter erwerben. +39 347 680 78 81 lautet die Handynummer von Graziano. Die Familie wohnt ganz in der Nähe und öffnet den kleinen Laden für Sie. Es gibt bestes Olivenöl, aromatische Kräuteröle, Balsamico, Weine und hausgemachte Marmeladen, z. B. eine köstliche Variante aus Kirschen, Erdbeeren und Karotten (!).

AL VECCHIO FORNO

Beste Fleischgerichte, wie sonntags bei Großmutter

Adresse: Piazza Don G. Roncari 19, Loc. Pazzon, 37013 Caprino Veronese (VR)
Mitten in Pazzon, zwischen Caprino und dem Monte Baldo

+39 045 625 00 27
www.alvecchioforno.it

Ruhetag: Montag
Preise: €€

Pazzon ist ein kleiner, uriger Ort am südlichen Fuß des Monte Baldo. Von hier führt die Straße hinauf in die Berge und zum spektakulär in die Felsen gebauten Santuario Madonna della Corona in Spiazzi. Inmitten der verwinkelten Gässchen liegt das Restaurant Al Vecchio Forno. Der Speiseraum befindet sich in einem alten Natursteingewölbe mit ansprechend eingedeckten kleinen Tischen. Hier findet man eine einfach und doch sehr gut gemachte Küche, die sich v. a. auf die Zubereitung von Fleisch versteht. Ein hervorragendes Tatar gibt es z. B. als Vorspeisenalternative zu den klassischen Aufschnitttellern, deren Qualität dadurch nicht angezweifelt werden soll. Als Primi wird hausgemachte Pasta mit Ragout, Wild oder Gorgonzola mit Speck geboten, und eine reiche Vielfalt an Hauptgerichten lässt eigentlich keine Wünsche mehr offen: Schweinefilet, Lamm, Angus-Rind und Kaninchen gibt es perfekt zubereitet neben jahreszeitlichen Wildvariationen. Hier duftet die Küche noch wie sonntags bei Großmuttern. Sehr gut auch die hausgemachten Desserts: Schokoladenkuchen mit Rum und viele Törtchen und Kuchen. Auf der Weinkarte findet man Prosecco und Franciacorta für den Aperitivo, Rotweine, Weißweine und Chiaretto stammen fast ausschließlich vom Gardasee.

TIPP

Der Santuario Madonna della Corona ist ein Wallfahrtsort in spektakulärer Lage am Südosthang des Monte Baldo. Von der Etschtal-Autobahn sieht man die Wallfahrtskirche kurz vor der Ausfahrt von Affi hoch über einem steilen Felsen, sodass man sich fragt, wie man diesen Ort überhaupt erreichen kann. Von Caprino Veronese und dem Dorf Pazzon aus führt allerdings eine Straße oberhalb des Santuario entlang, die von der Autobahn nicht zu sehen ist. Von hier geht es zu Fuß oder mit einem kleinen Bus bis zur Basilika.

TRATTORIA CIMA 11

Traditionsküche am Fuß der Berge

Adresse: Loc. Porcino, 37013 Caprino Veronese (VR)
Etwas nördlich von Caprino, am Rand der Località Porcino

+39 045 726 50 61

Ruhetag: Montag
Preise: €€

Die Trattoria Cima 11 ist ein typisches Ausflugslokal an einer wenig befahrenen Straße am Südrand des Monte Baldo, umgeben von schöner Berglandschaft, in der sich Wanderwege und Mountainbike-Pfade kreuzen und wo der Wald auch das Angebot der Speisekarte bestimmt. „Porcino“, so der Name des Ortsteils, in dem wir uns hier befinden, bedeutet auf Italienisch Steinpilz und diesen finden wir gegrillt oder zur traditionell norditalienischen Polenta als Vorspeisenteller genauso wie mit Risotto oder hausgemachten Tagliatelle unter den Primi. Die zweite Spezialität, die uns daran erinnert, dass wir uns in den Bergen befinden, sind die Trüffel des Monte Baldo, die in köstlichen Variationen ebenfalls mit Tagliatelle, Ravioli oder zu den Scaloppine bei den Fleischgerichten auftauchen. Die Küche der Cima 11 ist bodenständig gut, was auch für die Wildsoßen zu Tagliatelle und Polenta oder für die Rindfleisch-Tagliata sowie das gegrillte Hirschsteak gilt. Gemüsebeilagen gibt es direkt vom „carrello“, dem als Buffet präsentierten Beistelltisch, wie auch eine reichhaltige Auswahl an Käse, die man sich nicht entgehen lassen sollte. Zu guter Letzt locken die Desserts, auch diese an einem eigenen Tisch angerichtet, sodass man sich vom Angebot aus hausgemachten Kuchen, Obst und „dolci al cucchiaio“ einen Überblick verschaffen kann. Was die Weine betrifft, so bleibt man mit Valpolicella, Etschtal und Gewürztraminer auf der sicheren Seite, den passenden Tropfen zum Geschmack der Berge zu finden.

TRATTORIA AL PONTE

Eine echte Dorftrattoria

Adresse: Piazza Vittoria 12, 37020 Brentino Belluno (VR)
Mitten im Ort, 50 m von der Kirche entfernt

+39 045 723 01 09

Ruhetag: Mittwoch
Preise: €

Brentino Belluno ist ein unscheinbarer kleiner Ort im Etschtal und unscheinbar ist auf den ersten Blick auch die Trattoria al Ponte mitten im Ortszentrum. Wer aber genau dies, nämlich eine wirklich echte Dorftrattoria, ganz ohne touristitsche Allüren, einmal kennenlernen will, der ist bei Stefano Bridi genau richtig. Die Qualität der Küche ist unzweifelhaft gut. Köstlich ist z. B. die hausgemachte Pasta alle sarde – ein Klassiker der Gardaseeregion – genauso wie die mit Ragout, wahlweise aus Rind, Kaninchen oder Esel. Das für uns seltene Eselfleisch lohnt sich auch als „stracotto", also als Schmorbraten, einmal zu probieren, der ganz zart daherkommt und mit Polenta gereicht wird. Die Forellen, die köstlich im Ofen ausgebacken serviert werden, stammen direkt vom Nachbarn im Ort. Ein köstlicher Klassiker der Küche des Veneto, auch wenn wir uns hier im Etschtal direkt an der Grenze zum Trentino befinden, ist der Stockfisch „alla vicentina". Die Gerichte sind schmackhaft und ansprechend präsentiert, auch der Apfelkuchen zum Nachtisch. Abschließend lässt sich sagen, dass sicher auch die Freundlichkeit der Bedienung dazu beiträgt, dass man diese Trattoria positiv in Erinnerung behält.

ROENO

Weingut mit wunderbarem Restaurant

Adresse: Via Mama 5, 37020 Brentino Belluno (VR)
Von Affi kommend gleich hinter Brentino Belluno

+39 045 723 01 10
www.cantinaroeno.com

Ruhetag: Montag
Preise: €€

Der Familienbetrieb Roeno besteht aus einer Cantina, also einer Weinkellerei, einem Restaurant und schönen Zimmern zur Übernachtung. Cristina Fugatti ist die Önologin des Hauses. Ihre Weine werden immer wieder ausgezeichnet.

Roeno produziert einen sehr guten Riesling, Pinot Grigio und Chardonnay für Liebhaber des Weißweins. Zu den Fleischgerichten des Hauses empfiehlt sich der „Enantio", ein körperreicher Rotwein, oder ein Marzemino. Es gibt zwei Säle im Innenbereich sowie eine Terrasse mit Blick auf den herrlichen Garten.

Auf der Speisekarte stehen Gerichte aus dem Veneto und dem Trentino - einfach, aber deshalb nicht weniger lecker. Die Zutaten und Produkte kommen fast ausschließlich aus der Region. Als Antipasto gibt es Speck und „soppressa", eine typische Salami, mit Polenta.

Es stehen Wild und Kaninchen auf der Karte sowie „stinco di maiale" (Schweinshaxe) und Carne salada, das regionstypische „Salzfleisch". Die Pasta ist natürlich hausgemacht. Probieren Sie „canederli in brodo" (Knödel in Brühe) oder die eigentlich für das Trentino typischen Strangolapreti (Spinatnocken).

Super als Abschluss eines guten Essens und ebenfalls perfekt zum Rotwein: die Auswahl an Käsesorten aus den Bergen der Lessinia und des Monte Baldo. Oder probieren Sie eines der leckeren Desserts und dazu einen Schluck „Cristina", den ausgezeichneten Süßwein des Hauses. Die Locanda eignet sich übrigens perfekt für Hochzeiten oder andere Anlässe.

TIPP

Man kann die Cantina von Roeno besichtigen und das lohnt sich. Probieren Sie unbedingt den Rotwein „Enantio", der nach seiner Traubenart benannt ist, einer autochthonen (heimischen) Traube, die lang verkannt war und deswegen kaum genutzt wurde. Dank Roeno lebt sie wieder auf. Gott sei Dank: Der Wein hat einen herrlich runden, vollen Geschmack und eine tiefrote Farbe.

BONAPARTE

Vorspeisentraum und mehr

Adresse: Corte Bramante, 37010 Rivoli Veronese (VR)
Mitten im kleinen Ort Rivoli Veronese

+39 045 628 01 12
www.ristorantebonaparte.it

Ruhetage: Dienstagabend und Mittwoch
Preise: €–€€

Der Tipp kam vom ebenso empfehlenswerten Restaurant Cima 11 bei Caprino. Wohin, so die Frage, gehen Inhaber einer guten Trattoria essen, wenn sie freihaben? Z. B. ins Bonaparte in Rivoli, fernab vom Touristenrummel, aber so nah, dass man auch in deutscher Sprache Auskunft bekommt.

Es ist eines dieser Restaurants, in das man eigentlich zweimal gehen muss. Beim ersten Mal sollte man sich unbedingt die Antipasti gönnen, danach schafft man vielleicht noch ein Primo (z. B. Kürbisgnocchi mit Trüffeln oder hausgemachte Tagliatelle mit einem feinen Sugo aus Kaninchen und Zucchiniblüten) oder eines der erstklassig klingenden und aussehenden Desserts, wofür der Koch eine besondere Liebe hegt (dreierlei Crème brûlée, Semifreddo mit Amaretti, Ananas-Carpaccio mit Sorbet ...). Doch zu den Antipasti, die im Prinzip mehrere Hauptgerichte enthalten. Zunächst kommt ein Teller mit ausgezeichneten und wirklich raren Wurstspezialitäten (wie Coppa vom Maulesel oder Lachsschinken vom Büffel im Käsemantel), dann folgen köstliche Fischsalate (Sepia mit Grana und Kapern) und warme Fischgerichte in Miniportionen wie Sepia-Bandnudeln, Moscardini mit Borlottibohnen oder – unser Favorit – Gardaseehecht, wie „baccalà“ (Stockfisch) zubereitet.

Es gibt einen ausgezeichneten Hauswein des Weinguts Girardelli in Bardolino, aber auch eine kleine Auswahl an Flaschenweinen von hier und anderen italienischen Weinregionen.

CROCE D'ORO

Herzliche Generationenküche

Adresse: Via Valentini 55, 37020 Volargne (VR)
Mitten in Volargne

+39 045 773 23 55
www.albergocrocedoro.com

Ruhetag: Sonntag
Preise: €–€€

Die schöne Trattoria kann auf eine lange Vergangenheit zurückblicken – seit 1800 schon wird hier gekocht und es werden Reisende beherbergt. Volargne ist wahrlich im Hinterland des Gardasees, der kleine Ort hat noch seinen unspektakulär urtümlichen Charakter, es gibt ein kleines Lebensmittelgeschäft und eben das Croce d'Oro, in dem Federico und Sabina Gerichte zaubern, wie man sie früher gemacht hat. Wer zusehen möchte, kann auf der Internetseite einen hinreißenden Kurzfilm ansehen und dort lernen, wie gute Pasta gemacht wird – „ottomani" heißt der Film, acht Hände. Denn die Eltern Teresa und Silvano helfen mit. Das Lokal ist freundlich, gemütlich eingerichtet und mit sehr schönen Bildern geschmückt, die von der Arbeit in der Küche erzählen.

Die Pasta wird, wie es sich gehört, täglich frisch hergestellt. Köstliche Tagliatelle mit verschiedenen Soßen wie klassisches Fleischragout, eine würzige mit Reh, eine leichte mit Tomate und anderen Gartengemüsen kommen auf den Tisch. Sie sind alle so gut, dass man sich ein Bis, also zwei verschiedene Nudelgerichte oder gar ein Tris leisten sollte. Genauso gut sind die Kartoffelgnocchi, die im Herbst gern mal mit Trüffeln vom Monte Baldo serviert werden. Auch die Hauptgerichte sind Klassiker. Zart rosa gebratene Tagliata vom Pferd oder vom Rind, Kotelett vom Kalb oder Schwein, Gulasch, das im Herbst manchmal vom Wild stammt. Liebhaber von Innereien freuen sich über zarte Leber oder würzige, perfekt zubereitete Kutteln. Dazu frische Gemüse, Salate, knusprige Ofenkartoffeln. Kleine, aber schöne Auswahl an Weinen aus der Terra dei Forti und dem Valpolicella.

TIPP

Das Weinbaugebiet hier im Etschtal nennt sich Terra dei Forti, der vielen Festungen wegen. Es zu entdecken lohnt sich. Erwähnenswert ist die hier heimische Traube „Enantio", aus der dichte, kräftige und sehr nennenswerte Rotweine entstehen. Mehr unter www.terradeifortivini.it.

LOCANDA MOSCAL

Feine Küche am Fuß des Berges Moscal

Adresse: Via Pigna 1, 37010 Affi (VR)
Im historischen Zentrum von Affi

+39 045 626 03 09
www.moscal.it

Ruhetag: Montag
Preise: €€

Mutter Nadia lacht. Denn Tochter Corinne liebt wie ihr Vater bunte Farben. Der Vater nämlich ist Leandro Luppi, Koch und Patron des Sternelokals Vecchia Malcesine in Malcesine. Wie dort sind auch hier im Moscal die Wände des alten Gemäuers in kräftigen Farben gestrichen, ein spannender Kontrast zu edlem Geschirr, schönen Tischen. Auf der großen überdachten Veranda verbringt man genießerische Sommerstunden am Fuße des Berges Moscal.

Man spürt die Sterne-Handschrift nicht an den Preisen, aber an der Qualität und der sorgsamen und technisch perfekten Zubereitung. Mittags gibt es auch einen „piatto unico", also eine Hauptspeise mit Beilage, immer auch eine vegetarische Variante. Figurbewusste können sich an einer großen Auswahl an „insalatoni" - großen Salaten - satt essen. Dazu gibt es mittags und erst recht abends kreative Gerichte, die die Veroneser Tradition nicht verleugnen, aber modern verfeinern, veredeln. Gnocchi mit Käse und Trüffeln vom Monte Baldo beispielsweise oder Risotto mit Taleggio und Pfifferlingen. Für die Rindfleischgerichte wird Fleisch der besten Rinderrassen Italiens gewählt, zum Gardaseefisch gesellt sich immer auch ein Gericht aus Meeresfisch, federleicht zubereitet. Man sollte Platz für die Dolci lassen, ein Semifreddo di limone etwa.

REDORO
105133 PR

AFFI WINE BAR

Eine Schatzkammer an Weinen mit tollem Essen

Adresse: Via Giovanni Pascoli 29, 37010 Affi (VR)
Im Einkaufszentrum Affi

+39 045 626 77 68

Ruhetag: keiner
Preise: €€–€€€

Die Affi Wine Bar gibt es seit 1994. Sie wird vom sympathischen Gilberto betrieben. Er hat sie damals gegründet, um den Menschen einen Ort zu bieten, an dem sie Weine verkosten können. Er selbst hegt eine große Leidenschaft für Weine und seine Sammlung wurde im Laufe der Jahre im Keller seines Lokals zu einer wahren Schatzkammer, in der man auch so manch besonderen Tropfen findet. Er führt Weine aus der Region, verfügt aber auch über ein reiches überregionales Angebot. Viele Weine gibt es auch glasweise. Die Kellner sind sehr gut geschult und empfehlen den passenden Wein zu jedem Anlass und für jeden Geschmack. Zum Wein kann man entweder einfache kleine Snacks und Aufschnittplatten mit einer hervorragenden Auswahl an Käse und Wurst bestellen oder auch andere Gerichte von der recht abwechslungsreichen Karte.

Das Lokal wurde neulich umgebaut. Jetzt schaut man vom rustikal eingerichteten Gastraum in die Küche und kann den Köchen bei der Zubereitung zusehen. Generell ist die Einrichtung etwas Besonderes: Neben der Küche findet sich eine große hölzerne Theke, man sitzt an antiken Tavernentischen, die Wände sind mit historischen Weinflaschen und Korken dekoriert - das Lokal hat eine tolle Atmosphäre.

Es wird recht regional gekocht, mit hausgemachter Pasta und verschiedenen Fleischgerichten sowie wechselnden saisonalen Gerichten. Die Bar ist außerdem bekannt dafür, dass auch Vegetarier und sogar Veganer hier etwas auf der Karte finden, wie z. B. Pasta mit Seitan-Ragout und Mandelsplittern.

Ein Angebot an verschiedenen frisch zubereiteten Obst- und Gemüsesäften wird den gesundheitsbewussten Gästen gefallen, Kaffee und süße Leckereien wie „pasticcini" (kleine Gebäckteilchen) beglücken das „süße Herz".

TIPP

In der Affi Wine Bar gibt es außerdem einen Laden mit allerlei italienischen Spezialitäten (siehe auch Einkaufsadressen Veneto). Perfekter Stopp vor der Heimfahrt, wenn man in Affi auf die Autobahn fährt.

LOCANDA CENTRALE

Zwei Süditaliener am Gardasee: heimische Küche und Meeresfisch

Adresse: Piazza della Chiesa 4, 37010 Cavaion Veronese (VR)
Am Kirchplatz neben der großen Barockkirche

+39 045 723 51 81

Ruhetag: Mittwoch
Preise: €–€€

Man betritt die Locanda durch die Bar, man kann also auch nur auf einen Kaffee oder einen Aperitivo vorbeikommen. Dahinter verbirgt sich ein gemütlicher Gastraum, dessen Wände von netten Bildern mit Szenen aus der Gegend geschmückt sind. Im Sommer sitzt man ein Stockwerk tiefer, auf der Terrasse entlang der Seitengasse des hübschen kleinen Ortes im Hinterland.

Giuseppe Milordo und Michele Fortunato betrieben zuvor gemeinsam die Pizzeria Metti in Incaffi, seit 2012 sind sie nun hier in Cavaion. Koch Giuseppe verwendet frische Zutaten aus der Region, der Meeresfisch kommt täglich aus Chioggia. Aus dem heimischen Gemüse macht er z. B. einen luftigen, würzigen Gemüseflan. Der Hirschschinken mit Rucola, Granatapfelkernen und Fenchel war ebenso fein wie die Tagliatelle mit Kaninchensugo. Wer Kutteln mag, bekommt sie hier in bester Qualität. Edler freilich sind die akkurat zubereiteten Meeresfische. Was gerade frisch vorhanden ist, klärt man am besten mit Michele, der jeden Gast freundlich berät. Das gilt auch bei der Frage, welcher Wein am besten zu welchem Gericht passt. Selbstverständlich ist die Pasta hausgemacht, ebenso die verführerischen Dolci wie z. B. ein köstlicher Schokoladenkuchen mit Gewürzen.

TIPP

Giuseppes Rezept für den Gemüseflan: Für 20 Stück, etwa in Kaffeetassengröße, kocht er zunächst 1 Liter sehr dicke Béchamelsoße. Die verrührt er mit 6 Eiern und 4 Eigelben sowie einigen Esslöffeln frisch geriebenem Grana. Dazu kommen etwa 1,5 Kilo gemischtes Gemüse, je nach Sorte fein geschnitten und gedünstet. Nun püriert er die Masse ein wenig, würzt mit Salz, Pfeffer und Muskatnuss und gart sie bei 150 Grad im Wasserbad im Ofen in kleinen Förmchen.

TENUTA PREELLA LAMBERTI

Weingut mit exzellenter Küche in historischem Gemäuer

Adresse: Strada Preella Poggi 12, 37010 Cavaion Veronese (VR)
Unweit der Schnellstraße, die Affi mit den südlichen Seeorten verbindet

+39 045 626 74 79
www.tenutapreella.it

Ruhetag: keiner, Montag bis Mittwoch abends nur mit Reservierung
Preise: €€

Das Betreten der Tenuta Preella Lamberti ist wie ein Sprung in die Vergangenheit. Der wunderschöne Gutshof aus dem Jahr 1500 empfängt Sie, zwei Weinkeller grenzen direkt an. Seit Generationen widmet man sich der Weinherstellung, hinzu kam das Restaurant. Das Anwesen ist umgeben von Weinbergen und einer magischen Stille. Hier hat man die Möglichkeit, entspannt und in Ruhe zu essen. Im Sommer auch gern im Freien, abseits vom Alltagslärm.

Die Speisekarte bietet allerlei Gerichte, die eng mit dem Gebiet und seinen Aromen verbunden sind. Die Auswahl variiert je nach Saison und Angebot der Lieferanten aus der Umgebung. Besonders gelobt: die Tagliata di manzo. Sie werden auf jeden Fall begeistert sein von der Präsentation und dem Geschmack, den das Küchenteam zaubert. Und wie es sich für ein Weingut gehört, hilft ein sehr qualifiziertes Personal bei der perfekten Abstimmung des Weines auf die von Ihnen gewählten Gerichte.

Wenn Sie das Gutshaus betreten, werden Sie von der Weinhandlung beeindruckt sein. Es eröffnet sich eine riesige Auswahl an hervorragenden Weinen. Sie können natürlich nach Herzenslust probieren, kennenlernen, kaufen oder verschenken. Ein Erlebnis ist auch die Führung durch die Weinberge, bei der Sie die Reben aus nächster Nähe bestaunen können. Die Tour ist kostenlos und dauert etwa eine Stunde. Bitte unbedingt vorher anmelden.

Und sollten Sie ein Geburtstags-, Familien-, Firmen- oder Hochzeitsfest in Bella Italia planen, im wunderschönen Ambiente der Tenuta Preella Lamberti lässt es sich auch herrlich feiern.

CORTE TORCOLO

Umgeben von dicken Steinmauern, abseits vom Touristenrummel

Adresse: Via Vittorio Veneto 1, 37010 Cavaion Veronese (VR)
Mitten in Cavaion, neben dem Rathaus

+39 045 723 54 14

Ruhetag: Montag
Preise: €

Ein restaurierter Gebäudekomplex aus dem 16. Jahrhundert bildet mit einer Bibliothek, einem Veranstaltungsraum und dem Amphitheater „Arena Torcolo“ das kulturelle Zentrum von Cavaion Veronese. Und hier befindet sich auch die hübsche Osteria und Enoteca von Silvano Ferronato. Wenn in den Sommermonaten viele Seeorte Besucherrekorde verzeichnen, ist die nur zehn Minuten von Bardolino entfernt gelegene Osteria Corte Torcolo eine herrliche Oase der Entschleunigung.

Man sitzt, von dicken Steinmauern umgeben, im Innenhof oder den schönen Gasträumen der Osteria. Silvano legt Wert auf eine saisonale Küche. Die Produkte kommen fast ausschließlich aus der Region. Auf der Karte findet man eine Auswahl an Salaten, kalte Vorspeisenteller mit Wurst und Käse, aber auch Pastagerichte wie Bigoli mit Gardaseefisch, Gnocchi mit Gorgonzola und Safran oder Orecchiette mit Radicchio und Wurstbrät. Auch die Auswahl an Secondi ist überschaubar, aber sehr gut. Dazu gehört beispielsweise eine Tagliata di manzo, also aufgeschnittenes Rindfleisch, Stockfisch mit Polenta oder Wild. Die meisten Weine, die Silvano anbietet, kommen aus der Region. Ein besonderes Augenmerk legt er dabei auf biologische Weine. Seine Schaumweine werden ausschließlich nach dem sog. Metodo classico hergestellt, also mit zweiter Gärung in der Flasche. Dazu zählen Weine aus der Franciacorta, dem Trentino oder auch vom ortsansässigen Weingut Monte Saline. Viele Weine können in der Osteria auch glasweise bestellt werden.

TRATTORIA VILLA

Familienfreundliche Traditionsküche

Adresse: Loc. Villa 32, 37010 Cavaion Veronese (VR)
Südlich von Cavaion

+39 045 723 54 26
www.trattoriavilla.it

Ruhetag: Montag
Preise: €

Ein Familienbetrieb im Grünen, um das Haus herum Terrassen und viel Platz zum Spielen für Kinder, drinnen hell mit viel Blick nach draußen, schön gedeckte Tische – ein Platz zum Wohlfühlen.

Familienfreundlich sind auch die Preise. Als Antipasti gibt es den traditionellen Aufschnitt mit Salami, Schinken und dazu eingelegtes Gemüse, der marinierte Hecht wird hier warm und mit knusprigen Polentastreifen an den Tisch gebracht, sehr fein auch das Carpaccio von Carne salada mit Rucola und Grana. Als Primi sind die Bigoli empfehlenswert, die mit Fleischsugo oder Gardaseesardinen serviert werden, es gibt auch Tagliatelle mit Pilzen, Tortellini in Salbeibutter oder - für Mutige - Trippa in brodo: Kuttelsuppe. Die Auswahl an Hauptspeisen ist groß, als Beilage gibt es allerlei Gemüse wie Peperonata, würzige Bohnen oder Radicchio, frische Salate, Polenta und Ofenkartoffeln. Man bekommt Fleisch vom Grill wie Koteletts von Kalb, Lamm oder Schwein, Tagliata vom Rind auf Rucola oder Radicchio, ein ausgezeichnetes Lamm mit Kartoffeln aus dem Ofen. Doch auch ein wenig aus der Mode gekommene traditionelle Speisen werden angeboten wie wiederum Kutteln (alla parmigiana, also in Tomatensoße geschmort) oder Stockfisch. Sehr gut dazu der Bardolino und der weiße Custoza von Le Tende aus Colà di Lazise. Etwas mehr als die Hälfte der Weingärten des Bioweinguts liegen ganz in der Nähe des Restaurants.

Wer keinen Nachtisch möchte und nur einen Caffè bestellt, bekommt zarte, luftige San Vigilini, hausgemacht wie fast alles hier.

LA DACIA

Familienrestaurant im Grünen

Adresse: Via del Monvei 1, 37011 Bardolino (VR)
Im Hinterland zwischen Garda und Bardolino, beschildert

+39 045 721 14 08
www.ristoranteladacia.com

Ruhetag: Dienstag, im Sommer keiner
Preise: €–€€

Das Restaurant liegt unweit von Bardolino, man hat aber das Gefühl, komplett in der Natur und abseits vom Trubel zu sein. Hier kann man ein idyllisches und entspanntes Mittag- oder Abendessen genießen und den Blick über die Hügel von Costermano oder den Monte Baldo schweifen lassen. Im Sommer sitzt man auf der schönen Wiese, regnet es, dann bietet die Terrasse Platz. Besonders am Abend, bei Kerzenschein, lässt sich hier eine einzigartige Atmosphäre genießen. Drinnen empfängt einen ein rustikal-gemütliches Ambiente mit geschmackvoller Einrichtung. Die Speisekarte bietet viel Fisch und Fleisch. Als Vorspeise steht z. B. Hecht zur Auswahl, aber auch Tintenfisch. Wenn es mal kein Fisch sein soll, dann legen wir Ihnen die Polenta als Antipasto ans Herz. Bei den Primi finden sich viele Nudelgerichte, selbstverständlich hausgemacht, und die Secondi bieten u. a. zartes Kaninchen oder die leckere Tagliata vom Rindfleisch. Die Weinkarte ist gut sortiert, man legt Wert auf Tropfen aus der näheren Umgebung wie Bardolino, Custoza oder Lugana.

Familien sind herzlich willkommen, es gibt auch einen Bereich, in dem die Kleinen spielen können. Und man richtet im La Dacia auch gern Veranstaltungen aus.

TIPP

Fisch zu grillen ist wirklich lecker. Damit er auch schön zart bleibt bzw. wird, empfiehlt es sich, ihn auf der Hautseite zu grillen. Man sollte außerdem vorsichtig mit der Hitze sein. Die Fischfrau unseres Vertrauens merkt an: „Es ist viel besser, den Fisch ganz und nicht als Filet zu grillen." Um den Fisch schön saftig zu halten, kann man ihn auch mit frischen Weinblättern oder Pancetta umwickeln. Die Weinblätter geben gleichzeitig etwas Säure ab. Toll auch eine Füllung aus Kräutern wie Fenchel, Rosmarin oder Dill im Bauch des Grillfisches. Serviert wird er am besten mit Olivenöl vom Gardasee, Gemüse und/oder Kartoffeln.

59

IL GIARDINO DELLE ESPERIDI

Wein in Frauenhand

Adresse: Via Goffredo Mameli 1, 37011 Bardolino (VR)
In der Altstadt, etwas weg vom See

+39 045 621 04 77

Ruhetag: keiner
Preise: €€–€€€

Ein wenig versteckt liegt die heimelige Enoteca in einem historischen Haus in der Altstadt von Bardolino; dicht gedrängt stehen die Tische in dem recht kleinen, aber urgemütlichen Raum. Die Regale sind gefüllt mit Weinflaschen - mit Weinen, die man bestellen kann, und Bouteillen, die hier irgendwann einmal getrunken wurden. Große Namen und handverlesene Fundstücke. Die Weinkarte ist opulent, ein dickes Buch, und wie es sich für eine gute Enoteca gehört, kann man viele Weine glasweise bestellen und während eines Menüs den jeweils passenden Wein genießen - Susy Tezzon berät gern.

Wer v. a. den Wein genießen möchte, bestellt die Aufschnittplatte des Hauses - ausgesuchte Wurstspezialitäten, handverlesen und von den besten Produzenten der Gegend. Doch die Karte macht Lust auf mehr. Es gibt gekonnt zubereitete Antipasti wie Parmesan-Trüffel-Gratin oder eine zarte Crème brûlée von der Hühnerleber mit Brioche. Die gefüllte Pasta mit Gardaseefisch wird begleitet von Brokkoli, Linsen und leuchtend grüner Erbsencreme.

Fisch kommt mit gebratenem Fenchel, Topinamburcreme und gerösteten Haselnüssen auf den Tisch, das Rebhuhn wird mit Apfelspalten und Granatapfelsoße serviert. Gut wäre es, in der bestimmt auch sehr engen Küche trotzdem noch Platz für einen funktionierenden Tellerwärmer zu schaffen, das hätte dem ansonsten gekonnt zubereiteten Zander wie dem Rebhuhn gutgetan.

DUE NANI

Urige Mauern, gute Küche

Adresse: Corso Umberto 1, 37011 Bardolino (VR)
In der Altstadt

+39 045 621 13 23
www.osteriaduenani.it

Ruhetag: Mittwoch
Preise: €€

Die Osteria ist ein sehr gemütliches Lokal mit dicken Natursteinmauern und einem stattlichen Grill, an dem man gekonnt Fleisch, aber auch Fisch und Gemüse zubereitet. Große Glastüren werden im Sommer geöffnet, so sitzt man geschützt, aber an der frischen Luft. Wenn man zu mehreren hingeht, empfiehlt es sich, verschiedene gemischte Vorspeisenteller zu bestellen. Es gibt Salami und Schinken mit Mostarda, einen vegetarischen Vorspeisenteller mit allerlei Salaten und marinierten Gemüsen und natürlich einen mit verschiedenen Gardaseefisch-Kreationen.

Die Pasta ist, wie es sich gehört, hausgemacht. Man wählt ausgezeichnete Ravioli, gefüllt mit Amaroneschmorbraten, oder erfrischend leichte und nachahmenswerte Tagliatelle mit Minze und Peperoncino, Kartoffelgnocchi mit Tomaten und bestem Olivenöl vom Gardasee, eine schöne Gemüsesuppe oder das klassische Schleienrisotto. Vom Grill kommt eine stattliche „fiorentina", das Ochsenkotelett, das man zu mehreren verspeist, aber auch Fleisch vom Lamm, Schwein oder Kalb und natürlich Gardaseefische wie Forelle oder Renke. Wer Gegrilltes nicht mag, entscheidet sich für den intensiven Schmorbraten mit Amarone oder eine saftige Ente. Dazu bekommt man Gemüse vom Grill oder ausgezeichnete Salate, die auch solo daherkommen können, wenn man weniger Hunger hat, wie beispielsweise ein gemischter Salat mit Birne, Walnüssen und Grana oder einer mit grünen Bohnen, Eiern, Walnüssen und Sardellen.

Die Weinkarte ist nicht schlecht bestückt – bekannte und weniger bekannte Weingüter der Anbaugebiete des Gardasees, v. a. der Veroneser Seite, aber auch schöne Tropfen aus dem Friaul oder der Toskana.

AL CARDELLINO

Traditionelle Qualitätsküche in schönem Ambiente

Adresse: Via Pralesi 16, 37011 Cisano di Bardolino (VR)

Zwischen Lazise und Cisano die Straße rechts Richtung Calmasino. Dann nach wenigen Metern auf der rechten Seite.

+ 39 338 897 42 29
www.alcardellino.it

Ruhetag: Dienstag

Preise: €€

Seit 1977 betreibt die Familie Modena das schöne Restaurant etwas außerhalb von Cisano. Es liegt direkt an der Straße, die vom See Richtung Calmasino führt. Ein schönes Restaurant, etwas oberhalb vom Campingplatz Cisano gelegen, vermutet man hier nicht. Doch die vielen geparkten Autos an den Abenden und den Wochenenden machen neugierig. Und diese Neugier wird belohnt.

Der große Gastraum, den man betritt, ist elegant gedeckt. Er wird hauptsächlich für Festlichkeiten genutzt. Die Steinmauern strahlen eine angenehme und warme Atmosphäre aus. Die meisten Gäste zieht es im Sommer jedoch in den herrlichen Olivengarten. Wenn dieser nicht genutzt werden kann, bildet der Wintergarten mit offenem Kaminfeuer die perfekte Alternative. Das Al Cardellino hat sich der heimischen Küche verschrieben. Die Speisekarte und besondere Empfehlungen werden Ihnen von Nicola oder seinem Bruder am Tisch in sympathischem Deutsch erklärt. Fleischfans werden bereits bei der Vorspeise dahinschmelzen: eine Etagere mit dünn geschnittenen Fleischstreifen, Tatar und eingelegtem Gemüse. Die Pasta wird frisch gemacht. Wählen Sie am besten ein Bis oder Tris di pasta, also zwei oder drei verschiedene Pastasorten, denn so kommen Sie in den Genuss der abwechslungsreichen Küche. Fleisch und Fisch werden über dem offenen Feuer zubereitet. Und auch die Nachspeisen sind hausgemacht. Besonders stolz ist Nicola auf seinen Weinkeller. Wenn es die Zeit zulässt, führt er interessierte Gäste in sein gut sortiertes Heiligtum.

TIPP

Unweit vom Al Cardellino, direkt an der Uferstraße gelegen, befindet sich das Olivenölmuseum der Familie Turri, das täglich geöffnet ist. Mehr Infos unter www.gardasee.de oder www.museum.it.

TRATTORIA ROCCHETTI

Leckere Hausmannskost zu fairen Preisen

Adresse: Via Rocchetti 34, 37017 Lazise (VR)
Östlich von Lazise, Richtung Pastrengo

+39 045 758 04 96

Ruhetag: Donnerstag
Preise: €–€€

Die Trattoria Rocchetti liegt etwas außerhalb von Lazise, in Richtung Pastrengo. Man kann direkt am Lokal parken. Von außen scheint das Lokal recht unscheinbar, drinnen und auf der Terrasse erwartet einen aber eine nette Atmosphäre.

Den Betreibern Alessandro und Disma war es in erster Linie wichtig, ein Lokal zu schaffen, in dem man eine einfache, aber gute Küche bekommt - und das zu fairen Preisen. Und man kann sagen, das ist ihnen absolut gelungen.

Die Speisekarte beinhaltet viel Fleisch - meist am Holzkohlegrill zubereitet -, wie z. B. Costata di manzo (Rumpsteak), Tagliata di manzo (aufgeschnittenes Rinderfilet; „tagliato" bedeutet „geschnitten") oder auch Kalbsleber, Perlhuhn und Salsicce.

Neben den Fleischgerichten gibt es hausgemachte Pasta, auch hier recht traditionell zubereitet, z. B. Spaghetti „Cacio e Pepe", mit Pecorino und Pfeffer, oder Paccheri (breite Hohlnudeln) mit Carbonarasoße und der aus dem nahe gelegenen Custoza-Gebiet stammenden Gemüsesorte „broccoletto". Wenn Trüffelsaison ist, findet man allerlei Gerichte, die mit Trüffel verfeinert werden, wie Gnocchi mit Monte-Veronese-Käse und Trüffel, der ebenfalls aus der Region des Monte Baldo oder von den Lessinischen Alpen stammt.

Einige Seefischgerichte runden das Angebot ab. Hier besonders zu empfehlen: „luccio", also Hecht, mit Olivenöl und Kapern oder auch die „sarde del lago", die Gardaseesardinen. Sardinen kommen übrigens in Seen südlich der Alpen vor, stammen aber ursprünglich aus dem Meer, das einst bis zu den südlichen Alpen reichte.

Es gibt Bier und Wein aus der Umgebung und zu guter Letzt hausgemachte Nachspeisen. Und das alles zu wirklich anständigen Preisen und abseits des Trubels des „lungolago".

IL PORTICCIOLO

Traditionelle Fischküche an der Uferpromenade

Adresse: Lungolago Marconi 22, 37017 Lazise (VR)
An der Strandpromenade von Lazise

+39 045 758 02 54
www.ilporticcioloristorante.it

Ruhetag: Dienstag
Preise: €–€€

Nach einem kurzen Spaziergang an der Uferpromenade von Lazise erreicht man das Lokal. Im Sommer hat man von der Terrasse oder vom Garten einen herrlichen Blick auf den See, im Gastraum wird auf dem riesigen Kamingrill der Fisch zubereitet - ein Augenschmaus, der auch die Geschmacksnerven anregt.

Hier steht ganz nach Slow-Food-Tradition Gardaseefisch im Mittelpunkt. Zur Einstimmung lädt ein Vorspeisenbuffet ein, auch das ganz dem Fisch gewidmet. Eingelegt, zart angeräuchert, mit Zwiebeln oder mit Essig mariniert. Die hausgemachte Pasta wird mit einem Sugo aus Blaufelchen oder Gardaseesardinen serviert, alternativ je nach Jahreszeit auch mal ohne Fisch, dafür mit Trüffeln vom Monte Baldo. Aber der Klassiker des Hauses ist das hervorragende Schleienrisotto. Aal, Barsch oder Renke werden nach allen Regeln der Kunst gegrillt und geraten hier überhaupt nicht trocken wie sonst leider oft. Zum Dessert gibt es etwa Semifreddo di Torrone oder Sbrisolona, den Mandelkuchen.

Rotweine sind auf der Karte nur sehr spärlich vertreten, zum Fisch möchte eben Weißwein getrunken werden oder Chiaretto, wie der Rosé am Gardasee genannt wird. Und hier ist die Auswahl sehr bedacht.

COZZERIA ALLE MURA

Ein Muss für Muschelfans

Adresse: Via Cansignorio 16, 37017 Lazise (VR)
Im historischen Zentrum von Lazise, großer Parkplatz in der Nähe

+39 045 647 06 44
www.cozzeria.com

Ruhetag: Montag
Preise: €€–€€€

Die Cozzeria (Muschellokal) und Pizzeria Alle Mura in Lazise war die erste wirkliche Cozzeria am Gardasee. Das Lokal gibt es seit 1983 und wird heute von Massimo und seiner Frau betrieben. Besonders bei Muscheln sind Frische und Qualität ein Muss und darauf legen die beiden großen Wert.

Man sitzt im Innenhof in einem „Sommergarten", also eigentlich nicht draußen, aber durch die großen Türen, die im Sommer offen stehen, fühlt es sich so an. Es gibt natürlich klassische italienische Antipasti, Primi, Secondi und Pizza auf der Karte – in erster Linie geht es hier ja aber um den Verzehr der „cozze" (Miesmuscheln), die immer im „coccio" (Terracottagefäß) serviert werden, welcher ein 1 kg Miesmuscheln fasst. Man hat die Wahl zwischen verschiedensten Zubereitungsarten, wie z. B. „alla provenzale" mit Sellerie, Karotten, Paprika und Knoblauch, oder mit Tomaten- oder Weißweinsoße, Gorgonzola, Dijon-Senf, Zwiebeln und Brandy oder, wer es scharf mag, „alla diavola" mit Tomaten und Chili. Dazu gibt es immer selbst gebackenes, geröstetes Brot.

Das Lokal hat ein Maskottchen: „Cozzy", das auf dem großen „Lätzchen" abgebildet ist, das man wie beim Hummeressen zum Umhängen bekommt, um sich beim Essen nicht die Kleidung zu bespritzen.

Denken Sie daran, dass Muscheln recht schwer verdaulich sind. Es empfiehlt sich also, sich beim Antipasto ein wenig zurückzuhalten und vielleicht eher ein Gericht zu teilen. Und wenn jemand keine Muscheln mag: Auch die Pasta, Pizza und die anderen Gerichte sind wirklich zu empfehlen. Eine Tischreservierung ist ratsam. Die Cozzeria hat eine große Fangemeinde, da man solch eine Qualität der Cozze und so eine breite Auswahl an Soßen eben nicht überall bekommt. Stellen Sie sich also darauf ein, dass speziell im Sommer viel los sein wird. Das tut aber dem Genuss aus unserer Sicht keinen Abbruch. Und nach dem Essen ab an den Lago für einen Verdauungsspaziergang – die Piazza und der See sind nicht weit entfernt. Über dem Lokal gibt es übrigens auch sehr nett eingerichtete Appartements.

TAVERNA DA ORESTE

Fisch direkt am Hafen

Adresse: Via F. Fontana 32, 37017 Lazise (VR)
Direkt am Hafen von Lazise, gegenüber der Dogana Veneta

+39 045 758 00 19
www.tavernaoreste.it

Ruhetag: Mittwoch
Preise: €€€

Lazise ist einer der chiceren Orte am Gardasee und steht seit Jahren bei Genussurlaubern hoch im Kurs. Der schönste Platz der Stadt ist natürlich der alte Hafen. Direkt gegenüber von der ehemaligen Zollstation, der Dogana Veneta, an der zu venezianischen Zeiten die Waren abgefertigt wurden, die aus dem Norden über den See kamen, liegt die Taverna da Oreste, sozusagen in Bestlage. Wer das Glück hat, mit einem Boot unterwegs zu sein, der legt direkt vor dem Haus an. Im Sommer sitzt man am Wasser, vor den sanft vor sich hin schaukelnden Booten, in der kühleren Jahreszeit bietet ein einladender Speisesaal mit Kaminfeuer und moderner Kunst an den rustikalen Steinmauern ein Ambiente, in dem man sich sofort wohlfühlt. Da Oreste ist im Ort bekannt für seine guten Fischgerichte, wobei Qualität und Lage natürlich ihren Preis haben. Unter den Vorspeisen findet man gleichermaßen einen gemischten Teller mit Fisch aus dem Gardasee wie Spezialitäten aus Meeresfrüchten, wie Garnelenschwänze mit Kürbisragout oder einen zarten Oktopussalat. Das Auge isst bei jedem Gericht mit, wenn beste Zutaten etwa zu einem Franciacorta-Risotto mit Jakobsmuscheln und Schnittlauch komponiert werden oder Spaghetti „alla chitarra“ mit Hummer auf den Tisch kommen. Bei jedem Gang hat man immer auch die Möglichkeit, auf Fisch zu verzichten, etwa mit einem Teller sorgsam zubereiteter, hausgemachter Fleischravioli an Salbeibutter.

Bei den Secondi gibt es neben dem beliebten Fritto misto, das wir von der Adriaküste kennen, vom Grill fast alles, was das Meer uns bietet, aber eben auch eine köstliche Fleischauswahl, mit Rinderfilets an grünem Pfeffer oder einer saftigen Tagliata mit Rucola und Grana Padano. Dazu, wie in Italien üblich, nach Wahl Ofenkartoffeln oder frisches Saisongemüse, das in der Regel einfach mit einem Tropfen Olivenöl angemacht wird.

DAL PANSA

Lebendige Trattoria „popolare“

Adresse: Piazza di Sopra 12, 37017 Colà di Lazise (VR)
Mitten im Dorf Colà

+39 045 759 02 96
www.trattoriadalpansa.it

Ruhetag: Montag
Preise: €

Dal Pansa ist eine Trattoria, die auf Italienisch am besten mit dem Begriff „popolare“ zu beschreiben wäre. „Popolare“ heißt sowohl „für jedermann“ als auch „beliebt“, und wie bliebt dieses eigentlich ganz einfache Lokal ist, lässt sich daran ablesen, dass man ohne Tischreservierung zumindest zur schönen Jahreszeit abends keinen Platz bekommt. Ins Dal Pansa kommt die ganze Familie mit, am Nebentisch sitzen junge Leute, Arbeiter, aber auch Geschäftsleute und Touristen, was zu einer bunten südländischen Stimmung führt, die man schätzen kann oder auch nicht.

Wer sich einmal durch die Speisekarte probieren möchte, dem sei das Menü des Hauses zu einem sensationell günstigen Preis empfohlen. Wahlweise mit oder ohne gemischter Vorspeisenplatte gibt es drei Pastagerichte, drei Secondi aus Fleisch, dazu Gemüsebeilagen, Nachtisch, Wasser, einen durchaus passablen Hauswein und Espresso. Einziger Haken: Das Menü gibt es erst ab drei Personen. Wer allein oder zu zweit unterwegs ist und auf den Geldbeutel achten muss oder möchte, dem sei empfohlen, es mittags unter der Woche zu probieren. Dann gibt es ein komplettes, wechselndes Tagesmenü für nur etwas über zehn10 Euro pro Person! Natürlich kann man auch einfach à la carte essen. Beliebt bei den Pastagerichten sind z. B. die Bigoli mit Entensoße oder die Tagliatelle mit Wildschwein. Der beliebteste Primo à la carte sind aber mit Sicherheit die vorzüglichen Tagliatelle mit Trüffel. Bei den Secondi wäre die Tagliata aus Rind- oder Pferdefleisch mit Rucola, Grana und Balsamico oder das gegrillte Rinderfilet an grünem Pfeffer zu empfehlen. Die Dolci bieten mit Tiramisu, Crema catalana oder Pannacotta keine großen Überraschungen, sind aber durchweg verführerisch und wiederum im Preis absolut familienfreundlich oder, wie der Italiener sagt: „a prezzi popolari“.

GOTO

Ausgezeichnete Küche etwas abseits vom Trubel

Adresse: Piazza Ferdinando di Savoia 2, 37019 Peschiera del Garda (VR)
Im hinteren Teil der kleinen Altstadt von Peschiera

+39 045 923 30 14

Ruhetag: Donnerstag
Preise: €€

Es ist nicht immer leicht, in den schönen verwinkelten Altstadtgassen der beliebtesten Gardaseeorte ein besonderes Restaurant zu finden. In Peschiera del Garda empfehlen wir auf jeden Fall die Osteria Goto. Dieses schöne Lokal befindet sich im hinteren Teil der Altstadt, direkt auf Piazza Ferdinando di Savoia hinaus und bietet nur eine Handvoll Tische auf der Piazza, eine Veranda und einen kleinen, aber feinen Speisesaal, sodass es sich bei knapp 30 Plätzen auf jeden Fall empfiehlt, zu reservieren. Die Küche beherrscht das Spiel mit Geschmäckern ebenso gut wie das mit Farben und einer originellen Präsentation, bei der zarte Blüten den Fisch, das Fleisch oder das Risotto dekorieren. Die Speisekarte variiert saisonal und kombiniert kreativ, was die italienische Küche ausmacht: besten Fisch und Fleisch mit frischem Gemüse, ohne jemals zu überladen. So gibt es z. B. zur Vorspeise einen Käse-Artischocken-Flan oder ein zartes Rindfleisch-Carpaccio und als ersten Gang Tagliolini mit Gardaseefisch, aber auch eine einfache, sehr gut gemachte Pasta „alla bolognese", die Kindern die Wahl leicht macht. Wolfsbarsch mit Artischockencreme oder eine Kaninchenrolle mit Spinat, Speck und Polenta ist ein äußerst feiner zweiter Gang. Die Weinkarte hält dem Menü stand, mit erstklassigem Lugana beispielsweise als hervorragendem Begleiter zu Fischgerichten. Ein bisschen Platz sollte man sich schließlich für das Dessert lassen. Vanillecreme mit frischem Obst oder Fruchttörtchen sehen nicht nur dekorativ aus, sondern schmecken auch sehr gut.

ARDEA PURPUREA

Herrlich romantisch im Grünen am Laghetto del Frassino gelegen

Adresse: Strada S. Cristina 13, Loc. Laghetto del Frassino, 37019 Peschiera del Garda (VR)
Im Hinterland bei Peschiera, beschildert

+39 045 495 03 28
www.ristoranteardeapurpurea.it

Ruhetag: keiner
Preise: €€–€€€

Das Restaurant Ardea Purpurea gehört zum Hotel Le Ali del Frassino, das sich in einer bezaubernden Villa des frühen 20. Jahrhunderts befindet. Es liegt wunderschön mitten in der Natur und direkt an dem kleinen Laghetto del Frassino. Der Name der Location erinnert an den eleganten Purpurreiher, der in der Oase des Frassinosees heimisch ist. Der Purpurreiher ist auch Protagonist der kunstvollen Wandverzierungen des Restaurants. Schon allein wegen der zauberhaften Lage lohnt sich ein Besuch zum Mittag- oder Abendessen. Im großen Speisesaal sitzt man quasi über dem Wasser schwebend.

Der Küchenchef und sein Team legen Wert auf regionale und saisonale Produkte von hoher Qualität. Auf der Karte finden sich viel See- und Meeresfisch. Aber natürlich auch Fleisch und frische Pasta. Schön ist auch, dass frische Pizza angeboten wird. So ist für jeden etwas dabei.

Wein kommt aus der Gegend. Als Abschluss empfehlen wir einen Grappa aus der edlen Auswahl. Er kommt aus einer nahe gelegenen Distillerie, die die heimischen Trauben zu Brand verarbeitet. Kreiert werden Grappe aus Amarone, Recioto oder Lugana.

TRATTORIA BELLA ITALIA

Ehrliche Fleischgerichte auf dem Weg nach Sirmione

Adresse: Via Bell' Italia 4, 37019 Peschiera del Garda (VR)
An der Hauptstraße von Peschiera in Richtung Sirmione

+39 045 755 02 29
www.ristorantebellaitalia.it

Ruhetag: keiner
Preise: €–€€

Die Trattoria Bella Italia ist leicht mit dem Auto zu erreichen. Sie liegt direkt an der Verbindungsstraße, die von Peschiera in Richtung Westen, nach Sirmione führt, am Rande des gleichnamigen Campingplatzes Bella Italia. Auf der Veranda sitzt man zum Glück etwas von der Straße zurückversetzt und in dem mit Holzdeckenbalken und warmen Wandfarben gestalteten Speiseraum fühlt man sich gleich wohl. Ein Blick auf die Speisekarte zeigt sofort, was die Spezialität des Hauses ist: gut zubereitete Fleischgerichte und hier allem voran eine saftige Fiorentina, oder wie wir es eher nennen, ein saftiges T-Bone-Steak in üppigem Format. Aber langsam. Natürlich fängt man auch im Bella Italia mit den Antipasti an. Es gibt den klassischen Aufschnittteller genauso wie einen Käseteller. Wer etwas Besonders will, darf aber auch den König der Schinken, den Culatello aus Zibello in der Poebene bestellen oder ein gutes Rindertatar. Bei den Primi ist die Auswahl recht begrenzt, mit Fettuccine alla bolognese oder Tomatensoße mit guten Kräutern, einer vegetarischen Lasagne und wenigen weiteren Gerichten. Der Schwerpunkt liegt, wie gesagt, auf den Secondi. Black angus und Fiorentina werden nach Gewicht bezahlt, das ist so üblich, aber man sollte vielleicht einmal nachfragen, was auf einen zukommt. Hervorragend ist natürlich auch die Tagliata aus Rind- oder wahlweise auch einmal Schweinefleisch. Für Fischfreunde bleibt die gebratene Forelle. Dazu ein guter Wein, für den im Hause Mauro Boni mit profunden Kenntnissen nicht nur regionaler Tropfen verantwortlich ist. Unser Fazit: Wer auf der Suche nach einem guten Fleischgericht ist, ist hier richtig.

VECCHIO MULINO BEACH

Moderne, coole Beachbar und Strandrestaurant

Adresse: Strada Bergamini 14, 37019 Peschiera del Garda (VR)
Direkt am Seeufer, vor dem Campingplatz Bella Italia

+39 045 923 30 82
www.vecchiomulinobeach.com

Ruhetag: keiner
Preise: €–€€

Lockere Atmosphäre herrscht im Vecchio Mulino Beach. Das komplett zum Wasser ausgerichtete Lokal ist Beachbar und Restaurant in einem, um entspannt einen Drink und einen Snack zur Happy Hour ab 17.30 Uhr zu genießen, und für sehr junges, modernes Essengehen danach, bei gleichzeitigem Blick aufs Wasser. Neben den Tischen im Freien gibt es einen Speiseraum, der aus einer einzigen hellen Veranda hinter einer riesigen Panoramascheibe besteht.

Das Vecchio Mulino Beach ist mehr als nur ein Lokal, hier werden auch Kochkurse angeboten, in der nahen Altstadt gibt es eine Bottega mit Spezialitäten des Hauses und ein kleiner, cooler Street-Food-Truck ist im Namen des Vecchio Mulino am See, in Verona und bei Events im Hinterland unterwegs. Der Stil und die Lage stimmen, kommen wir nun zur Küche: Fabio Gambini und sein Team produzieren selbst für die Bottega in der Stadt und sind auf der ständigen Suche nach guten Zutaten aus der Umgebung und anderswoher. Sie bereiten daraus Snacks, wie Bruschetta, Oliven und Salate als Aperitivo oder als Begleitung des Drinks zur Happy Hour, und Pasta, Risotto und Fischgerichte für den Abend. Es gibt außerdem hausgemachte Pasta mit Fleischragout und ganz einfache, gut gekochte und schmackhafte Pastagerichte wie z. B. „Cacio e Pepe". Familien dürfen sich freuen, denn diese Teller schmecken nicht nur Kindern, sie sind auch noch für jeweils ein Kind bis acht Jahre pro Erwachsenen umsonst! Wer mit dem Auto kommt, sollte am kleinen Hafen Porto Bergamini parken. Von hier sind es nur 300 m bis zum Restaurant. Von Peschieras Altstadt sind es zu Fuß nur knapp 15 Minuten.

LA LOCANDA DI NORIS

Für Fischliebhaber ein Muss

Adresse: Loc. Bassana 5, 37019 Peschiera del Garda (VR)
Von Peschiera Richtung Sirmione

+39 045 640 20 16
www.lalocandadinoris.it

Ruhetag: Montag
Preise: €€€€

Die Locanda di Noris hat ihren Namen von der Eigentümerin Noris Malcisi Battistoni und steht für Qualität. Noris arbeitete früher im Restaurant Piccolo Mondo, das ihrem Mann gehörte. Dort vertiefte sie ihr Wissen und ihre Leidenschaft für Fisch und frische Meeresfrüchte. Diese findet man noch heute auf der Karte - auch roh. Frische hat beim Einkauf der Zutaten für Noris oberste Priorität: „Zwölf Stunden vom Hafen bis zum Tisch“ lautet die Devise und es werden nur erstklassige Produkte ausgewählt.

In der Küche hat Chefkoch Maurizio Bidoli das Sagen. Er zaubert herrliche Antipasti wie z. B. „tiepida mare“, einen lauwarmen Meeresfrüchtesalat, oder „ostriche gratinate al Franciacorta“ - gratinierte Austern in Franciacortasoße. Danach als Primo eine hausgemachte Pasta mit Garnelen, Scampi oder Jakobsmuscheln oder das tiefschwarze Tintenfischrisotto. Auch beim Secondo, beim Hauptgang, hat man die Qual der Wahl. Es gibt alles, was das Fischherz begehrt, gekocht oder vom Grill: „astice“ (Hummer), „gamberoni“ (Riesengarnelen), „ventresca di tonno“ (Thunfischfilet), „sogliola“ (Seezunge) oder „coda di rospo“ (Seeteufel) - um hier nur einige Gerichte zu nennen. Auch die „fritti“, die frittierten Fischgerichte, sind sehr schmackhaft. Wer es lieber roh mag, findet eine große Auswahl an „crudità“, rohem Fisch, auch in Form von Carpaccio und Tatar. Und wer Austern mag, wird die Locanda di Noris lieben. Es gibt ein breites Angebot, wie z. B. „fines de claire verte“, „bouzigues“, „gillardeau“ u. v. m., je nach Verfügbarkeit und Frische. Den Austern werden ab und an ganze Verkostungsabende namens „ostriche sotto le stelle“ (Austern unterm Sternenhimmel) gewidmet. Und wer dann noch Platz hat: Die Desserts sind ein absoluter Traum. Alle hausgemacht von „pasticciere“ (Konditor) Younes.

Zum Fisch passt Wein natürlich sehr gut - es gibt einen wunderbaren Weinkeller mit großer Auswahl und man wird von Sommelier Denis Modena sehr gut beraten. Bringen Sie viel Zeit und Hunger mit, es lohnt sich!

TIPP

Zu Austern empfiehlt sich Schaumwein, der nach dem Metodo classico hergestellt wird, wie z. B. Franciacorta oder ein Trento DOC, die beide aus der Gardaseeregion stammen. Die relativ hohe Säuremenge dieser Schaumweine passt hervorragend zu Austern.

ANTICA OSTERIA BUSOCALDO

Gemütlicher Landgasthof mit Grill auf dem Kaminfeuer

Adresse: Strada Massoni 10, Loc. San Benedetto di Lugana, 37019 Peschiera del Garda (VR)
Im Hinterland von San Benedetto, gut beschildert

+39 045 640 06 14
www.busocaldo.it

Ruhetag: Montag
Preise: €–€€

Die Antica Osteria liegt etwas abseits der Hauptrouten entlang des Seeufers, was sich positiv auf die Ruhe und Gelassenheit auswirkt, die dieser zwischen den Weinreben des Lugana gelegene Ort ausstrahlt. Eine große Terrasse mit Veranda ermöglicht es, im Grünen zu sitzen und auch Kindern etwas Bewegung zu gönnen, bevor die Gerichte auf den Tisch kommen. Beim Betreten des Speiseraums im Erdgeschoss wird sofort klar, was die Spezialität des Hauses ausmacht. Im Kamin garen auf einem Grill Fleisch, Gemüse und Polenta und verströmen ihren Duft, Lachsforelle gart in Folie unter der Asche. Ein zweiter Speiseraum befindet sich im ersten Stock, mit einfachen, aber schön eingedeckten Holztischen. Angenehm ist die freundliche Bedienung, was vielleicht auch daran liegt, dass wir uns eben etwas ab vom Treiben des Seeufers befinden. Besonders gut schmeckt uns das gefüllte Perlhuhn, aber auch die hausgemachte Pasta, als gefüllte Ravioli oder als Bigoli und Tagliatelle mit Ragout, Gardaseesardinen oder Hühnerleber, ist köstlich. Von der Weinkarte muss man eigentlich einen Lugana wählen, schließlich befinden wir uns mitten in den Reben dieses ausgezeichneten Weißen. Zum Grillfleisch passen aber natürlich v. a. die kräftigen Roten aus dem Valpolicella hervorragend.

AGRITURISMO CA' DEL GAL

Feine Bauernküche im Grünen

Adresse: Loc. Fornello, Via Gazzi 34, 37067 Valeggio sul Mincio (VR)
Am Ortsausgang Richtung Peschiera ist Fornello beschildert

+39 045 795 04 27
www.agriturismocadelgal.com

Ruhetage: Samstagabend und Sonntagmittag geöffnet; sonst nur nach Vereinbarung
Preise: €

Ein schöner Platz mitten im Grünen, zwischen Weinfeldern und Bauernhöfen. Das Gebäude des Agriturismo ist zwar neu gebaut, aber innen sorgen schöne alte Möbel und fröhlich-bunte Wände für südliche Stimmung. Möchte man zu mehreren kommen, kann man auch außerhalb der begrenzten Öffnungszeiten am Wochenende vorbestellen. Die Schwestern Silvia und Elena sind flexibel und richten sich gern auf Gäste ein. Für Gruppen bietet man ein Probierbuffet mit passenden Weinen an.

Hier wird so viel selbst gemacht wie nur möglich. Das Gemüse für die variantenreichen Gemüseantipasti stammt aus dem eigenen Garten. Dazu kann man die hausgemachte Salami probieren. Die Primi reichen von den klassischen Tortellini di Valeggio über Bigoli mit Entensugo hin zu feinen gefüllten Nudeltäschchen mit Kräutern und Risotti. Das Fleisch für die Hauptspeisen (z. B. Roastbeef mit Olivenöl und Zitrone, ein Grillteller oder im Winter geschmorte Rinderbäckchen) stammt überwiegend aus eigener Haltung. Dazu gibt's Gemüse der Saison und Salate in reichlicher Auswahl.

Die Desserts wie etwa Obstkuchen sind ebenfalls hausgemacht, genauso wie die Marmeladen für das eine oder andere Gebäck sowie die Mostarde zum Käse. Neben einem guten Hauswein gibt es - ebenfalls lobenswert - auch Flaschenweine befreundeter Betriebe.

TIPP

Die Marmeladen und eingelegten Gemüse kann man genauso wie die hausgemachte Salami kaufen – auch unter der Woche, wenn zwar das Restaurant geschlossen, der Agriturismo aber geöffnet ist. Es gibt auch sehr schöne Zimmer, jedes anders gestaltet, sowie kleine Ferienwohnungen und – man ist ja schon weit weg vom See – einen Pool für die Hausgäste. Wer unter der Woche essen gehen will, kann zu Fuß wenige Hundert Meter zur schönen Trattoria Fornello spazieren.

TRATTORIA FORNELLO

Bilderbuchtrattoria mit viel Charme

Adresse: Loc. Fornello, 37067 Valeggio sul Mincio (VR)
Am Ortsausgang Richtung Peschiera ist Fornello beschildert

+39 045 795 03 23
www.trattoria-fornello.it

Ruhetage: Mittwoch und Donnerstag
Preise: €€

Wenn es früher Kritik am Fornello gab, dann weil die einzige Zufahrt zum Parkplatz direkt an der schönen überdachten Pergola, unter der man im Sommer speist, vorbeiführte. Dem wurde Abhilfe geschaffen und so genießen die Gäste das gute Essen jetzt ohne Motorlärm. In der kalten Jahreszeit speist man in den zwei gemütlichen Stuben, mit schönen alten Fundstücken geschmückt, die der Hausherr auf Trödelmärkten aufstöbert. Wer bleiben möchte, übernachtet im Agriturismo I Filari der Familie oder in einem der drei Zimmer des Giardino delle Emozioni.

Die Antipasti sind das Markenzeichen des Fornello. Der Tisch füllt sich nach und nach mit Gemüsetörtchen, Frittatastückchen, mit von knusprigem Speck umhüllten Pflaumen, Fonduta mit Trüffeln, hausgemachter Salami und beinahe auf der Zunge schmelzendem Lardo; bestimmt zehn verschiedene warme und kalte Köstlichkeiten, die man sich nicht entgehen lassen sollte. Darauf können Kürbistortelli oder Tagliatelle mit Waldpilzen folgen, schließlich allerlei Fleisch vom Grill, etwa die großartige Tagliata mit Rucola und bestem Olivenöl. Cremige Dolci runden den Besuch ab.

Dazu trinkt man am besten Lucianos eigenen Wein, den spritzigen Weißen oder den dichten Roten, den er schmunzelnd „sassicaia alla spina“ (Sassicaia vom Fass) nennt. Sensationell die Liköre nach Familienrezepten wie der Mirtillo oder der Limoncello, auch sie hausgemacht, wie fast alles in der Bilderbuch-Trattoria.

LO STAPPO

Wine and Food am Fluss

Adresse: Via Raffaello Sanzio 18b, Loc. Borghetto, 37067 Valeggio sul Mincio (VR)
Mitten in Borghetto auf der Landzunge gegenüber der Brücke

+39 045 637 01 46
www.lostappo.com

Ruhetag: Mittwochmittag; wenn es regnet möglicherweise geschlossen
Preise: €€

Borghetto ist ein beliebtes Ausflugsziel, im Sommer wird jeder Platz genutzt. Lo Stappo befindet sich mittendrin, man sitzt auf der Landzunge direkt am Fluss, wunderschön kühl im Sommer. Gut, dass in Italien die Wetterlage im Sommer etwas stabiler ist, denn es gibt nur Plätze im Freien. Wir fragten, was man denn mache, wenn es doch plötzlich regne ... Nun ja, meinte der freundliche Ober, wir beobachten die Wettervorhersage, bisher ist es einmal passiert, dass wir schlossen, obwohl es nur ein paar Tropfen geregnet hat, und einmal, als wir meinten, es bleibe schön. Wahrscheinlich haben sich die Gäste dann ins ebenso schöne und dazugehörende (sehr kleine) Café gegenüber begeben ... Die Küche im Lo Stappo ist eher kreativ als traditionell, man blickt auch über den kulinarischen Tellerrand hinaus. Köstlich war ein Olivenflan mit schmelzend zarter Käsecreme, üppig und mit feinen Soßen serviert das tadellose Rindertatar, das mit dem Messer geschnitten und nicht durch den Fleischwolf gedreht wurde. Es war dadurch wesentlich kerniger. Die Bigoli mit Sardinen waren etwas leichter als oft in der traditionellen Küche. Sehr fein der Thunfisch im Sesammantel, perfekt gegart: innen rosa, außen knusprig. Dazu gab es delikates Sommergemüse. Ein Paar am Nebentisch bestellte sich den Dolci-Teller für Verliebte. Eine wahre Pracht mit mindestens vier, fünf köstlichen Desserts.

Die Weinkarte ist sehr an bekannten Namen aus ganz Italien und darüber hinaus ausgerichtet. Etwas mehr regionale gute Tropfen wären lobenswert. Wie fast überall in Borghetto zahlt man den schönen Platz etwas mit, aber jeder Euro lohnt sich.

Ristorante "Alle

ALLA BORSA

Die besten Tortellini der Welt

Adresse: Via Goito 2, 37067 Valeggio sul Mincio (VR)
Im Zentrum von Valeggio sul Mincio

+39 045 795 00 93
www.ristoranteborsa.it

Ruhetage: Dienstag und Mittwoch; Mitte November bis Mitte März auch Sonntagabend
Preise: €€

Das Alla Borsa in Valeggio sul Mincio ist und bleibt eine Institution. Bei Nadia Pasquali isst man die besten Tortellini der Welt und man erlebt echte, lebendige Italianità. In den großen Räumen spielt sich quirliges Leben ab und jeder genießt die herrlichen Aromen der „Liebesknoten".

Die Antipasti sind schon jede Versuchung wert, aber man sollte unbedingt darauf achten, noch genügend Platz für die Tortellini zu lassen. Die Auswahl ist groß: Tortelli mit Ricotta und Kräutern, Tortelli mit Kürbis, Tortellini in „brodo", also in Brühe, oder die klassischen Tortellini di Valeggio, die „Liebesknoten", gefüllt mit Fleisch. Sie können sich nicht entscheiden? Dann empfiehlt sich das Tris, um drei der zarten Pastakreationen zu probieren. Sie werden begeistert sein! Wenn man danach noch Kapazität für die Secondi hat, wie wäre es dann mit Perlhuhn oder Lamm? Oder je nach Saison mit frischem Hecht aus dem nahe gelegenen Gardasee? Und auch die Dolci sind jede Sünde wert. Unser Highlight: Semifreddo all'Amaretto.

Auch die Weinauswahl lässt, wie es sich für ein Ristorante in Italien gehört, natürlich keinen Wunsch offen. Es muss allerdings nicht immer eine Flasche sein, auch den Hauswein können wir Ihnen ans Herz legen.

TIPP

Nadia Pasquali und ihr Team bieten auch Catering-Dienste an. Sie können die weltbesten Tortellini also auch bei Ihrer privaten Feier anbieten. So wird jedes Fest, egal ob Incentive oder Hochzeit, kulinarisch zum absoluten Gaumenschmaus.

LOCANDA BELVEDERE

„Liebesknoten" und Grillspezialitäten mit Ausblick

Adresse: Loc. Santa Lucia ai Monti 12, 37067 Valeggio sul Mincio (VR)
Im kleinen Santa Lucia ai Monti etwas nordöstlich von Valeggio

+39 045 630 10 19
www.ristorantebelvedere.eu

Ruhetage: Mittwoch und Donnerstag
Preise: €–€€

Das Belvedere trägt eine seiner Qualitäten bereits im Namen: die wundervolle Aussicht. Von einer herrlich grünen Parklandschaft umgeben blickt man in leichter Hügellage von der Terrasse des Hauses auf das Mincio-Tal und die Berge, die den nahen Gardasee umgeben. Die Aussicht ist aber keinesfalls das Einzige, das das Restaurants zu bieten hat, das bereits 1909 als Osteria gegründet wurde. Das zentrale Element in der Küche, in die man vom Speiseraum besten Einblick genießt, ist der große Kamin. Auf offenem Feuer werden kontinuierlich Hühnchen, Rindfleisch, Pferdefilet und Bratwürste gegrillt und anschließend mit Gemüse nach Wahl, den sog. Contorni, serviert. Das Gericht, für das Valeggio allerdings international berühmt ist, ist ein Primo, den man auch in der Locanda Belvedere aufs Beste beherrscht: der „Liebesknoten" oder „Nodo d'Amore" ist eine mit Bratenfleisch gefüllte Tortellinispezialität, die entweder in geschmolzener Salbeibutter geschwenkt oder in Brühe serviert wird. Nicht weniger typisch und ebenfalls köstlich sind die Tortelli di Zucca und die hausgemachte Pasta in Form der gedrehten Bigoli oder der flachen Fettuccine, die mit unterschiedlichsten Soßen kombiniert werden. Dazu ein Wein aus der näheren Umgebung. Wir befinden uns genau zwischen den Anbaugebieten des Lugana und des Custoza, wobei es natürlich auch an Roten aus der erweiterten Umgebung nicht fehlt.

TIPP

Die Locanda Belvedere befindet sich nur wenige Kilometer von einer der meistprämierten Gartenanlagen Norditaliens entfernt, dem Parco Giardino Sigurtà. Auf 600 000 m² entlang des Flusses Mincio und am Rande des Städtchens Valeggio befinden sich diverse Baumriesen und ansehnliche Teiche. Jedes Frühjahr locken die Krokus- und Tulpenblüte Tausende Besucher in den Landschaftspark.

TRATTORIA COLLI STORICI

Gutbürgerliche Lokalküche aus Custoza

Adresse: Strada Ossario 2, 37066 Custoza (VR)
Unterhalb der Gedenkstätte von Custoza

+39 045 51 60 14

Ruhetage: Montag und Dienstagabend
Preise: €

In einem ruhigen Wohnviertel von Custoza fällt die Trattoria Colli Storici nicht besonders auf. Das gelbe Haus mit seinem zur Terrasse umgewandelten Garten liegt aber für Besucher der Gedenkstätten von Custoza gar nicht mal schlecht und das kleine Dörfchen zwischen Minciotal und Verona gibt nicht nur dem berühmten Weißwein seinen Namen, sondern hat auch in der italienischen Geschichte eine bedeutende Rolle eingenommen. Im Speisesaal herrscht eine nüchterne, sehr angenehme gutbürgerliche Atmosphäre, mit historischen Schwarz-Weiß-Fotos an den Wänden, die ein wenig aus den letzten Jahrzehnten des Ortes erzählen. Entsprechend erwartet uns auch gute, hausgemachte Küche bei Tisch. Vorspeisen aus hochwertigem Aufschnitt, Polenta und köstlichem Käse, Primi aus hausgemachter Pasta mit Pilzen oder Wildsoße. Vom Gardasee grüßen, wenn es der frische Fang erlaubt, gute frittierte Fische. Eine Garantie ist das Grillfleisch des Hauses. Wer auf der Suche nach etwas Besonderem ist, der sollte hier nach Broccoletti fragen, einem herkunftsgeschützten Slow-Food-Gemüse aus Costoza (siehe auch Tipp), das mit Fleisch, Ei und Speck serviert wird. Das Colli Storici bietet keine großen Überraschungen, sondern eine gute regionale Küche zu absolut fairen Preisen.

TIPP

Der Broccoletto di Custoza ist ein feines Wintergemüse, das zu den Kohlarten gehört, dem uns bekannten Brokkoli äußerlich aber nicht besonders ähnlich sieht. Das von „Slow Food" in seiner Herkunftsbezeichnung geschützte Gemüse mit seinen großen grünen Blättern kann als Beilage oder für sich genommen mit einem Tropfen Öl gegessen werden, aber auch, dem Basilikum gleich, mit Olivenöl, Pinienkernen, geriebenem Grana und Knoblauch zu einem schmackhaften Pesto verarbeitet werden.

AL PONTE

Ein bei Einheimischen beliebter Klassiker

Adresse: Via Corrobiolo 38, 37066 Sommacampagna (VR)
Mitten im Ort, an der Hauptstraße Richtung Villafranca

+39 045 896 00 24
www.trattoria-alponte.it

Ruhetage: Montagabend und Dienstag
Preise: €

Unscheinbar, aber schon lange auf der Liste von „Slow Food Italien" ist die Trattoria al Ponte eines jener Lokale, in denen sich die gute Küche so erhalten hat, wie sie einst überall einmal war. Unkompliziert und gut, zu Preisen, die sich jeder leisten kann. Und so ist es v. a. am Wochenende durchaus zu empfehlen, einen Tisch zu reservieren, wenn die Einheimischen im Al Ponte essen gehen. Der Service in dem mit Holzwänden, Holztischen und Stofftischdecken eingerichteten Räumlichkeiten ist sehr herzlich. Serviert werden Spezialitäten aus dem Veneto, vom See, z. B. mit Kräutern, Kapern und Olivenöl marinierter Hecht oder die bekannten Bigoli mit Sardinen, aber es gibt auch Pappardelle mit Pilzen oder Gnocchi mit Ragout. Fisch und Fleisch auch bei den zweiten Gängen. Beim Fisch Hecht oder Tintenfisch mit Tomatensoße auf Polenta, Oktopus „al limone" oder vom Grill Wolfsbarsch und Lachs. Kalbsleber „alla veneziana", Roastbeef oder ein gutes Vitello tonnato, also Kalbfleisch in Thunfischsoße, finden wir unter den Fleischklassikern. Ein Plus des Hauses: Die Weine sind in der Regel zu günstigen Preisen aus dem Umland gewählt.

TIPP

Sommacampagna gehört zu den noch weniger bekannten Orten rund um den Gardasee und ist Teil der Colline Moreniche, also jener sanften Hügellandschaft, die sich am südlichen Gardasee zum Ende der Eiszeit gebildet hat, wo sich das vom Gardaseegletscher ausgeschürfte Geröll ablagern konnte. Dieses lockere Ausgangsgestein ist ein perfekter Boden für den Anbau von Früchten und Wein, weshalb in den Colline Moreniche bis heute die Landwirtschaft eine so bedeutende Rolle spielt.

DA GUIDO

Junge frische Küche auf dem Land

Adresse: Loc. Colombara di San Vito 60, 37012 Bussolengo (VR)
Von Bussolengo in Richtung Verona

+39 045 676 60 31

Ruhetage: Montagmittag und Dienstag
Preise: €€

Fährt man vom Gardasee das geschwungene Etschtal hinunter in Richtung Verona, dann kommt man durch Bussolengo und nicht weit von dem Seitenkanal Medio Adige entfernt liegt mitten im Grünen die Trattoria da Guido. So mitten auf dem Land präsentiert sich die Trattoria mit ihrer großen überdachten Terrasse und dem eleganten Speiseraum dann doch überraschend, wobei die Wiese vor der Terrasse für Familien sehr angenehm ist. Chef des Hauses ist Guido, wie der Name ja bereits sagt, der mit nur 19 Jahren im Jahre 2007 sein Restaurant eröffnet hat. Auch seine Kochkunst ist modern und frisch und ebenfalls für das Auge unglaublich schön anzusehen. Natürlich hat er hierfür schon in jungen Jahren seiner Mutter und danach einigen erfahrenen Küchenchefs über die Schulter geschaut. Leitmotiv seiner Küche ist es, immer frische, erstklassige Zutaten zu verwenden und dementsprechend konsequent den Jahreszeiten zu folgen. Guido nimmt daher traditionelle Rezepte und interpretiert sie zeitgemäßer, leichter und frischer. Ein lockerer Ricotta-Flan mit Radieschensprossen zum Antipasto, hausgemachte gefüllte Pasta als Primo, wie z. B. Agnolotti mit Kürbis oder mit Rindfleisch an Trüffel und in Amarone gezogenem Rinderbraten oder Grillfleisch als Secondo. Zum Schluss empfehlen wir, die hausgemachten Parfaits zu probieren. Die Auswahl an Weinen ist so nah am Valpolicella nicht zu beanstanden.

TIPP

Das Restaurant befindet sich am schönen Etschradweg, der von Südtirol bis nach Verona hinein führt. Weitenteils wurde dieser äußerst beliebte Radwanderweg abseits der Straße gebaut, sodass man ihn sicher mit der ganzen Familie entlangfahren kann. Zwischen Rivoli und Verona führt der Radweg direkt am Etschkanal entlang und ist damit nur wenige Hundert Meter von der Trattoria Da Guido entfernt.

GROTO DE CORGNAN

Regionale Verkostungsmenüs in familiärem Ambiente

Adresse: Via Corgnan 41, 37015 Sant'Ambrogio di Valpolicella (VR)
Im Zentrum von Sant'Ambrogio im Valpolicella

+39 045 773 13 72
www.grotodecorgnan.it

Ruhetage: Sonntag und Montag, generell nur abends geöffnet
Preise: €€€

Das Groto de Corgnan gibt es seit 1980 und wird von Giorgio Soave und seiner Frau geführt. Man wird so herzlich empfangen, dass man sich gleich wie zu Hause fühlt.

Die Gerichte sind traditionell und es wird großer Wert auf saisonale Produkte von lokalen Herstellern gelegt. Im Winter sitzt man im Innenbereich im alten Gemäuer und am offenen Kamin, im Sommer gibt es schöne Plätze auf der Terrasse unter einer Pergola, die vor der Hitze schützt.

Eine Besonderheit des Groto de Corgnan sind die Verkostungsmenüs, die je nach Saison und Verfügbarkeit der Produkte wechseln, wie z. B. Menüs mit Spargel, Trüffel, Wildkräutern, Pfifferlingen und vielen anderen kulinarischen Köstlichkeiten aus der Umgebung. Die Menüs werden mit dazu passenden Weinen kombiniert. Der hauseigene Weinkeller bietet eine große Auswahl – natürlich viele Etiketten von Herstellern aus dem Valpolicella, aber auch aus dem Piemont, der Toskana oder aus Sizilien. Man wird sehr professionell beraten, wenn es um die Kombination von Wein und Speisen geht.

Auf der Karte steht ein hervorragendes Rindercarpaccio, hausgemachte Pasta, wie z. B. Kürbistortelli, Fleischgerichte wie Perlhuhnbrust mit Salbei und Pfifferlingen oder, eine Spezialität des Hauses, Rinderschmorbraten mit Amarone und Steinpilzen. Zu den Gerichten wird ein fruchtiges Bioolivenöl aus eigener Produktion gereicht. Auch so manches Gemüse stammt aus eigenem Anbau in Molina. Zum Käse des Monte Lessinia gibt es selbst gemachte Mostarde. Ein besonderes Dessert ist ein cremiges Eis mit in Honig gekochten Kastanien.

Eine Reservierung ist absolut empfehlenswert.

DALLA ROSA ALDA

Lange Küchentradition in einem der schönsten Orte Italiens

Adresse: Strada Garibaldi 4, Loc. San Giorgio di Valpolicella,
37015 Sant'Ambrogio di Valpolicella (VR)

Vom Gardasee kommend, am dritten Kreisverkehr in Sant'Ambrogio di Valpolicella Richtung San Giorgio

+39 045 770 10 18
www.dallarosalda.it

Ruhetag: Sonntagabend und Montag
Preise: €–€€

Der kleine Ort San Giorgio, oberhalb von Sant'Ambrogio, gehört zu einem der „borghi più belli d'Italia" - zu einem der schönsten Orte Italiens. Der Ausflug, etwa eine halbe Stunde vom Ostufer des Gardasees entfernt, lohnt sich also. Mitten in der Ortschaft liegt die Trattoria Dalla Rosa Alda mit atmosphärischer Terrasse und drei gemütlichen Gasträumen.

Die Gastronomiegeschichte der Familie Dalla Rosa reicht bis ins Jahr 1853 zurück. Die Rezepte, die über Generationen weitergereicht wurden, spiegeln die gute und traditionelle Valpolicella-Küche wider.

Starten Sie am besten mit einem gemischten Vorspeisenteller, der etwas Wurst, Gemüse und Crostini mit leckeren Aufstrichen enthält. Legendär sind die Tagliatelle „Enbogonè", eine hausgemachte Pasta, dazu eine Soße aus langsam gegarten Borlettibohnen. In den Sommermonaten begeistert das Kirschrisotto, im Herbst die Tagliatelle mit frischen Trüffeln aus der Lessinia. Den Hauptgang bilden v. a. Fleischgerichte: Hühnerleber, Schmorbraten, Hase oder Hackfleischbällchen mit verschiedenen Kräutern. Die köstlichen Desserts bilden dann den Abschluss einer wirklich gelungenen Traditionsküche.

Die hervorragenden Weine kommen zum Großteil aus dem Valpolicella, einer Region, der sich der Besitzer Lodovico Testi eng verbunden fühlt. Gleich gegenüber der Trattoria, in einem Rustico aus dem Jahr 1650, hat er die kleine Enoteca El Tinel eingerichtet, in der er Verkostungen veranstaltet und die Gäste in die Geschichte des Valpolicella eintauchen lässt.

TIPP

Die Organisation „I Borghi più belli d'Italia" wurde 2001 gegründet und hat sich zum Ziel gesetzt, das kulturelle Erbe der italienischen Kleinstädte zu fördern. Aktuell wurden über 280 Gemeinden in Italien mit dem Titel „einer der schönsten Orte Italiens" ausgezeichnet.

Mehr Infos: www.borghipiubelliditalia.it

83

ANTICA TRATTORIA DA BEPI

Traditionsküche mit Amarone

Adresse: Via Valpolicella 14, 37020 Marano di Valpolicella (VR)
Mitten in Marano di Valpolicella

+39 045 775 50 01
www.anticatrattoriadabepi.it

Ruhetag: Montag
Preise: €

Mitten im Ort liegt die traditionsreiche, urige Trattoria mit Steinmauern und schönen alten Möbeln. Vittorio und Camilla kochen bestens zubereitete Traditionsgerichte mit eigener Handschrift. Herz des Hauses ist der offene Kamin, an dem die meisten Fleischspeisen und die Polenta zubereitet werden. Im Sommer isst man unter einer schattigen, gemütlichen Laube.

Wenn man alles probieren möchte, sollte man auch hier zweimal hingehen. Denn schade wäre, probierte man nicht wenigstens eines der Antipasti, wie z. B. die gemischten Salumi mit eingelegtem Gemüse. Die Primi sind klassisch: Risotto mit Amarone sowie hausgemachte Tagliatelle oder Bigoli mit dichten, feinen Soßen aus Fleisch oder auch mit Pilzen. Als Hauptspeise ist das in Amarone geschmorte Lammragout legendär, aber es gibt auch gute Tagliata vom Chianina-Rind und im Winter „baccalà“ (Stockfisch). Wer Süßes mag, kann die hausgemachten Kuchen probieren, Käsefreunde bestellen sich besser die ausgewählten Käse der Lessinischen Berge mit dazu passenden Honigsorten oder Mostarda.

Lassen Sie sich einen passenden Wein empfehlen, es gibt jede Menge bezahlbarer Tropfen der Gegend. Entspannt genießen kann man, mietet man sich in einem der hübschen Zimmer ein.

ENOTECA DELLA VALPOLICELLA

Frauenpower im Valpolicella

Adresse: Via Osan 45, 37022 Fumane (VR)
Mitten in Fumane, gut ausgeschildert

+39 045 683 91 46
www.enotecadellavalpolicella.it

Ruhetage: Sonntagabend und Montag
Preise: €€

Das Städtchen Fumane ist so etwas wie das Herz des Valpolicella, dieser von steilen Hügeln geprägten Weinlandschaft, die an das Etschtal und den nördlichen Stadtrand von Verona heranreicht und Heimat einiger der besten Weine Italiens ist. Hier befindet sich die Enoteca della Valpolicella, ein von Frauenhand geführtes Lokal, das sich mit über 800 Etiketten als authentische Schatzkammer der lokalen Weine versteht, aber gleichzeitig als Restaurant auch der regionalen Küche huldigt. Ada, Carlotta, Angiolina und Serena sind die guten Geister der Enoteca, in der jeder Wein, einzeln für das Sortiment ausgesucht, auch glasweise verkostet werden kann.

Das Restaurant im Obergeschoss der Enoteca bietet in hellem, aufgeräumt freundlichem Ambiente ein mit den Jahreszeiten gehendes Menü, bei dem v. a. regionale Erzeugnisse zum Einsatz kommen. Jedes Gericht wird persönlich vorgestellt und auf Wunsch von einem passenden Weintipp begleitet. Von der Tradition inspiriert, aber komplett neu interpretiert ist z. B. die Vorspeise aus Ricotta veronese mit süßer Apfel-Mostarda oder das Risotto mit Wildkräutern, die im Sommer frisch gesammelt werden. Auch der Wein spielt in die Essenszubereitung hinein, wenn etwa Entenbrust in Valpolicella angemacht und mit einer Recioto-Honigsoße garniert wird. Zum Abschluss gibt es Bergkäse und fruchtige, mit Grappa verfeinerte Desserts genauso wie den krokanten, lokaltypischen Mandelkuchen, der hier Fregolona genannt wird. Vom Gardasee aus ist es bis ins Valpolicella ein Stück, ein Tagesausflug und ein Besuch in der Enoteca della Valpolicella sind aber absolut lohnenswert.

OSTERIA NUMERO UNO

Lokal mit typischer Küche und entspannter Atmosphäre

Adresse: Via Flaminio Pellegrini 2, 37022 Fumane (VR)
Mitten in Fumane, nahe der Villa della Torre

+39 045 770 13 75
www.osterianumero1.com

Ruhetage: Dienstag und Mittwoch
Preise: €€–€€€

Mitten im Valpolicella, in Fumane in einer kleinen Straße, findet man die von außen recht unscheinbare Osteria Numero Uno. Man wird von Michele Filippi und seinem Team sehr herzlich begrüßt und es wird nach traditionellen Rezepten des Veneto gekocht, aber immer mit einer kleinen individuellen Note. Außerdem verwendet man in erster Linie regionale und saisonale Produkte. In der Küche hat Chefkoch Nicola Mazzucchelli das Sagen. Die Gerichte sind einfach, dafür aber sehr schmackhaft.

Unter den vielfältigen Antipasti findet man verschiedene Aufschnitte, Salami mit Polenta, Burrata oder andere saisonale Köstlichkeiten. Danach eine frische, hausgemachte Pasta, z. B. Fettuccine mit Wildschweinragout, oder eines der verschiedenen Risotti - diese sind außergewöhnlich und sehr zu empfehlen.

Zum Hauptgang kommen Fleischliebhaber auf ihre Kosten: Es stehen Faraona mit rosa Pfeffersoße und „patata schiacciata" (wörtlich „zerbrochene Kartoffel"), Rinderbäckchen mit Amaronesoße und Polenta oder Schweinefllet auf der Karte. Fisch sucht man hier vergeblich.

Die Weinkarte ist recht umfangreich. Mitten im Valpolicella gelegen, werden natürlich Weine aus der Umgebung angeboten und man erhält eine gute Beratung mit viel Wissen um die Weine. Michele ist stolz darauf, dass er 120 Etiketten in seiner Taverne anbieten kann.

Zum Abschluss dann eines der hausgemachten Desserts, wie z. B. Sbrisolona (ein „gebröselter" Mandelkuchen), klassisch mit einem Glas Recioto dazu, oder eine Selektion von sorgsam ausgewählten Käsesorten aus der Region wie z. B. „Caciotta della Lessinia", ein geräucherter, sehr geschmackvoller Käse von den Lessiniaschen Bergen oder anderen Käsen aus der Region.

Außensitzplätze gibt es keine, aber man sitzt drinnen sehr nett und gemütlich. Eine Reservierung im Vorfeld ist absolut empfehlenswert. Das Lokal ist nämlich auch bei den Einheimischen sehr beliebt.

86

CÀ DEI MAGHI

Essen mit Blick auf das Valpolicella

Adresse: Via Cà dei Maghi 5, 37022 Fumane (VR)
In den Hügeln von Fumane

+39 045 770 23 55
www.cadeimaghi.it

Ruhetag: Montag
Preise: €€–€€€

Die Azienda Agricola Cà dei Maghi ist ein Familienbetrieb in den Hügeln von Fumane. Die Lage inmitten der eigenen Weinberge ist wunderschön. Seit den 1950er-Jahren wird hier Wein produziert, im angeschlossenen Restaurant empfangen Mari, Giovanna, Paolo und Ivan die Gäste, kümmern sich um alles und stehen auch selbst in der Küche. Die Gerichte sind im Grunde einfach, aber alles ist hausgemacht und viele Zutaten stammen aus dem eigenen Garten.

Der Innenbereich des Restaurants ist in zwei hübsch eingerichtete Räume unterteilt. Besonders spektakulär ist die Panoramaterrasse mit einem atemberaubenden Blick auf das Valpolicella. Der ideale Ort, um nicht nur gut zu essen und den Wein zu genießen, sondern auch, um die Seele baumeln zu lassen.

Es gibt selbst gebackenes Brot und allerlei hausgemachte, raffinierte Pasta wie z. B. Kürbisgnocchi (aus Butternusskürbis, der auf Italienisch „zucca violina“ heißt), Gnocchi aus violetten Kartoffeln, Farfalle aus Kastanienmehl, Tortelloni aus Teig mit Kakaopulver sowie normale Tortelloni mit allerlei Leckereien gefüllt: mit Orange und Kalbfleisch, mit Monte-Veronese-Käse oder mit Ricotta und Cime di rapa (Stängelkohl). Die Pasta oder Tortellini werden mit leckeren Soßen und Zutaten angerichtet, teilweise abhängig von der Saison, z. B. mit Pfifferlingen, Speck und Kürbis-Käse-Soße, mit Butter, Nüssen und Feigen oder mit Trüffel und Taleggio-Käse. Neben Pasta gibt es Carpaccio oder Roastbeef, geräucherte Burratina (Mozzarella mit Butterkern) mit Feigen und Bernardi-Speck aus Bruneck oder, eine Spezialität des Hauses: „el saor“ („saor“ bedeutet „sapore“, also Geschmack), ein traditionelles venezianisches Antipasto aus gebratenen Sardinen mit Zwiebeln, Essig und Kürbis.

Zum Abschluss sollte man sich eines der leckeren Desserts wie z. B. Millefoglie mit Vanillecreme und Nutella nicht entgehen lassen. Auch das Eis ist selbst gemacht.

Die Weine kommen natürlich aus eigener Produktion, vom Valpolicella bis zum Amarone. Es lohnt sich übrigens, das Weingut zu besichtigen und im angeschlossenen Hotel kann man sich wunderbar einquartieren. Die Räumlichkeiten eignen sich aufgrund der Lage auch sehr gut für Hochzeiten.

LOCANDA '800

Veroneser Küche und edle Fischgerichte in schönem Ambiente

Adresse: Via Moron 46, 37024 Negrar (VR)
Südlich von Negrar, gut beschildert

+39 045 600 01 33
www.locanda800.it

Ruhetag: Montag
Preise: €€€–€€€€

Die Locanda '800 befindet sich in Negrar inmitten des wunderschönen Weinanbaugebiets Valpolicella. Schon die Örtlichkeit ist spektakulär. Es gibt mehrere Räume, u. a. den „Barrique"-Raum, in dem man inmitten wunderbarer Weinfässer isst. Im Sommer sitzt man auf einer schönen Terrasse mit Blick auf den eigenen Garten.

Gianfranco Elampini und Küchenchef Diego Donatelli haben gemeinsam ein Menü zusammengestellt, das die traditionelle Küche der Veroneser auf moderne Art und Weise interpretiert. Außerdem liegt der Fokus auf Fisch, daneben finden sich aber auch ein paar Fleischgerichte auf der Karte.

Schon beim Antipasto werden Fischliebhaber glücklich. Es gibt frischen Thunfisch mit Safran, Artischocken und Kartoffeln, „baccalà" (Stockfisch) und Garnelen, Oktopus vom Grill mit Krustentiermayonnaise oder aber eine echte Spezialität aus dem Valpolicella: „vinappeso", ein roher Schinken von besonderer Qualität, der 24 Monate reift - und das u. a. in Recioto- und Amarone-Wein.

Als Primo absolut zu empfehlen: Spaghetti mit „tatare di ricciola" (Makrelentatar) oder hausgemachte Bigoli (dicke Spaghetti) mit einem Ragout aus Ente, Perlhuhn und Huhn. Beim Secondo gibt es immer variierende und frische Angebote, u. a. den „pesce del giorno", also den Fisch des Tages, je nachdem, was verfügbar ist und was eingekauft wurde. Oder aber auch raffinierte Gerichte mit Hummer, Langustinen, Riesengarnelen und Scampi. Für Fleischliebhaber stehen z. B. Kalbsbäckchen mit Amaronesoße auf der Karte.

Die Weine kommen aus eigener Produktion und sind die für das Anbaugebiet typischen Etiketten: Valpolicella Classico, Ripasso, Amarone und Recioto. Und zu dem einen oder anderen Gläschen Wein passt wunderbar die ebenfalls wechselnde „selezione di formaggi" (Käseauswahl).

Es empfiehlt sich, einen Tisch zu reservieren.

ALLA RUOTA

Traditionelle und feine Gerichte mit Ausblick

Adresse: Via Proale 6, 37024 Negrar (VR)
In den Hügeln oberhalb von Negrar Richtung Mazzano

+39 045 752 56 05
www.trattoriaallaruota.it

Ruhetage: Montag und Dienstag
Preise: €€

Die Trattoria alla Ruota liegt in den Hügeln oberhalb von Negrar in Richtung Mazzano, mitten in wunderbarer Natur. Das Lokal ist hell und freundlich eingerichtet, mit sehr schönen Steinböden. Von der Terrasse hat man einen atemberaubenden Blick auf das Valpolicella. Das Lokal gibt es seit über 30 Jahren und wird heute von Odilla und Lorenza Peretti geführt. Das gesamte Team ist sehr sympathisch und man wird bestens beraten und bedient. Die Küche ist traditionell und ehrlich, dabei zudem sehr kreativ und saisonal. Die Gerichte werden sehr ansehnlich angerichtet, das Auge isst schließlich mit.

Hier ist im Grunde alles hausgemacht - vom Brot, das zum Antipasto gereicht wird, bis hin zu den „dolci". Zum Brot gibt es ein Bioolivenöl zum Eintunken - herrlich. Oft haben die Gerichte einen kleinen, besonderen Pfiff, wie z. B. Artischocken überbacken mit Ricotta, die mit knuspriger Quinoa garniert werden. Zum Primo gibt es natürlich Pasta. Besonders zu empfehlen sind die Tortelli all'Amarone. Die Pasta für die Tortelli wird mit Amarone sozusagen gefärbt und mit in Amarone geschmortem Rindfleisch gefüllt. Eine echte Spezialität. Zur Hauptspeise gibt es verschiedene Fleischgerichte, z. B. eine Tagliata, ein aufgeschnitten serviertes Rinderfilet. Dazu gibt es Gemüse aus dem eigenen Garten. Die Beilagen kann man vor dem Essen auf Wunsch selbst wählen. Ein Ort zum Wohlfühlen und Genießen.

Etwa 1 km entfernt gibt es eine Übernachtungsmöglichkeit - eine Villa aus dem Jahre 1900, die sehr schön restauriert wurde.

CAPRINI

Familientradition im Valpolicella

Adresse: Via Zanotti 9, Loc. Torbe, 37020 Negrar (VR)
Gegenüber der Kirche

+39 045 750 05 11
www.trattoriacaprini.it

Ruhetag: Mittwoch
Preise: €–€€

Wenn es den Veronesern im Sommer zu heiß wird, zu stickig und zu voll, dann fahren sie ins Valpolicella. Dort oben ist die Luft besser, es wächst hervorragender Wein und eine schöne Trattoria gesellt sich zur anderen. Eine der ältesten ist die Trattoria Caprini, die Familie betreibt das urige Lokal schon seit vier Generationen. Giuliana Tezza vom Weingut Le Tende hat sie empfohlen: Hier haben sie schon oft schöne Tage mit bestem Essen verbracht, doch auch die Fahrt hier hinauf lohnt sich, die Aussicht ist sagenhaft, egal, ob ihm Frühling, wenn die Kirschbäume blühen, oder im Herbst, wenn sich das Weinlaub verfärbt.

Ein traditionelles Sonntagsessen beginnt hier mit hausgemachter Salami, Lardo und Giardiniera, dem eingelegten Gemüse. Weiter geht es mit Pasta oder Risotto, oft werden auch Kutteln in Tomatensoße angeboten. Die Pasta wird hier selbstverständlich hausgemacht. Delikat sind die breiten Bandnudeln mit saftigem Ragout, die Tagliatelle mit Kaninchen- oder würziger Wildhasensoße, die gefüllten Tortelli mit Frühlingskräutern, Schmorbraten oder im Herbst mit Pilzen. Fein auch das Risotto mit Radicchio. Als Hauptspeise sind die Rinderschmorbäckchen in Rotwein zu empfehlen. Ausgezeichnet auch ein sanft gegartes Kaninchen oder das traditionelle Fischgericht der Berge, der „baccalà“ (Stockfisch). Im Winter gibt es Siedefleisch (Fleisch vom Rind, Kalb oder Huhn, Zunge, Kalbskopf) mit der Brotsoße Pearà, die mit Knochenmark verfeinert wird.

Danach werden traditionelle hausgemachte Dolci angeboten. Der Weinkeller ist, wie es sich für eine Trattoria im Valpolicella gehört, mit den besten Tropfen der Region, z. T. auch mit alten Jahrgängen, ausgestattet.

TRATTORIA AL BERSAGLIERE

Traditionslokal zwischen Arena und Adige

Adresse: Via Dietro Pallone 1, 37121 Verona (VR)
Von der Arena am Rathaus Richtung Fluss

+39 045 800 48 24
www.trattoriaalbersagliere.it

Ruhetage: Sonntag und Montag
Preise: €€

Im Herzen des historischen Zentrums von Verona befindet sich die typische Trattoria. Seit Jahren hat sie einen festen Platz im „Slow-Food"-Führer. Und das zu Recht! Im Inneren gibt es einige kleine Räume, alle wurden mit einem Namen versehen. An den Wänden unzählige Autogramme und Fotos, im Al Bersagliere waren schon viele bekannte Gesichter zu Gast. Beim Eintreten kommt man zuerst an der Bar vorbei. Hier kann man schon mal einen Wein glasweise genießen.

Die Tradition spiegelt sich auch auf der Speisekarte wider. Als Antipasti gibt es Lardo aus dem Valpolicella, Pferdefleisch-Sfilacci, Aufschnitt und Salami aus der Region. Als Primi folgen Tagliatelle oder Bigoli mit Ente, Pasta e fagioli oder ein herrliches Risotto all'Amarone. Sie haben noch Platz für einen Secondo? Umso besser. Hier wollen wir v. a. die Fleischgerichte hervorheben. Es gibt ein tolles Schnitzel, bei dem man auch schon mal in Wien vor Neid erblassen könnte, Filetto all'Amarone und eine Veroneser Spezialität: Pastissada vom Pferd. Hierfür wird das Fleisch in Wein und Gewürze für lange Zeit eingelegt und dann über Stunden geschmort. Serviert meist mit Polenta, zergeht es im wahrsten Sinn des Wortes auf der Zunge.

Die Weinkarte ist beeindruckend: Es finden sich über 200 hauptsächlich italienische Etiketten. Darunter 60 verschiedene Amarone, 60 Grappe, etwa 280 verschiedene Whiskysorten u. v. m. Auch die Liste der Öle kann sich sehen lassen.

TIPP

Während der Gardasee auf der einen Seite „vor der Haustür" Veronas liegt, befindet sich auf der anderen das große, bekannte Weinbaugebiet um Soave. Und wenn „Soave" aufgrund von Massenproduktionen in Verruf geraten ist – es gibt dort hervorragende Produzenten, die die feine, zarte Bitternote der heimischen Garganega-Traube meisterlich hervorholen. Einer davon ist sicher La Cappuccina, Pionier des Bioweinbaus der Gegend.

VERA
PIZZA
APOLETANA
CAPRESE
PESCATORA
*TRONCHETTO
*VERONESE
E TANTE ALTRE ANCORA....
Home Made Pizza

RISTORANTE PONTE PIETRA

Ein eleganter Platz direkt an der Etsch

Adresse: Via Ponte Pietra 34, 37121 Verona (VR)
Direkt an der Ponte Pietra in Veronas Altstadt

+39 045 804 19 29
www.ristorantepontepietra.com

Ruhetag: Sonntag
Preise: €€€

Im Herzen der Altstadt Veronas gibt es zahlreiche prächtige Gebäude, die z. T. noch aus alten Steinen aus der Römerzeit stammen. Eines davon beherbergt das Ristorante Ponte Pietra. Von hier hat man einen traumhaften Blick auf den Fluss, den Ponte Pietra, das Teatro Romano, bis hin zu den Hügeln, die die Stadt umgeben. Der bekannte Veroneser Designer Mario Santini hat das Restaurant äußerst geschmackvoll eingerichtet und eine elegante Atmosphäre geschaffen. Die Besitzer Gianni Pascucci und seine Frau Diana Tropinina haben hier einen außergewöhnlichen Ort geschaffen. Versuchen Sie unbedingt, einen Platz auf einer der zwei kleinen Terrassen direkt über dem Wasser zu ergattern.

Unter der geschickten Leitung des Küchenchefs Michael Silhavi wird hier der traditionellen Küche eine leicht hippe Note verliehen. Typische Gerichte werden in verschiedenen Formen präsentiert, originell und verführerisch. Die Zutaten sind natürlich von höchster Qualität, vom Küchenchef selbst ausgewählt. Neben Fisch und Fleisch gibt es auch die ein oder andere vegetarische Alternative. Als Antipasto könnte Ihnen ein Bonbon aus Büffelmilch-Ricotta auf einem Lauchspiegel garniert mit Pancetta aufgetischt werden. Oder ein frisches Garnelentatar. Gefolgt von hausgemachter Pasta als Primo: Tortellini mit einem Butter-Salbei-Schaum und Parmesan-Crumble. Als Secondo empfehlen wir Tagliata vom edlen Angusrind oder zartes Thunfischkotelett.

Die Weinkarte lässt keine Wünsche offen. Besonders groß ist die Auswahl an edlen Tropfen aus der Region, man findet aber auch Weine aus anderen Teilen Italiens und weiter entfernten Regionen.

Zum Restaurant gehört außerdem ein romantisches Appartement, das ebenfalls mit einem spektakulären Panoramablick aufwarten kann.

OSTERIA CAFFÈ MONTE BALDO

Urig, gut, preiswert

Adresse: Via Rosa 12, 37121 Verona (VR)
Mitten in der Altstadt, Richtung Piazza Sant'Anastasia

+39 045 803 05 79
www.osteriamontebaldo.com

Ruhetag: keiner
Preise: €–€€

Zu den liebenswerten Traditionen Veronas gehört „andar per goto" – „auf einen Schluck Wein gehen". Die Bars und Osterie bieten dazu kleine Köstlichkeiten an: sehr einfallsreich belegte Brötchen, Hackfleischbällchen, Salamiteller. Alles in kleinen Portionen, einzeln zu bestellen oder auch zum Mitnehmen. Auch in der Osteria Caffè Monte Baldo sieht man die hübschen Häppchen gleich am Eingang. Will man länger verweilen, ist das hier auch kein Problem. Es gibt eine kleine Karte mit ausgezeichneten lokalen Spezialitäten. Die Brötchen bekommt man auch als Antipasto, dann Käse, Schinken, Salami. Die ausschließlich hausgemachten Primi waren allesamt ausgezeichnet: Tortelli mit Roter Bete, Mohn und Käse aus dem Valpolicella, Bandnudeln mit Steinpilzen, lockere Gnocchi mit einem dichten, duftenden Pferdesugo oder ganz klassisch Pasta e fasoi: Bohnensuppe mit Nudeln, über die man einen guten Schuss Olivenöl gibt. Wiederum erwähnens- und lobenswert: Das köstliche Öl, das man hier verwendet und den Gästen auf den Tisch stellt, stammt von Giovanni Salvagno aus Nesente, etwas nordöstlich der Provinzhauptstadt gelegen und einen Besuch wert. Die Adresse steht auf hübsch gestalteten Tischsets aus Papier, die man sich zur Erinnerung mitnehmen sollte. Dort findet man auch die wichtigsten Bezugsquellen des Weins – die Regale biegen sich von guten Tropfen der Gegend und anderen Spezialitäten. Unter den Hauptspeisen ist das Pferdeschmorfleisch besonders hervorzuheben. Die Preise sind ausgesprochen zivil.

93

TRATTORIA AL POMPIERE

Echte Trattoriatradition in der Stadt der Liebenden

Adresse: Vicolo Regina d'Ungheria 5, 37121 Verona (VR)
Mitten in der Altstadt, unweit der Casa di Giulietta

+39 045 803 05 37
www.alpompiere.com

Ruhetag: Sonntag
Preise: €€–€€€

Die Geburtsstunde der Trattoria Al Pompiere geht auf etwa die erste Hälfte des vergangenen Jahrhunderts zurück. Damals hat ein pensionierter Feuerwehrmann beschlossen, dieses Restaurant zu eröffnen. Nachdem er ihm nie einen Namen gegeben hatte, begannen die Gäste und Einwohner der Stadt, es „Al Pompiere" („Zum Feuerwehrmann") zu nennen.

Das Restaurant wird seit 2011 von Küchenchef Marco Dandrea geleitet. Das Ambiente ist einladend, man findet sich in einer richtig italienischen Trattoria wieder. An den Wänden viele historische Fotos. Der Chefkoch und sein Team bieten Gerichte in der Tradition der Stadt Verona und des Veneto an. Einfache, aber qualitativ hochwertigste Zutaten werden auf sehr schmackhafte Weise zubereitet. Besonders hervorheben möchten wir z. B. die Pasta mit Bohnen, den Klassiker „bigoli con le sarde" oder „baccalà alla vicentina". Je nach Jahreszeit finden sich auch viele saisonale Spezialitäten auf der Speisekarte. Sollten Sie im Herbst und Winter einen Abstecher zum Al Pompiere einplanen, dann probieren Sie unbedingt das Risotto mit „broccolo di custoza" und schwarzem Trüffel. „Broccolo" ist ein Kohlgemüse, das gerade durch die Slow-Food-Bewegung wieder auflebt. Er ist sehr lecker und gesund. Für Fleischliebhaber gibt es Stinco oder Tagliata, die auf keinen Fall auf der Karte fehlen dürfen.

Die Desserts sind selbstverständlich hausgemacht und auch die Weinkarte kann sich sehen lassen. Darauf finden sich die Weine der Region, Valpolicella, Custoza u. v. m., aber auch gute Tropfen aus anderen Teilen des Landes, aus Deutschland, Österreich oder Frankreich.

SALUMERIA
CARNI SUINE I. Q.- tel. 27801
SPECIALITA'
SALAME
SOPRESSA
della
CASA

VENETO

DIE EINKAUFSADRESSEN

24 Consorzio Olivicoltori
25 Oleificio Piccoli Produttori
26 Le Rubinare
27 Paolo Bonomelli Boutique Olive Farm
28 Cooperativa Fra Pescatori
29 Garda Natura
30 Distilleria Artigiana Carlo Gobetti
31 La Bottega della Pasta
32 Monte Zovo
33 Birrificio Benaco 70
34 Torrefazione Roen
35 Affi Wine Bar
36 Le Fraghe
37 Villa Calicantus
38 Cantina Valetti
39 Frantoio Turri
40 Distilleria Franceschini
41 Azienda Agricola I Roccoli
42 Zeni
43 Guerrieri Rizzardi Bardolino
44 Raval
45 Tre Colline
46 Veronesi
47 ZF4 Fratelli Zanoni
48 Villa La Bagatta
49 Masi Tenuta Canova
50 Le Tende
51 Distilleria Scaramellini
52 Roeno
53 Albino Armani
54 Vantini
55 Valentina Cubi
56 Tenute Ugolini
57 Scriani
58 Monte Santoccio
59 Corrado Benedetti
60 Guerrieri Rizzardi Negrar
61 Sartori Wine Shop / Casa Vinicola Sartori
62 I Sapori del Portico
63 San Cassiano
64 Bonamini
65 Zeno Gelato e Cioccolato
66 Riseria Ferron
67 Magosso
68 Le Morette
69 Il Macellaio
70 Frantoio Salvagno
71 Corte Gardoni
72 Pasticceria di Martini
73 Remelli
74 Gorgo
75 Albino Piona
76 Corte Vittoria
77 Monte del Frà
78 Marcati
79 Villa Merighi
80 Damini e Affini

24

CONSORZIO OLIVICOLTORI

Via Navene 21
37018 Malcesine (VR)
+39 045 740 12 86
www.oliomalcesine.it

550 Kleinproduzenten haben sich seit 1946 in einem Konsortium zusammengeschlossen, um bestes Gardasee-Olivenöl aus Malcesine anzubieten. 90 Prozent der Olivenbäume rund um Malcesine sind mehr als 100 Jahre alt. Es handelt sich dabei fast ausschließlich um die heimische Sorte „Casaliva". Weit über die Hälfte des Olivenöls, das im Konsortium gepresst wird, dient dem Eigenkonsum, nur etwa ein Drittel der Ernte wird in zwei Läden zum Verkauf angeboten. Außerdem werden auch ganze Oliven, Olivenpaté, Utensilien aus Olivenholz und Olivenöl-Pflegeprodukte sowie Spezialitäten vom Monte Baldo und anderen italienischen Regionen verkauft.

25

OLEIFICIO PICCOLI PRODUTTORI

Via Vespucci 6
37010 Castelletto di Brenzone (VR)
+39 045 743 02 51
www.oleificiopiccoliproduttori.it

Am Yachthafen von Castelletto befindet sich der Laden der Olivenöl-Kleinproduzenten aus Brenzone. In Brenzone werden Olivenbäume in steilen, z. T. terrassierten Lagen bis 300 Meter über dem See angebaut und benötigen keinen Einsatz von chemischen Pflanzenschutzmitteln. Die naturbelassenen Oliven werden rein mechanisch gepresst und gefiltert. Es handelt sich also eigentlich um ein Bioprodukt bester Qualität. Das Olivenöl wird in Brenzone verkauft, solange der Vorrat reicht. Dann schließt der Laden bis zum nächsten Jahr. Es lohnt sich also, frühzeitig vorbeizuschauen!

26

LE RUBINARE

Corso Dante Alighieri 8–10
37010 Torri del Benaco (VR)
+39 045 629 06 50
www.lerubinare.com

Andrea Mischi führt einen kleinen Lebensmittel- und Feinkostladen in der Altstadt von Torri del Benaco, der einen Besuch lohnt. Er spricht hervorragend Deutsch und berät immer gern, wenn es um die Qualität seiner Ware geht. Mischi verkauft in seinem Laden Rohschinken, Salami und anderen typisch italienischen Aufschnitt, Trüffelprodukte, Pasta, Soßen, Wein, Süßes u. v. m. Seit Kurzem bietet Mischi auch das von der Familie selbst hergestellte Olivenöl an, das dank einer bewusst frühen Ernte der Oliven besonders intensiv und frisch schmeckt.

27

PAOLO BONOMELLI BOUTIQUE OLIVE FARM

Via per Albisano 95
37010 Torri del Benaco (VR)
+39 045 629 67 11
www.paolobonomelli.com

Oberhalb von Torri del Benaco befindet sich die Ölmühle von Paolo Bonomelli. Sein wohl bekanntestes Olivenöl heißt „Ca' Rainene", ein Olio extra vergine mit einzigartigen Geschmack. Es ist in verschiedenen Ausführungen erhältlich, wie z. B. „Drizzar" (Reinsortenöl), „DOP Garda" und „Classico". Das Öl erhält immer wieder zahlreiche Auszeichnungen und manche behaupten sogar, es sei eines der besten Olivenöle der Region. Man kann es im Laden verkosten und dort natürlich auch kaufen.

28

COOPERATIVA FRA PESCATORI

Via San Bernardo 81
37016 Garda (VR)
+39 045 627 05 45
www.coopgarda.it

Das Örtchen Garda ist der Heimathafen einer der wichtigsten Fischereiflotten am Gardasee. Direkt unterhalb des charakteristischen Felsens, der Garda von Bardolino trennt, befindet sich auch ein kleiner Laden, in dem frischer und geräucherter Fisch sowie in Salz oder Olivenöl eingelegte Gardaseesardinen verkauft werden. Forelle, Aal, Sardinen, Hecht und Co. werden von den knapp 25 Fischern der Kooperative „Fra Pescatori" außerdem regelmäßig an Hotels und Restaurants des gesamten Ostufers verkauft, die sich die Qualität des täglich fangfrischen Fisches nicht entgehen lassen.

29

GARDA NATURA

Via Montarion 29, Loc. Marciaga
37010 Costermano (VR)
+39 045 627 07 87
+39 347 680 78 81
www.gardanatura.it

Zwar schließt der kleine Restaurantbetrieb, sobald nichts mehr im hauseigenen Garten wächst, die Produkte, die die Familie Lorenzini herstellt, kann man jedoch auch im Winter erwerben. Auf Anruf öffnet der Inhaber Graziano den kleinen Laden für Sie, denn die Familie wohnt ganz in der Nähe. Verkauft werden bestes Olivenöl, aromatisierte Kräuteröle, Balsamico, Weine und hausgemachte Marmeladen. Besonders empfehlenswert ist eine köstliche Marmelade aus Kirschen, Erdbeeren und Karotten.

30

DISTILLERIA ARTIGIANA CARLO GOBETTI

Via Ghiandare 14
37010 Marciaga di Costermano (VR)
+39 045 627 90 00
www.distilleriacarlogobetti.it

Die Schnapsbrennerei besteht seit 1836 und hat somit eine lange Familientradition in Marciaga, oberhalb von Garda. Carlo Gobetti führt heute das kleine Familienunternehmen, das einst sein Urgroßvater Abramo gründete. Grappa, Brandy und Fruchtschnäpse aus Äpfeln, Kirschen, Pflaumen und Aprikosen werden dort nach traditionellem Verfahren und in begrenzter Menge hergestellt. Hier findet man Grappa aus praktisch jeder Weinsorte, die in Gardaseenähe wächst, wie z. B. aus Bardolino, Valpolicella, aber auch in der edelsten Form des Amarone, Custoza, Lugana und Marzemino. Im Sortiment sind aber auch Grappe aus anderen italienischen Regionen.

31

LA BOTTEGA DELLA PASTA

Via San Giuseppe Artigiano 2b
37010 Costermano sul Garda (VR)
+39 045 620 11 18
www.bottegadellapasta.com

Frische Pasta gibt es in vielen kleinen Läden zu kaufen. Ein wahrer Geheimtipp für frische Pasta zu einem günstigen Preis ist jedoch die Bottega della Pasta in Costermano. Der Laden liegt in einem kleinen Gewerbegebiet und ist nicht besonders chic, aber hier kaufen auch regelmäßig lokale Gastronomen ihre Pasta, Gnocchi und gefüllten Tortellini. Außerdem sind Knödel unterschiedlichster Art, Lasagne und auch frisches Brot im Angebot. Costermano ist vom gesamten südöstlichen Seeufer aus leicht zu erreichen.

32

MONTE ZOVO

Loc. Zovo 23
37013 Caprino Veronese (VR)
+39 045 728 13 01
www.cottinivini.com

Monte Zovo ist ein historisches, aber dennoch modernes Weingut, das wunderschön inmitten seiner Weinberge gelegen ist und heute in vierter Generation von der Familie Cottini geführt wird. Gastfreundschaft wird hier großgeschrieben. Weinliebhaber können einen Blick hinter die Kulissen der Weinproduktion werfen (von der Rebe bis zum Wein) und Weißweine wie Custoza, Soave und Lugana sowie Rotweine vom Bardolino bis zum Amarone verkosten und kaufen.

33

BIRRIFICIO BENACO 70

Via Marconi 7
37010 Affi (VR)
+39 349 808 52 40
www.benaco70.it

Birrificio Benaco70 ist ein „birrificio artigianale", wörtlich also eine „handwerkliche Brauerei" oder „Craft-Brauerei". Vom Hellen „stile bavarese" (nach bayerischer Art) über Brown Ale, Pale Ale und, sehr lecker, Honey Ale mit Kastanienhonig, bis hin zum Hefeweizen: Alle Biere werden mit viel Herzblut von Inhaber Riccardo gebraut und von Ehefrau Erica im angeschlossenen Brew Pub zu Verkostung und zum Kauf angeboten. Bierliebhaber kommen auf alle Fälle auf ihre Kosten, die Atmosphäre ist zudem sehr herzlich. Auf Nachfrage sind auch Brauereiführungen möglich.

34

TORREFAZIONE ROEN

Via Marconi 20
37010 Affi (VR)
+39 045 620 11 31
www.cafferoen.it

Die „Torrefazione" (Kaffeerösterei) der Familie Bendinelli setzt seit über 40 Jahren auf Espressoqualität durch sanfte Röstung und lädt zur Verkostung der verschiedenen Espressosorten direkt in der Rösterei ein. Auch eine kleine Führung ist nach Voranmeldung möglich. Enrico, der Sohn der Familie, spricht sehr gut Deutsch. Besonders stolz ist die Familie auf die zahlreichen Auszeichnungen, die immer wieder die Qualität ihrer Arbeit und Produkte bestätigen, wie z. B. den „Crystal Taste Award 2018" für ihren „100 % Arabica Roen".

35

AFFI WINE BAR

Via Pascoli 29
37010 Affi (VR)
+39 045 626 77 68
www.affiwinebar.it

In der Affi Wine Bar kann man nicht nur toll essen, es gibt auch einen angeschlossenen Shop. Hier erhalten Sie Wein, Olivenöl und Grappe in allen möglichen Varianten, Wurst, Käse, Schokolade, Gebäck, Geschenkartikel, Haushaltswaren u. v. m. Da das Geschäft in Affi liegt, kann man hier besonders gut auf der Heimreise halten und nach Herzenslust einkaufen. Und wenn die Sehnsucht nach dem Lago und seinen Produkten zu Hause mal zu groß wird: Es gibt auch einen Onlineshop!

36

LE FRAGHE

Loc. Colombare 3
37010 Cavaion Veronese (VR)
+39 045 723 68 32
www.fraghe.it

Ganz in der Nähe der Autobahnausfahrt Affi befindet sich das Bioweingut Le Fraghe von Matilde Poggi. Seit 1984 keltert sie hervorragende Weine. Der Betrieb war zudem einer der ersten biozertifizierten der Region. Ihr reinsortiger Garganega „Camporegno“ besteht ausschließlich aus dieser heimischen Traube und ist von bemerkenswerter Frische. Charaktervoll sind dagegen der Bardolino und der Bardolino Chiaretto. Matilde spricht übrigens hervorragend Deutsch.

37

VILLA CALICANTUS

Via Concordia 13
37011 Calmasino (VR)
+39 340 366 67 40
www.villacalicantus.it

Die Villa Calicantus liegt im Bardolino-Gebiet und ist seit 1860 im Besitz der Familie Delaini, die eine große Liebe für den Weinbau, aber auch großen Respekt für die Natur zeigt. So entstehen zahlreiche biologische und biodynamische Bardolino-Weine. Daniele und seine Frau empfangen ihre Besucher gern im Weingeschäft oder zur Weinprobe, um sie in die Welt des Bioweinbaus einzuführen. Wer seinen Aufenthalt verlängern möchte, kann die große Ferienwohnung im zweiten Stock der Villa mieten, die im eleganten Stil des 19. Jahrhunderts eingerichtet ist.

38

CANTINA VALETTI

Via Pragrande 8
37011 Calmasino (VR)
+39 045 723 50 75
www.valetti.it

Die Cantina (Kellerei) wurde Anfang des 20. Jahrhunderts von Großvater Angelo in Calmasino gegründet und wird heute von Luigi und seinen drei Söhnen Stefano, Luca und Davide geführt. Das Weinangebot ist üppig und die Preise sind mehr als fair. Es werden Veroneser Weißweine, Bardolino-Weine (auch Spumante) und andere Veroneser Rotweine angeboten, außerdem erhält man hier verschiedene Grappe und Olivenöl. Die neue Kellerei ist ein architektonisches Meisterwerk aus Stein, Stahl und Glas – absolut sehenswert. Führungen sind auf Anfrage täglich möglich.

39

TURRI

Strada Villa 9
37010 Cavaion Veronese (VR)
+39 045 723 50 06
www.turri.com

Laura Turri ist die Präsidentin des Konsortiums „Garda DOP“, dem Zusammenschluss von Qualitätsproduzenten rund um den Gardasee. Ihr größtes Anliegen ist es, die heimische Produktion von Olivenöl zu schützen und dadurch die Qualität zu garantieren. Sichtbar für die Konsumenten ist das durch das Qualitätssiegel „Garda DOP“. Dieses findet man natürlich auch auf den Flaschen des ausgezeichneten Olivenöls der Ölmühle Turri, das vor Ort verkauft wird. Wer möchte, kann die Ölmühle nach Voranmeldung besichtigen.

40

DISTILLERIA FRANCESCHINI

Strada del Trenin 50
37010 Cavaion Veronese (VR)
+39 045 723 50 59
www.distilleriafranceschini.it

Mitten im Weinbaugebiet um Bardolino ist die Basis für Grappa im Überfluss vorhanden: Trester, also die Rückstände, die beim Keltern der Reben übrig bleiben. Voraussetzung für besten Grappa ist, dass der Trester so frisch wie möglich verarbeitet wird und noch nach Trauben duftet. Bruno Franceschini hat dafür die besten Bedingungen, da sowohl guter Trester aus der Region als auch aus dem Valpolicella vorhanden ist. Sein Amarone-Grappa ist daher eine wahre Köstlichkeit. Sie können hier zwischen der klaren Variante, aber auch einer Variante mit dunkel-samtigem Ton wählen, der im Holzfass gereift ist. Liköre und Olivenöl ergänzen das Angebot.

41

AZIENDA AGRICOLA I ROCCOLI

Strada di Corrubio 3
37011 Bardolino (VR)
+39 342 142 27 00
www.iroccoli.it

Am östlichen Ufer des Gardasees wird das hochwertige Olivenöl „Garda DOP“ produziert. Wohl eines der besten Olivenöle der Region kommt vom kleinen Betrieb I Roccoli in Bardolino. Annamaria, eine junge Italofranzösin, betreibt den Betrieb in Eigenregie und mit großer Leidenschaft. Ihr Öl wird immer wieder ausgezeichnet. Während eines Besuchs der Azienda können Sie das Olivenöl verkosten und kaufen. Die sympathische Inhaberin empfängt Besucher persönlich und erklärt, warum ihr Öl eine so ausgezeichnete Qualität hat.

42

ZENI
Via Costabella 9
37011 Bardolino (VR)
+39 045 721 00 22
www.zeni.it

Das Weingut Zeni ist ein echter Familienbetrieb, den die Geschwister Fausto, Elena und Federica gemeinsam führen. Die Cantina, also der Weinkeller, hat ihren Sitz in Bardolino. Dort kann man auch das kleine Weinmuseum besuchen, für das schon der Vater Gaetano den Grundstein legte. Nicht entgehen lassen sollten Sie sich einen Besuch in der neuen Galleria Olfattiva, einer Aromagalerie. Es ist ein einzigartiges, unkonventionelles Erlebnis für alle Sinne. Besucher haben dort die Möglichkeit, ausgewählte Weine in der eindrucksvollen Atmosphäre direkt im Weinkeller zu erleben.

43

GUERRIERI RIZZARDI BARDOLINO
Strada Campazzi 2
37011 Bardolino (VR)
+39 045 721 00 28
www.guerrieririzzardi.it

Guerrieri Rizzardi ist ein historisches Weingut zweier alter Veroneser Familien: Familie Guerrieri aus Bardolino und Familie Rizzardi aus Negrar. Die beiden haben sich vor vielen Jahren zusammengetan und produzieren heute Weine von bester Qualität in den Gegenden Bardolino, Valpolicella und Soave. Es können sowohl Führungen und Verkostungen gebucht als auch Weine, hervorragender Spumante, Grappa, Olivenöl und Essig aus eigener Produktion vor Ort gekauft werden. Unbedingt probieren sollten Sie den jahrelang gereiften Amarone-Essig mit seinem herrlich nussigen Aroma.

44

RAVAL
Via Raval 1
37011 Bardolino (VR)
+39 045 723 65 69
www.agriturismoraval.it

Die Azienda Agricola Raval liegt etwa zwei Kilometer oberhalb von Bardolino inmitten von Weinbergen und Olivenbäumen. Dort erhalten Sie Weine wie z. B. Bardolino (auch als Superiore), einen Chiaretto, einen 100-prozentigen Chardonnay, einen Spumante und, besonders zu empfehlen, den Rotwein „Nogarot" aus Bardolino-Trauben und Cabernet. Auch das Olio extra vergine und die hausgemachten Marmeladen sind vorzüglich. Auf Wunsch können alle Produkte verkostet werden, außerdem stehen vier Appartements zur Übernachtung zur Verfügung.

45

TRE COLLINE

Loc. Palù 26
37011 Bardolino (VR)
+39 045 723 52 19
www.trecollinebardolino.it

Die Azienda Agricola Tre Colline liegt in einer unberührten Landschaft zwischen Calmasino und Pastrengo und produziert die typischen Bardolino-Weine, Spumante, Grappe und ein hervorragendes Olio extra vergine. Außerdem bieten die Inhaber zahlreiche Verkostungen und Führungen durch das Weingut und die Ölmühle an. Im angeschlossenen kleinen Laden erhalten Sie außerdem einen Honig, der in den eigenen 40 Bienenzargen produziert und vor Ort in Gläser abgefüllt wird. Perfekt zum Erholen und Entspannen sind zudem die Appartements, Zimmer und der Campingplatz, die zum Verweilen einladen und gemietet werden können.

46

VERONESI

Via G. Verdi 1
37017 Lazise (VR)
+39 045 758 00 30
www.frantoioveronesi.com

Die Ölmühle Veronesi blickt auf eine lange Tradition zurück. Bereits im Jahr 1800 begann Zeno Veronesi mit dem Anbau und der Produktion von Oliven und bis heute ist das Unternehmen in Familienhand. Das hauseigene Olio extra vergine wird mithilfe der traditionellen, sehr sanften Kaltpressung hergestellt. Es werden verschiedene Sorten zum Verkauf angeboten, u. a. das unfiltrierte Olivenöl „Lo sgocciolato". Im Laden erhält man neben den Ölen auch eingelegte Oliven, Essig, Aufstriche, Pasta, Honig, Fischkonserven sowie Kosmetik aus Olivenöl.

47

ZF4 FRATELLI ZANONI

Via Porta San Zeno 7
37014 Lazise (VR)
+39 045 758 05 99
www.zf4.it

ZF4 ist ein Familienbetrieb, der direkt neben der Porta San Zeno liegt, dem historischen Torbogen in Lazise. Das „Z" steht für Zanoni, den Familiennamen, „F" für „Fratelli" (Gebrüder) und die „4" steht für vier Zanoni-Geschwister in den verschiedenen Generationen. Giovanni, Marco, Laura und Silvia führen den Betrieb heute gemeinsam und produzieren fantastische Weine sowie ein hochwertiges Olio extra vergine. Eine Besonderheit im Weinangebot ist der Rotwein „Così" aus der heimischen Rebsorte Corvina, gepaart mit Syrah (einer französischen Rebsorte, die heute auch in vielen anderen Weinregionen angebaut wird).

48

VILLA LA BAGATTA

Loc. Bagatta 5
37017 Lazise
+39 045 758 00 59
www.la-bagatta.it

Die Villa La Bagatta liegt südlich von Lazise und wird von einem deutschen Ehepaar betrieben. Der Weinanbau hat hier eine 200 Jahre alte Tradition. Heute werden neben regionaltypischen Trauben auch andere Sorten angebaut. Angeboten wird eine große Auswahl an Rot- und Weißweinen, ein Spumante und ein Olio extra vergine. Unbedingt probieren: den „CanTanolo" - ein im Holzfass ausgebauter Rotwein aus Corvina-Trauben, die am Rebstock getrocknet werden. Nach Voranmeldung werden Weinproben durchgeführt. Außerdem können Sie hier Ferienwohnungen mit herrlichem Blick auf den See und einem eigenen Bootsanlegesteg mieten.

49

MASI TENUTA CANOVA

Via Delaini 1, Loc. Sacro Cuor
37017 Lazise (VR)
+39 045 758 02 39
www.masi.it

Die Cantina Masi blickt nicht nur auf eine lange Tradition im Weinanbau zurück, das Weingut hat sich auch international einen Namen gemacht, v. a. im Bereich des Amarone. Masi Tenuta Canova liegt vor den Toren Lazises. Man hat von dort einen wunderbaren Blick über die Weinberge. Nach Voranmeldung können Führungen gebucht werden, die das Trockenlager für das „Appassimento" der Trauben und den Keller, in dem der berühmte „Campofiorin" reift, einschließen. Keinesfalls verpassen sollte man das neue Wine Discovery Museum. Hier erlebt man einen multimedialen Rundgang zum Weinanbau, der Önologie und der Geschichte der Familie Boscaini.

50

LE TENDE

Via Tende 35
37017 Colà di Lazise (VR)
+39 045 759 07 48
www.letende.it

Biologischer Anbau und hervorragender Geschmack, das galt beim Wein lange Zeit als kaum vereinbar. Diese Zeiten sind allerdings vorbei. Mauro Fortuna und Franco Lucillini erzeugen jährlich etwa 100 000 Flaschen zwischen Colà di Lazise und Cavaion Veronese, mit einem weiteren Außenposten im Custoza-Gebiet. Die Weine Custoza, Bardolino Superiore und ein ausgesprochen guter Chiaretto, der es in den italienischen Weinführer von „L'Espresso" unter die besten 30 Roséweine des Landes geschafft hat, sind die Aushängeschilder des erfolgreichen Weinguts.

51

DISTILLERIA SCARAMELLINI

Via Garibaldi 48
37014 Sandrà di Castelnuovo (VR)
+39 045 759 50 06
www.distilleriascaramellini.com

Im Herzen des Weinlands zwischen Bardolino, Lugana und Valpolicella destilliert die Familie Scaramellini seit 100 Jahren besten Grappa auf offener Flamme. Nach Voranmeldung kann man beim Destillieren im Firmensitz von Sandrà auch zuschauen. Bei der Grappaproduktion ist es besonders wichtig, die bei der Weinkelterung anfallenden Trester so schnell wie möglich zu verarbeiten. Die Krone setzt Scaramellini der eigenen Kollektion reinsortiger Grappe mit dem fünf Jahre gereiften „Grappa di Amarone" auf. Als vorzüglicher Verdauungsschnaps gilt zudem der mit Ruta aromatisierte „Grappa alla Ruta".

52

ROENO

Via Mama 5
37020 Belluno Veronese (VR)
+39 045 723 01 10
www.cantinaroeno.com

In den 1960er-Jahren verwirklichte sich Rolando Fugatti seinen Traum und verschrieb sich dem Weinbau in der Terra dei Forti. Heute führen die Geschwister Roberta, Cristina und Giuseppe die Cantina mit zugehörigem Agriturismo. Man legt den Fokus auf heimische Rebsorten, v. a. den tiefroten Enantio. Diese uralte Rebe wurde schon vom römischen Gelehrten Plinius in seinen Werken erwähnt. Eine besondere Empfehlung: der Süßwein „Cristina" und der Riesling „Renano Collezione di Famiglia". Dessen Jahrgang 2013 wurde 2019 mit drei „Gambero-Rosso"-Gläsern prämiert. Und auch Grappafans kommen hier auf ihre Kosten.

53

ALBINO ARMANI

Via Ceradello 401
37020 Dolcè (VR)
+39 045 72 90 33
www.albinoarmani.com

Albino Armani steht an der Spitze der Winzerfamilie Armani, die seit 400 Jahren im Etschtal Wein anbaut. Der Name gilt als Vorzeigeetikett des Anbaugebiets Terra dei Forti, das sich entlang der Grenze des Veneto bis zum Trentino erstreckt. Auch wenn das Unternehmen heute ebenso im Valpolicella, im östlichen Veneto und im Friaul, weiße sowie rote Weine und auch Prosecco anbaut, so liegt der Firmensitz und damit das Herz des Unternehmens in Dolcè. Und hier wachsen auch am Ufer der Etsch die Trauben des kräftigen Rotweins „Foja Tonda".

54

VANTINI
Via Cà dell'Ebreo 7
37029 San Pietro in Cariano (VR)
+39 045 770 13 74
www.vinivantini.it

Weintradition seit 1908 – das kann man bei Familie Vantini im Herzen des Valpolicella erleben. Dieses schöne Weingut verbindet eine herzliche Atmosphäre mit ausgezeichneter Gastfreundschaft. Gern erklären der Inhaber Luigi und sein Team, z. T. auch auf Deutsch, alles Wissenswerte zu den Weinen. V. a. die klassischen Valpolicella-Weine sollte man unbedingt verkosten: Dazu zählen Valpolicella Classico, Superiore und natürlich der edle Amarone. Auf Wunsch kann man eine ausführlichere Weinprobe machen, begleitet von regionalen Käsesorten und leckerer Salami.

55

VALENTINA CUBI
Loc. Casterna 60
37022 Fumane (VR)
+39 045 770 18 06
www.valentinacubi.it

Valentina Cubi ist eine überzeugte Bioweinerzeugerin im Herzen des Valpolicella. Ein guter Wein, so die hiesige Überzeugung, entsteht im Weinberg und eine angemessene Pflege des Bodens ist die Grundlage für Qualität. Das 13 ha große Weingut bietet die Qualitätsweine, die das Valpolicella berühmt gemacht haben wie kaum ein anderes Anbaugebiet in Italien. Vom Valpolicella Classico über den Superiore und Ripasso bis zu den Auslesen des Recioto und der edelsten Form, des Amarone, kann man die gesamte Bandbreite genießen.

56

TENUTE UGOLINI
Strada di Bonamico 11
37029 San Pietro in Cariano (VR)
+39 045 770 38 30
www.tenuteugolini.it

Zwischen San Pietro in Cariano und Fumane liegt auf einer Anhöhe die Villa aus dem 12. Jahrhundert. Gastfreundschaft wird hier großgeschrieben. Es gibt viele verschiedene Verkostungen, darunter auch eine Verkostung besonderer, alter Jahrgänge, sowie eine spektakuläre Tour mit einem Jeep durch die Weinberge. Das Weingut produziert seit den 1990er-Jahren rein biologisch und behandelt die Weinreben allenfalls homöopathisch, was sich in der Qualität der ausgezeichneten Weine widerspiegelt – vom Valpolicella bis zum Amarone. Auch das hauseigene Öl und der Grappa schmecken hervorragend.

57

SCRIANI

Via Ponte Scrivan 7
37022 Fumane (VR)
+39 39 045 683 92 51
www.scriani.it

Seit Generationen wird die Kunst der Weinherstellung in der Familie Cottini vom Vater an den Sohn weitervererbt und mit traditionellen Methoden durchgeführt. In den Weinbergen respektiert man das ökologische Gleichgewicht. Hier wird ohne künstliche Bewässerung und Düngung produziert und man legt allergrößten Wert auf die Erhaltung des bewaldeten Umlands. Scriani stellt natürlich die klassischen Valpolicella-Weine und den edlen Amarone her, aber auch sehr gute Weiß- (Custoza, Soave, Lugana) und Schaumweine sind im Angebot.

58

MONTE SANTOCCIO

Loc. Monte Santoccio 6
37022 Fumane (VR)
+39 348 360 88 57
www.montesantoccio.it

Tradition, Familie, Naturverbundenheit - das sind die Werte, denen sich der Weinbau im Valpolicella verpflichtet fühlt. Nicht anders ist es bei Nicola Ferrari, der zusammen mit seiner Frau Laura das kleine Weingut Monte Santoccio in Fumane, dem Herzen des Valpolicella, führt. In jungen Jahren hat Nicola bei renommierten Weingütern gelernt, was er heute von der Arbeit im eigenen Weinberg bis zum Vertrieb in den Degustationsräumen anwenden kann. Interessierte können in Gruppen bis zu 30 Personen bei einem 360-Grad-Rundgang erfahren, wie der Valpolicella, vom Classico bis zum Amarone, zur Perfektion reift.

59

CORRADO BENEDETTI

Croce dello Schioppo 1
37020 Sant'Anna D'Alfaedo (VR)
+39 045 754 51 86
www.corradobenedetti.it

Die Lessinia ist ein waldreiches Bergland, das unmittelbar nördlich an die Weinregion des Valpolicella angrenzt. Hier reifen Käse, Salami und Schinken von Corrado Benedetti. Und hier wachsen auch die Kräuter, die seinen Spezialitäten den ausgezeichneten Geschmack verleihen. Eine Besonderheit des Hauses sind die geschmacklichen Verfeinerungen der Produkte mit Amarone. Sowohl Bergkäse als auch Salami und Schinken tragen neben der rötlichen Färbung den Geschmack des Edelweins in sich. Im Hofladen findet man außerdem eingelegtes Gemüse, Gelees, Konfitüren sowie würzige Mostarde.

60

GUERRIERI RIZZARDI NEGRAR

Loc. Pojega
37024 Negrar (VR)
+39 045 721 00 28
www.guerrieririzzardi.it

Die Weinkellerei Guerrieri Rizzardi hat eine lange Geschichte und ging aus dem Zusammenschluss zweier alter Veroneser Familien hervor: der Familie Guerrieri, die ein jahrhundertealtes Landgut in Bardolino besitzt, sowie der Familie Rizzardi, die seit 1649 Weinreben im Valpolicella in Negrar besitzt (Negrar liegt in einer der fünf Gemeinden der „zona classica" des Valpolicella DOC). Die Weinkellerei produziert daher die typischen Valpolicella-Weine, die man auch im hauseigenen Laden kaufen kann. Eine Besichtigung des Weinguts oder des wunderschönen „Giardino di Pojega" von Rizzardi sind ebenfalls sehr empfehlenswert.

61

SARTORI WINE SHOP / CASA VINICOLA SARTORI

Via G. Campostrini 24/b
37029 Pedemonte (VR)
+39 045 683 86 04
www.sartorinet.com

Das Weingut Casa Vinicola Sartori im herrlichen Valpolicella hat eine lange Tradition. Seit Ende des 18. Jahrhunderts wird es von Familie Sartori als Familienbetrieb geführt. Es bietet die typischen Weine der Region. Rotweine wie den Valpolicella und den Amarone sollten Sie daher unbedingt probieren. Im Sartori Wine Shop können Weinliebhaber die köstlichen Weine probieren und sie vor Ort kaufen. Ein Highlight sind die kulinarischen Events mit Show-Cooking, die regelmäßig im Wine Shop veranstaltet werden. Nicht entgehen lassen sollte man sich auch die Führungen durch die nahe gelegene Villa Sartori. Diese kann man direkt im Wine Shop buchen.

62

I SAPORI DEL PORTICO

Via S. Francesco 48
37020 Arbizzano di Negrar (VR)
+39 045 751 30 03
www.saporidelportico.com

Dieser kleine, aber feine Laden im schönen Valpolicella ist ein echtes Paradies für Feinschmecker. Hier erhält man zahlreiche Spezialitäten der Region, ganz besonders hervorzuheben ist jedoch die große Käseauswahl. Die Inhaber besitzen sogar einen eigenen Reifekeller, dessen Mauern noch aus dem 15. Jahrhundert stammen. Lassen Sie Ihren Gaumen durch die unterschiedlichen Sorten verwöhnen: Aus Kuh-, Ziegen- oder Schafsmilch werden hier feinste Käse von bester Qualität gezaubert.

63

SAN CASSIANO
Via San Cassiano 17
37030 Mezzane di Sotto (VR)
+39 045 888 06 65
www.cantinasancassiano.it

Hier gibt es Wein und Olivenöl von den ersten Hügellagen östlich von Verona! Auf 14 ha von Klima und fruchtbaren Böden verwöhntem Land bringt Mirko Sella bemerkenswerte Weine hervor: Valpolicella Superiore, Ripasso, Amarone und der intensive Recioto. Weitere 10 ha Land sind mit Olivenbäumen bepflanzt, die das reinsortige und herkunftsgeschützte Valpolicella Grignano DOP und ein aus Grignano mit den Sorten Frantoio und Leccino gemischtes Öl hervorbringen. Sella ist es dabei wichtig, alle Prozesse in der Landwirtschaft, im Weinkeller und in der Olivenmühle so natürlich wie möglich zu gestalten.

64

BONAMINI
Loc. S. Giustina 9a
37031 Illasi (VR)
+39 045 652 05 58
www.oliobonamini.com

2019 hat es Frantoio Bonamini mit seinen Produkten in die Top 20 der weltbesten Olivenöle geschafft – so urteilt zumindest der „Guide Flos Olei". Die Ölmühle am Rande des Valpolicella produziert eine breite Auswahl unterschiedlicher Öle: von reinsortigem Olivenöl bis zu einem aus verschiedenen, hier heimischen Arten gemischten Öl. Der Hofladen östlich von Verona bietet eine gute Gelegenheit, die unterschiedlichen Geschmacksnoten des grünen Goldes kennenzulernen und den Einkauf mit Pasta, Essig und Olivenöl-Kosmetik zu ergänzen.

65

ZENO GELATO E CIOCCOLATO
Piazza San Zeno 12a
37123 Verona (VR)
+39 338 671 68 78
www.zenoverona.it

Für Sie gibt es nichts Herrlicheres als eine schöne Kugel Eis oder eine zart auf der Zunge schmelzende Praline? Dann sollten Sie unbedingt einen Abstecher nach Verona machen. Im Herzen der Altstadt, direkt bei einem der Wahrzeichen der Stadt, der Kirche San Zeno, liegt Zeno Gelato e Cioccolato. Hier werden nur allerbeste Zutaten aus der Umgebung verarbeitet. Direkt von lokalen Landwirten stammen Obst, Milch und Bioeier, Zitrusfrüchte kommen aus Sizilien und Apulien. Man legt allergrößten Wert auf Qualität und handwerkliche Verarbeitung. Von November bis Ostern widmet sich das Team v. a. der Herstellung von Schokolade und Pralinen.

66

RISERIA FERRON
Via Torre Scaligera 9
37063 Isola della Scala (VR)
+39 045 730 10 22
www.risoferron.com

Bereits von Weitem ist der antike Turm sichtbar, neben dem sich die moderne Produktionsstätte der Riseria Ferron befindet. Hier wird Reis hergestellt, der weit über die Grenzen Italiens hinaus bekannt ist. Sie können den Reis natürlich vor Ort kaufen, ihn aber auch im hauseigenen Restaurant „La Torre“ sofort genießen. Nur zehn Minuten entfernt liegt die antike Reisemühle „Pila Vecia“, die ebenfalls zum Betrieb gehört und nach Voranmeldung besichtigt werden kann.

67

MAGOSSO
Via Vertua 27
37062 Dossobuono (VR)
+39 045 51 34 29

In der kleinen Ortschaft Dossobuono, in unmittelbarer Nachbarschaft zum Flughafen Verona, liegt der kleine Feinschmeckertempel von Gianni Magosso und seiner Familie. Auch wenn Dossobuono selbst keine touristischen Highlights bietet, der Laden rechtfertigt den Ausflug allemal. Verkauft werden hier bestes Gemüse und Früchte, feinste Pasta, Gewürze aller Art, Kaviar, Trüffel, Pralinen, Schokolade und weitere Spezialitäten, sowie eine fantastische Auswahl der besten Weine und Champagner. Giannis Frau Maria Assunta beweist zudem großes Geschick und guten Geschmack beim Verpacken, sodass Sie hier besondere Geschenke mit nach Hause bringen können.

68

LE MORETTE
Viale Indipendenza 19d
37019 Peschiera del Garda (VR)
+39 045 755 27 24
www.lemorette.it

Peschiera vereint die Weinbaugebiete des Lugana mit dem des Bardolino. Die Kellerei der Familie Zenato vereint beide Weine unter einem Dach und wurde dafür vielfach international ausgezeichnet. Neben dem klassischen Lugana in unterschiedlichen Qualitätsstufen wird hier seit wenigen Jahren auch ein Spumante Brut hergestellt. Im Bereich des Bardolino ist sowohl der Classico als auch der frische Chiaretto zu empfehlen. Ergänzt wird die Weinauswahl durch einen Serai und einen edlen Perseo. Zwei Lugana-Grappe, Honig und Olivenöl vervollständigen das Angebot.

(69)

IL MACELLAIO

Via Mantova 16
37019 Peschiera del Garda (VR)
+39 329 215 27 91

„Il Macellaio“ heißt nichts anderes als „Der Metzger“. Das Beste an dieser Metzgerei am Rande des Zentrums von Peschiera ist nicht nur die unzweifelhaft gute Qualität des Fleisches, sondern auch die Tatsache, dass man sich Zeit dabei nimmt, den Kunden richtig zu beraten. Ausführlich wird erklärt, welches Stück sich für das kulinarische Vorhaben am besten eignet und worauf man bei der Zubereitung auf jeden Fall achten sollte. Empfehlenswert sind auch die bereits vorgefertigt erhältlichen „Polpettine“ (Frikadellen) und die gewürzten Hacksteaks.

(70)

FRANTOIO SALVAGNO

Contrada Gazzego 1
37142 Nesente (VR)
+39 045 52 60 46
www.oliosalvagno.it

Direkt vor den Toren Veronas findet man eine ausgezeichnete Olivenölmühle. Frantoio Salvagno bietet in seinem hübschen Hofladen allerdings nicht nur seine guten Olivenöle an, die es ebenfalls in Bioqualität gibt, sondern auch Kosmetik auf Basis von Olivenöl sowie Pastasoßen, eingelegte Oliven und Olivenpaté. Der Besuch des Ladens lässt sich hervorragend mit einem Stadtbummel verbinden. Von Ende Oktober bis Weihnachten bietet sich außerdem die seltene Gelegenheit, der Olivenernte und dem anschließenden Verarbeitungsprozess beizuwohnen.

(71)

CORTE GARDONI

Loc. Gardoni 5
37067 Valeggio sul Mincio (VR)
+39 045 795 03 82
www.cortegardoni.it

Familie Piccoli produziert seit über 400 Jahren Wein, so ist es in historischen Dokumenten belegt. Das Weingut mit Sitz direkt außerhalb von Valeggio sul Mincio produziert auf 45 über die Region verteilten Hektar Land aber erst seit 40 Jahren unter eigenem Label. Den wechselhaften Böden in der Endmoränenlandschaft des südlichen Gardasees entsprechend, werden hier entweder Weißwein und Oliven oder Rotwein und Äpfel angebaut. Die Bandbreite des Angebots von Corte Gardoni umfasst Weine vom Custoza über einen Bardolino Chiaretto bis hin zu einem bemerkenswerten „Rosso del Corte“ im Barrique.

72

PASTICCERIA DI MARTINI
Via Antonio Murari 77
37067 Valeggio sul Mincio (VR)
+39 045 637 06 56
www.pasticceriamartiniflavio.it

Wohin zum Kaffee und Kuchen im schönen Valeggio sul Mincio? Eine vorzügliche Konditorei ist die Pasticceria di Martini, die auch einige Tische im Hof bietet, wo man sich kurz niederlassen kann, um die Spezialitäten des Hauses direkt zu genießen. Flavio, Mariella und ihr Sohn Luigi betreiben das Familienunternehmen, das von Eiscreme bis zu Schokoladenkreationen, von kleinen Frucht- und Cremetörtchen bis zur Geburtstags- und Hochzeitstorte alles herstellt, was das Schlemmerherz begehrt.

73

REMELLI
Via A. Sala 24
37067 Valeggio sul Mincio (VR)
+39 045 795 16 30
www.pastificioremelli.it

Valeggio sul Mincio ist und bleibt weltberühmt wegen seiner Tortellini. Auch Guido und Luciana Remelli widmen sich seit über 30 Jahren der Herstellung der „Liebesknoten". In ihrem Laden werden sie natürlich in der klassischen Form angeboten, aber auch gefüllt mit Entenbraten und Apfel, Radicchio, Hase, Käse vom Monte Baldo oder Leber. Das Geschäft ist zudem auch optisch einen Besuch wert, da es in einem schön restaurierten Gebäude liegt. Neben frischer Pasta werden zudem andere Slow-Food-Produkte angeboten. Zusätzlich gibt es von Dienstag bis Sonntag in dem kleinen zugehörigen Restaurant mittags leckere Gerichte.

74

GORGO
Loc. Gorgo
37060 Custoza (VR)
+39 045 51 60 63
www.cantinagorgo.com

50 ha Land zwischen dem Weißweingebiet des Custoza und dem roten Bardolino DOC sind das Kapital dieses fast komplett auf Bioanbau spezialisierten Weinguts mit Sitz direkt unterhalb des Örtchens Custoza. Das historische Weingut mit architekturpreisgekröntem Anbau ist einen Besuch wert, die Weine sind es ebenso und an Auszeichnungen mangelt es diesen auch nicht. Neben den Klassikern aus Custoza, Bardolino und Chiaretto hat sich auch ein exzellenter Valpolicella Ripasso in das Angebot eingeschlichen. Custoza und Chiaretto sind außerdem als Spumante zu haben.

75

ALBINO PIONA

Loc. Casa Palazzina di Prabiano 2
37069 Villafranca di Verona (VR)
+39 045 51 60 55
www.albinopiona.it

Das über 100 Jahre alte Weingut aus Custoza ist einer der wichtigsten Produzenten des DOC-Weißweins Custoza. Die Nähe zum Anbaugebiet des Bardolino DOC legte es allerdings für das Familienunternehmen schon früh nahe, den bekannten Weißen um den nicht weniger bekannten leichten Roten vom Gardasee und seine Rosévariante Chiaretto zu ergänzen - und das mit Erfolg. Das Weingut ist 2019 von „Slow Wine" für sein gutes Preis-Leistungs-Verhältnis aller zur Degustation vorgestellten Weine ausgezeichnet worden.

76

CORTE VITTORIA

Via Valle Molini 20
37066 Custoza (VR)
+39 045 51 61 04
www.cortevittoria.it

Wie wäre es mit einem Picknick auf dem Bauernhof? Zwischen Weinbergen, Feldern und kleinen Wäldchen fließt der Bach Tione. Auf dem Hof Corte Vittoria der Familie Tabarini besteht die Möglichkeit, in dieser schönen Landschaft einmal Pause zu machen und die Hofprodukte an rustikalen Holztischen neben einem kleinen Spielplatz zu genießen. Aus der eigenen Milch- bzw. Viehwirtschaft stammen Käse, Milch und Eiscreme, Joghurt und auch Aufschnitt. Von den Obstwiesen stammen je nach Saison köstliche Früchte, die auch als Konfitüren erhältlich sind, sowie Honig.

77

MONTE DEL FRÀ

Strada Custoza 35
37066 Sommacampagna (VR)
+39 045 51 04 90
www.montedelfra.it

Im Herzen des Custoza-Gebiets liegt, eingebettet in die Colline Moreniche des Gardasees, das Weingut Monte del Frà. Über die Jahrzehnte hat es bis heute eine stattliche Größe erreicht: 140 ha Weinberge erstrecken sich von Custoza, über das Lugana-Gebiet, über Bardolino bis ins Valpolicella. Dementsprechend gibt es eine große Anzahl an Weinen: Valpolicella Classico, Amarone, Lugana, Soave. Aber auch Recioto, Grappa und Olivenöl. Die Weine der Cantina erhielten zahlreiche renommierte Auszeichnung in der Fachwelt (Gambero Rosso, Wine Spectator, Robert Parker etc.).

78

MARCATI

Via Molina 25
37060 Sona (VR)
+39 045 51 51 55
www.gaglianomarcati.it

Wer Grappa und Liköre mag, wird Marcati lieben. Der Familienbetrieb existiert bereits seit 1919 und feiert damit gerade sein 100-jähriges Bestehen. Hier werden unterschiedlichste Grappe und Liköre hergestellt. Zur Spezialität des Hauses gehört der bekannte Grappa „Il Bacio delle Muse" (Der Kuss der Muse) oder auch z. B. der Limoncello, hergestellt aus den Zitronen der Limonaia in Torri. Auch Wein erhält man hier. Der Betrieb besitzt Weinberge im Valpolicella und produziert einen leckeren Amarone. Im hauseigenen Laden kann man alle Produkte verkosten und kaufen.

79

VILLA MERIGHI

Via Gaburri 58
37060 San Giorgio in Salici (VR)
+39 045 719 00 39
www.villamerighi.it

Die Villa Merighi gehörte einst den Grafen Merighi und wird heute von den Familien Fugatti und Gallo geleitet. Die gesamte Produktion stammt seit 1996 ausschließlich aus kontrolliert biologischem Anbau - die Villa Merighi war damit das erste Bioweingut am Gardasee. Es gibt Weißweine wie Custoza und Pinot Grigio, Bardolino-Weine und den „Fiore Rosso" (aus den Trauben Cabernet, Merlot, Corvina und Marzemino) sowie einen sehr guten Spumante Metodo Classico (Flaschengärung). Nach vorheriger Reservierung kann man Verkostungen und Führungen buchen.

80

DAMINI E AFFINI

Via Generale Cadorna 31
36071 Arzignano (VI)
+39 0444 45 29 14
www.daminieaffini.com

Damini e Affini einfach nur eine Metzgerei zu nennen wäre wirklich zu wenig. Es handelt sich hier erstens um einen der besten Fleischer Italiens, sodann um einen Feinkostladen der Sonderklasse und schließlich kann man dort ausgezeichnet speisen. Letzteres kann man hier so gut, dass der „Guide Michelin" einen Stern verliehen hat, was für eine „Metzgerei" wirklich selten ist. In diesem Fall lohnt sich auch die etwas weitere Anreise.

LOMBARDIA

Von der Hochebene Tremosines bis zu den Hügeln im Süden – mediterranes Feeling pur.

VON SIRMIONE BIS LIMONE – VIELFALT IM SÜDEN UND WESTEN

Von Sirmione bis Limone erstreckt sich das Brescianer Ufer des Gardasees, mit der größten Stadt am See, Desenzano, dem schönen Salò und der herrlichen Riviera dei Limoni.

Doch was wäre die Küche am See ohne Torta sbrisolona, dem mürben Mandelkuchen, ohne Salame mantovano, Grana oder Mostarda. All diese Spezialitäten oder ihre Zutaten stammen aus der lombardischen Provinz Mantova, die es um etwa drei Kilometer Luftlinie nicht ganz bis an den Gardasee geschafft hat. Der Mincio fließt, sobald er den Gardasee und Peschiera verlassen hat, als „Grenzfluss" zwischen den Regionen Veneto und Lombardia und zwischen den Provinzen Verona und Mantova. Mag also die Entfernung vom See dem Bekanntheitsgrad der Colli Morenici Mantovani, wie die Moränenhügel heißen, abträglich sein, für Genussreisende ist das ein Vorteil: Dort ist es nicht überlaufen und die Preise so manchen edlen Weins sind erfreulich niedrig.

Der klassische Antipastiteller in dieser Region besteht aus oft hausgemachten Salamisorten, dazu eingelegtes Gemüse. Als Primo kommen Bigoli all'anatra, die typischen dicken Eierspaghetti mit Entensugo, auf die Karte. Auch bei den Secondi dominieren häufig Fleischgerichte, wie der mit verschiedenen Fleischsorten bestückte Grillspieß Spiedo bresciano oder Manzo all'olio, Rinderbraten, im heimischen Olivenöl der Hügel des Valtènesi geschmort. Fisch aus dem Gardasee wird in Ufernähe selbstverständlich häufig angeboten. In den vielen Bewässerungsgräben Richtung Mantova tummeln sich Süßwassergarnelen, Saltarei genannt, die knusprig frittiert werden.

In den Bergen und in der Ebene ist auch die Milchwirtschaft sehr ausgeprägt. Die Milch der Kühe um den kleinen Ort Bagolino in den Brescianer Alpen wird zum seltenen Rohmilchkäse Bagoss verarbeitet, hoch über dem Gardasee entsteht die feine Formagella di Tremosine, ausschließlich aus Weidemilch hergestellt. Die Ebene ist Heimat des Grana Padano, der meist in großen Genossenschaftskäsereien produziert wird.

Auf den Spuren des Weins kommen wir in das Produktionsgebiet eines regelrechten Modeweins, des Lugana aus der gleichnamigen Region, die sich von Peschiera über das Hinterland von Sirmione bis zum südwestlichen Ende des Gardasees erstreckt. Ein zartfruchtiger Weißwein, vornehmlich aus Trebbiano di Lugana, der vorzüglich zur Gardaseeküche passt. An das Lugana-Gebiet schließt sich das Valtènesi an, ein entdeckenswertes Hügelgebiet, das die Heimat der Rebsorte Groppello ist. Aus ihr entstehen dichte, charaktervolle tiefrote Weine oder der Chiaretto, der Roséwein, der hier, so sagt man, „erfunden" wurde. Wie am Monte Baldo finden sich im Valtènesi auch Trüffel, die man mit etwas Glück sogar auf einem der Bauernmärkte erstehen kann.

DIE RESTAURANTS

ENOTECA GONZAGA

Herrschaftliches Ambiente zur Weinverkostung mit Regionalküche

Adresse: Via Beata Paola Montaldi 15/A, 46049 Volta Mantovana (MN)
Direkt im Palazzo Gonzaga, im Ortszentrum

+39 0376 80 11 10
www.enotecagonzaga.com

Ruhetag: Montag
Preise: €€

Eine „enoteca" ist ein Weinlokal, in dem man in diesem Fall auch vorzüglich speisen kann. Einzigartig das Ambiente, denn die Enoteca Gonzaga befindet sich direkt in dem im 16. Jahrhundert errichteten herrschaftlichen Palazzo Gonzaga, der samt seiner Gartenanlagen das Herz des kleinen romantischen Städtchens südlich von Peschiera del Garda ausmacht. Kein Wunder, dass die Lokalität sehr gern für Hochzeiten und größere Events angemietet wird, die sowohl in den äußerst stilvollen Gewölbesälen als auch auf der Gartenterrasse Platz finden. Die im klassisch italienischen Stil angelegte Gartenanlage steht den Gästen für Spaziergänge zur Verfügung.

An der Küche sind auf jeden Fall schon die Öffnungszeiten bemerkenswert. Bereits zum Frühstück kann man sich auf duftende Croissants, hausgebackene Kuchen und frisches Obst zum vorzüglichen Cappuccino freuen. Bis auf den Montag ist auch zur Mittagszeit täglich geöffnet und - wie könnte es anders sein - die Speisekarte konzentriert sich voll und ganz auf regionale Spezialitäten aus Volta und Mantova. Die frischen Zutaten stammen, wo immer möglich, von kleinen Erzeugern aus dem Umland. Vor dem Abendessen kommt man in die Enoteca zum Aperitivo. Eine ideale Gelegenheit, die lokalen Weine mit Salami, Käse, Brot, Mostarda und Konfitüren zu verkosten.

Auf der Weinkarte finden sich über 90 Weine, exklusiv vom südlichen Gardasee und der Provinz Mantova. Die Enoteca Gonzaga versteht sich als „Vitrine" der lokalen Winzer und nirgendwo sonst hat man wohl Gelegenheit, aus einer so reichen Auswahl an Weinen der Region zu schöpfen. Außer Wein bietet das Haus auch das in den letzten Jahren immer beliebter gewordene Birra artigianale, das von kleinen lokalen Brauereien gefertigte Bier in unterschiedlichsten Variationen. Besonders beliebt ist z. B. das spritzig-herbe IPA.

CORTE CIVA

Ein Stück Südtirol in den Colli Morenici

Adresse: Via Bezzetti 9, 46049 Volta Mantovana (MN)
Von Norden kommend vor Volta am großen Kreisverkehr rechts, dann beschildert

+39 0376 83 87 17
www.corteciva.it

Ruhetage: Montag und Dienstag
Preise: €–€€

Stephan und Eva Masoner hat es vor zehn Jahren aus Südtirol an den Gardasee verschlagen, wo sie in den sanften Hügeln der Colli Morenici erstklassig zubereitete Spezialitäten aus ihrer Heimat anbieten. Das Restaurant ist Herzstück ihres Agriturismo Corte Civa, eines sorgsam renovierten Landguts mit großen Fenstern, die viel Licht in die Backsteinmauern hereinlassen. Im Sommer isst man auch gern auf der großen, überdachten Terrasse.

Die Südtiroler Küche beginnt, wie man es aus den Bergen kennt, mit einem rustikalen Brett Käse oder Aufschnitt: Südtiroler Speck, Kaminwurzen und Kren, wie der Meerrettich dort bezeichnet wird. Die Primi bescheren eine Auswahl unterschiedlichster hausgemachter Knödelspezialitäten, in Brühe oder mit heißer Butter, außerdem köstliche Schlutzkrapfen mit Parmesan und Schnittlauch, Spinatspätzle in Schinkenrahmsoße und exzellente, mit Hirschragout gefüllte Nudeltaschen.

Bei den Secondi dominieren Fleischgerichte, wie z. B. das Schweinefilet mit Röstkartoffeln oder der üppig portionierte Grillteller mit Spareribs, der Wurstspezialität Luganega und Filetstücken. Als Käse vom Grill werden Tomino oder Scamorza serviert. Auch ein gutes Gulasch mit Polenta steht zur Wahl.

Zum süßen Finale gibt es von Eva hausgebackene Torten, wie typische Südtiroler „Apfelkiachln", Apfelstrudel, oder Strudel im Glas mit Vanilleschaum und Blätterteig – sozusagen nur die Füllung des Strudels mit Vanilleschaum. Wer die heimischen Kuchenspezialitäten vermisst, der darf sich hier auch auf ein Stück Schwarzwälder Kirsch- oder Sachertorte freuen.

HOSTARIA VIOLA

Gut gemachte Regionalküche in Mantovaner Tradition

Adresse: Loc. Fontane, Via Verdi 32, 46043 Castiglione delle Stiviere (MN)
Das Lokal befindet sich im Ortsteil Fontane des Städtchens Castiglione, gut ausgeschildert

+39 0376 67 00 00
www.hostariaviola.com

Ruhetage: Sonntagabend und Montag
Preise: €€–€€€

Die Hostaria Viola bietet das, was man eine gute und ehrliche Regionalküche nennen kann. Das Lokal in einer kleinen Straße mitten im Wohnviertel Fontane wird mittlerweile in vierter Generation der Familie Viola von Alessandra und Enrica geführt, die ihr Handwerk verstehen und der regionalen Tradition eng verbunden bleiben. Ein Menü in der Hostaria Viola beginnt in der Regel mit einem Teller köstlichen Aufschnitts vom luftgetrockneten Rohschinken bis zum exklusiven Culatello aus Zibello, oder als Alternative mit einem Teller fleischgefüllter Agnoli in Brühe. Der für die Mantovaner Küche typische erste Gang besteht aus Kürbistortelli in geschmolzener Butter. Einzigartig gut. Ravioli gibt es natürlich auch mit anderen köstlichen Füllungen, wie Fleisch oder im Viola mit Wildkräutern. Außergewöhnlich ist der Riso alla pilota, der, mit kräftigem Schweinehack und einer Prise Zimt gewürzt, wirklich ein außergewöhnliches Risotto darstellt. Der zweite Gang führt uns zu köstlich zubereiteten Fleischgerichten wie Perlhuhn „süßsauer" mit Trauben und Pinienkernen in Marsala oder zartem Piemonteser Rind mit Ofenkartoffeln an Rosmarin. Gemüse wird in Italien immer als Beilage zum Secondo hinzubestellt. Eine Bauern- und Bergkäseplatte rundet das Menü ab. Die der Tradition treue Küche legt besonderen Wert auf die Qualität der Zutaten, ganz im Sinne der Slow-Food-Philosophie. Zum Nachtisch empfehlen wir den warmen gefüllten Schokoladenkuchen, auch wenn die Zubereitung ein paar Minuten in Anspruch nimmt. Ein besonders netter, weil keinesfalls üblicher Service der Hostaria besteht darin, dass alle Flaschen der durchaus umfangreichen Weinkarte auch zur Degustation als Einzelglas oder als Halb- bzw. Viertelliter bestellt werden können.

HOSTARIA DEL TEATRO

Raffiniert zubereitete Mantovaner Küche, ein Genuss für alle Sinne

Adresse: Via Ordanino 5b, 46043 Castiglione delle Stiviere (MN)
Das Lokal befindet sich im Zentrum von Castiglione, vom Dom aus leicht zu finden

+39 0376 67 08 13
www.hostariadelteatro.it

Ruhetag: Donnerstag
Preise: €€€€

Chefkoch Claudio Truzzi hat in einigen der besten und renommiertesten Restaurants in Italien und Frankreich gearbeitet, bevor er mit seiner Frau Elena 2006 sein eigenes Restaurant am südlichen Gardasee eröffnete. Mit diesem steht er mittlerweile selbst in den großen Restaurantführern, sodass sich die Hostaria del Teatro von einem Geheimtipp zu einer handfesten Adresse für Genießer entwickelt hat. Das Ambiente des Ristorante in der Altstadt von Castiglione delle Stiviere besticht durch schlichte Eleganz in einem perfekt renovierten ehemaligen Lagerhaus aus dem späten 18. Jahrhundert. Vom lichtdurchfluteten Speiseraum kann man dem Chef durch eine Glasscheibe direkt bei seiner Kunst zuschauen und im Sommer wird auch auf der Terrasse im Innenhof aufgedeckt.

Auch wenn man es den traumhaften Kreationen aus Farbe und Form kaum noch ansieht, basiert die Küche von Claudio Truzzi auf den bodenständigen kulinarischen Traditionen der Region Mantova. So etwa der Vorspeisenteller aus 30 Monate gereiftem Culatello-Schinken mit süßsauren roten Zwiebeln oder die Tatars aus in dieser Region durchaus üblichem Eselsfleisch mit Foie gras, Mandeln und Speck aus dem ebenfalls sehr beliebten Pferdefleisch. Das sich in steter Bewegung befindliche Menü bietet natürlich auch Meeresfischspezialitäten oder Hecht aus dem See mit Salsa verde und Kürbiskernen. Unter den Primi finden wir Kürbistortelli genauso wie ein exotisches Risotto mit Grana Padano, Zitrone und Algen. Die Secondi bieten u. a. als Tribut an das Mittelmeer den erlesenen Fisch Ombrina mit Kichererbsen, roten Krabben und frittierten Kapern neben einer Kaninchenrolle mit Pflaumen an schwarzem Trüffel. Das Wechselspiel aus Tradition und exklusiver Kreativität setzt sich auch bei den Dolci fort. Die Weinkarte beschränkt sich dagegen nicht ausschließlich auf Regionales. Bei der Auswahl aus dem internationalen Angebot lohnt es, sich auf den Rat des Hauses einzulassen.

SOLIMAGO

Italienisch, vegan und vegetarisch aus eigenem Anbau

Adresse: Via Napoleone III 37, 46040 Solferino (MN)
Am Rande des Ortskerns von Solferino

+39 0376 85 51 09
www.solimago.it

Ruhetage: Montag bis Mittwoch
Preise: €€

Ein Hof aus dem 18. Jahrhundert, ein wunderschöner Garten und das Ganze gekonnt und mit viel Geschmack von Architektenhand renoviert. Der Agritursimo Solimago ist Restaurant, Weinkeller und Urlaubsdomizil zugleich. Die vier Weine des Hauses sind ebenso konsequent biologisch angebaut wie viele der Zutaten, die auf dem Anwesen auf den Tisch kommen. Was nicht selbst angebaut wurde, stammt in der Regel von befreundeten Betrieben aus der Nachbarschaft. Simonetta und ihr Mann haben von Beginn an die Philosophie verfolgt, die kulinarische Tradition des südlichen Gardasees mit einem sehr hohen ethischen Anspruch umzusetzen. Alle Gerichte sind vegan oder vegetarisch, aber die Kunst der Köchin lässt auch skeptische Geister vergessen, dass hier kein Fleisch auf den Tisch kommt. So etwa mit einer würzig-duftenden Lasagne oder einem Polentataler mit Steinpilzen und Ziegenkäse. Die Küche des Agriturismo ist eine spannende Erfahrung, was den Einsatz von Rohkost, Wildkräutern und auch Superfood - also besonders nährstoffreichen Lebensmitteln - betrifft. Neben hauseigenem Wein gibt es auch selbst erzeugte Aufstriche und Konfitüren sowie köstliches Bioolivenöl, von dem man sich gern auch die eine oder andere Flasche nach Hause mitnehmen kann.

TIPP

Die Hügel rund um Solferino und San Martino della Battaglia waren im Jahre 1859 Schauplatz eines der größten Gefechte um die italienische Unabhängigkeit. Nachdem die Österreicher vom piemontesischen Heer mithilfe Napoleons geschlagen wurden, blieben so viele Verwundete auf dem Feld zurück, dass der in Solferino zu Geschäften angereiste Schweizer Kaufmann Henry Dunant zur Gründung des Internationalen Roten Kreuzes inspiriert wurde.

AVANGUARDIA

Frisch, fröhlich, jung und einfach gut

Adresse: Piazza G. Marconi 17, 46040 Solferino (MN)
Im Zentrum von Solferino unterhalb des Burgbergs

+39 0376 85 50 28
www.avanguardia-solferino.it

Ruhetage: Dienstag und Sonntagabend
Preise: €

Wohl denen, die in Solferino oder in der Nähe des hübschen, lebendigen und dabei völlig untouristischen Örtchens wohnen. Denn sie können die quirlige, lebendige und dabei so gute Trattoria Avanguardia öfter aufsuchen. Und das tun viele. Den Grund dafür findet man schnell heraus, geht man einmal selbst dorthin. Nicht nur, dass die Freundlichkeit und Fröhlichkeit des Teams dort sofort anstecken und die hellen Gasträume einladen, sondern natürlich wegen der wunderbaren Küche. Tradition, sagt man, sei nicht die Konservierung der Asche, sondern die Weitergabe des Feuers. Und genau das findet hier statt. Denn traditionelle Rezepte sieht man als Basis und Inspiration, dann wird manchen die Deftigkeit genommen, Soßen verfeinert oder Neues hinzugefügt. Ein schönes Beispiel ist der traditionelle Carrello, der mit Fleisch bestückte Servierwagen. Es gibt zarteste Braten vom Kalb, Schwein oder Rind, sodann klassisches Siedefleisch wie Rinderschulter oder Zunge. Ausgezeichnet ist der Kalbskopf und würzig der Cotechino, die deftige Rohwurst, dazu viel Gemüse, aber nicht im Sud mitgesotten, sondern sommerlich leichte Peperonata oder Balsamico-Zwiebelchen. Die klassische Soße Pearà (aus Brühe, Semmelbröseln und Knochenmark) ist gut abgeschmeckt und beinahe leicht, dazu kommen aber noch mehrere andere, wie eine dezent scharfe mit Peperoni, eine mit Oliven oder eine mit Kräutern. Doch die köstlichen Primi nicht zu vergessen: eine Gemüsesuppe in zartem Grün, hausgemachte Pasta wie Bigoli (mit einem „verschlankten" Sardinensugo) oder frischen Gartentomaten, Agnoli mit zarter Fleischfüllung. Es gibt Gartensalate sowie vegetarische und sogar vegane Speisen.

Wer dann meint, den Dolci widerstehen zu können, der gibt dieses Vorhaben auf, sobald der ebenfalls reich bestückte Servierwagen vorgefahren wird: Tiramisu und Pannacotta, Käsekuchen mit Birnen, Apfeltorte mit Nüssen und Schokolade, Obstsalat ...

Der Hauswein ist ohne Tadel, aber es gibt auch Flaschen bester Weingüter der Gegend, dann das köstliche Bier von Luppolajo und Biokaffee.

Mittags werden günstige Menüs angeboten und hier, wie auch auf der Karte, findet man genug Gründe, das fröhliche Lokal wieder aufzusuchen.

LA DISPENSA RISTORANTE

Mehr als eine Vorratskammer

Adresse: Via Castello 15, Loc. Castellaro Lagusello, 46040 Monzambano (MN)
Am Ortseingang des mittelalterlichen Borgo Castellaro Lagusello

+39 037 68 88 50
www.ristoranteladispensa.com

Ruhetag: Montag
Preise: €€–€€€

Wenn man fragt, wo man in der Gegend wirklich gut essen kann, fällt oft der Name „Dispensa". Simone Zarattini hat aus der Osteria ein schönes Restaurant mit einer etwas gehobenen Küche gemacht. Man sitzt im Sommer im malerischen Garten, in der kühlen Jahreszeit speist man in einem schönen, schlichten Gastraum im ersten Stock.

Zarattini interpretiert traditionelle Gerichte auf seine Weise, so bekommt man als Antipasto Luccio in salsa, den traditionellen marinierten Hecht, mit Mimosa-Eiern serviert. Die Kürbissuppe wird mit gerösteten Haselnusskernen zu einem Geschmackserlebnis. Oder man bekommt – wie schon früher bei Zarattinis Mutter – exquisite Sardinen, serviert in der Dose, aus der sie stammen. Dabei lernt man, dass Sardinen, werden sie sorgsam und in gutes Öl eingelegt, in der Dose reifen und immer besser werden, je länger man sie lagert. Beim Entensugo zu den hausgemachten Tagliatelle merkt man, dass Zarattini gern mit Aromen experimentiert. Fein und klassisch auch die Tortelli mit Kürbis und Mostarda. Als Hauptspeise sticht die zart und knusprig gebratene Taube hervor, serviert mit in Wein gedünstetem Rotkraut. Die Dolci fanden wir gut, aber im Vergleich zum Preis etwas sparsam: Das Becherchen mit Früchten und Creme hätte man auch etwas liebevoller anrichten können. Erwähnenswert allerdings ist die ausgezeichnete Käseauswahl, die sich Liebhaber von gereiftem Käse keineswegs entgehen lassen sollten.

Die Weinkarte ist ausgesprochen gut bestückt – Weine der Gardaseeregion, aber auch von woandersher. Fragen Sie Simone auch nach Tropfen weniger bekannter Winzer, er kennt sich bestens aus.

TRATTORIA DEI COLLI

Einfach ein gutes Landgasthaus

Adresse: Via Ortaglia 1, Loc. Olfino, 46040 Monzambano (MN)
Direkt am Ortseingang von Olfino, knapp 3 km südlich von Monzambano

+39 0376 80 01 00

Ruhetage: Montag und Donnerstag
Preise: €

Die Trattoria dei Colli ist ein typisches Landgasthaus in Mantovaner Tradition. Gleich am Ortseingang des Dörfchens Olfino sitzt man gemütlich auf der verglasten Veranda oder im Sommer auch im Garten. Das Menü ist vielfältig mit typisch Mantovaner Kürbistortelli, vorzüglichen Capunsei, einer weiteren Pastaspezialität aus Mantova, und der in dieser Region so verbreiteten Tagliata vom Pferd. Mantova ist auch für seine eingelegte Frucht-Mostarda berühmt, die hier klassischerweise mit einer guten Käseauswahl serviert wird. Aber auch Gardasee-Fischgerichte und Meeresspezialitäten sind in der Trattoria köstlich. Typisch für italienische Landgasthöfe, bietet die Trattoria dei Colli mittags einen „pranzo di lavoro", also ein Mittagsmenü, das v. a. für Handwerker und die arbeitende Bevölkerung gedacht ist, bei dem man vom Primo bis zum Dolce zu einem besonders günstigen Preis sehr gute Hausmannskost geboten bekommt.

Das Niveau guter Hausmannskost ist in italienischen Familienbetrieben bekanntermaßen hoch, v. a. wenn das Lokal, wie hier, seit vielen Generationen von derselben Familie betrieben wird. Zum Nachtisch sollte man sich das Tiramisu scomposto, im stilvollen Einweckglas serviert, nicht entgehen lassen!

TIPP

Tortelli di zucca sind eines der typischsten Gerichte für die Poebene von Mantova. Der süße Kürbis hat zu Zeiten des Adelsgeschlechts der Gonzaga den Weg nach Mantova gefunden. Das in der Renaissance äußerst aufgeschlossene Städtchen hat das aus Amerika stammende Gemüse schnell adoptiert und als Füllung in frisch zubereiteten Teigtaschen zum Klassiker für Heiligabend werden lassen. Mit Butter angemachte Kürbistortelli gibt es heute das ganze Jahr über.

LE SPIGHE

Traditionelle Bauernküche im Mincio-Tal

Adresse: Strada Tononi 55, 46040 Monzambano (MN)
Im Süden von Monzambano führt die Strada Tononi direkt zum Agriturismo

+39 0376 80 94 01
www.lespigheagriturismo.it

Ruhetage: Montag bis Mittwoch; sonntags auch mittags geöffnet; unbedingt reservieren!
Preise: €

Nur 500 m vom Mincio-Radweg entfernt und nur 3 km bis nach Borghetto. Das von einem herrlichen Garten umgebene Bauernhaus aus Naturstein ist ein tolles Ausflugslokal für alle, die von Peschiera aus das Flusstal in Richtung Süden erkunden. Le Spighe bietet herzhafte Gerichte, von denen man auch satt wird. Zum Einstieg macht man mit einem gemischten Teller hausgemachten Aufschnitts sicher nichts verkehrt. Neben Coppa, Salami und Speck werden Crostini mit köstlichem Pesto di lardo und unterschiedlichsten Salse angeboten. Zum ersten Gang gibt es neben typisch Mantovaner Capunsei in Butter oder Bigoli, wahlweise mit Kaninchenragout oder Gardaseesardinen, auch Tagliolini mit frischem Gartengemüse. Zusätzlich oder alternativ gibt es als Secondo Fleisch- und Pilzgerichte mit Polenta sowie eine vorzügliche gemischte Grillplatte.

Zum Nachtisch empfehlen wir eine Torta mit Birnen und Schokolade oder den Regionalklassiker Sbrisolona, eine knusprige Variante eines Mandelstreuselkuchens. Drinnen wie draußen sitzt man im Le Spighe wunderschön. An besonders warmen Tagen kann man sich über die Schatten spendende Vegetation im Garten freuen. Familien mit Kindern, die nicht gern lange am Tisch sitzen, können sich darüber freuen, dass der Garten reichlich sicheres Gelände bietet. Eine Tischreservierung ist in jedem Fall zu empfehlen.

TIPP

Antipasto, Primo, Secondo, Dolce e Caffè – „Ammazza-caffè" (Grappa o. Ä.). Die italienische Speisenfolge ist streng festgelegt, was und wie viel man essen möchte, ist aber komplett dem Gast überlassen. Es ist durchaus üblich, den einen oder anderen Gang auszulassen oder sich auf einen einzigen Gang zu beschränken, ohne dafür als Knauser angesehen zu werden. Die Antipasti helfen oft dabei, das Warten auf das Hauptgericht zu verkürzen, und bieten eine tolle Gelegenheit, viele kleine Leckereien zu probieren. Nur keine Hemmungen!

IL FILOS

Bilderbuch-Agriturismo

Adresse: Loc. Perini, 46040 Monzambano (MN)

+39 0376 80 01 97
www.ilfilos.it

Ruhetage: Donnerstag bis Sonntag abends geöffnet, Sonntag auch mittags; Juli und August auch Montag- und Dienstagabend geöffnet

Preise: €

Vor 20 Jahren eröffnete die Familie Zenegaglia einen der allerersten Agriturismi der Gegend. Ein Agriturismo ist ein Bauernhof, der Übernachtungsmöglichkeit oder/und Essen anbietet, wobei ein Teil des Angebots vom Bauernhof stammen muss. Auf dem Il Filòs befinden wir uns auf einem Bilderbuch-Agriturismo. Das merkt man schon bei der von Zypressen und Rosen umsäumten Zufahrt, wo entlang des Weges Ponys weiden und in einem großen Gehege mit viel Platz, einem Teich und einer Brücke allerlei Geflügel flattert: Perlhühner, Puten, Enten, Gänse und viele verschiedene Hühnerrassen - nicht nur für Kinder nett anzusehen.

Die Küche ist auf eine sehr persönliche Art bodenständig. Die gemischten Antipasti sollte man keinesfalls auslassen: Auf knusprigen Polentastückchen oder Crostini findet man Aufstriche mit Kräutern, es gibt eine mehr als lobenswerte hausgemachte Salami und mariniertes Gemüse aus dem Garten. Bei den Primi, die alle gut sind, kann man die köstlichen Brot-Kräuter-Nocken Capunsei wählen, zarte Kürbisgnocchi oder Tagliatelle mit Entenragout. Bei den Fleischgerichten ist jeweils erwähnt, ob die Tiere vom eigenen Hof stammen - wir genossen ein würzig-saftiges Perlhuhn und einen mit vielen Kräutern gefüllten Kalbsrollbraten. Dazu serviert man knusprige Ofenkartoffeln, Gemüse oder Salat. Alles frisch und von bester Qualität. Wer jetzt bei den Dolci kneifen wollte, sollte die Diät verschieben: Es gibt erstklassige Semifreddi, mit Amaretti oder - ausgezeichnet - mit Minze, außerdem Kuchen und Tiramisu - alles hausgemacht, Fertigprodukte kommen nicht vor. Zwar wird in der Regel nur der Hauswein ausgeschenkt, aber der stammt vom benachbarten, mehrfach ausgezeichneten Weingut Ricchi und ist ohne jeden Tadel.

Man sollte noch erwähnen, dass man im Sommer in einem malerischen, blumengeschmückten Innenhof speisen kann und in der kühleren Jahreszeit in wirklich liebevoll dekorierten Innenräumen mit viel sonnigem Gelb.

TIPP

Drumherum gibt es Obstbäume, dessen Obst man frisch kaufen kann. Oder es wird zu Fruchtaufstrichen und Würzessigen verarbeitet. Außerdem lassen sich die Eier der frei laufenden Hühner und noch so manches andere jahreszeitliche Produkt erwerben.

AGRITURISMO 2 LAGHI

Neues Lokal der Betreiber der ehemaligen „Trattoria Luisa“ in Peschiera

Adresse: Corte Ca Nova, Strada Gabbione, 46040 Ponti sul Mincio (MN)
An der Landstraße von Peschiera del Garda Richtung Ponti sul Mincio

+39 045 75 50 760
www.agriturismo2laghi.it

Ruhetage: Montag bis Donnerstag
Preise: €€

Paolo und Nadia haben lange Jahre die „Trattoria Luisa“ von Nadias Mutter Luisa in Peschiera geführt und sind 2018 umgezogen in Paolos ehemaliges Elternhaus, an der Grenze zwischen Veneto und Lombardia gelegen, also gar nicht weit weg von der ehemaligen Trattoria. Das Konzept ist das Gleiche geblieben. Paolo ist der „Chef“, was in Italien wirklich Chefkoch bedeutet, Nadia kümmert sich um den Service.

Da der Agriturismo auf einer Anhöhe liegt, hat man von der Terrasse aus einen wunderbaren Blick über ein Tal hinweg auf den Gardasee – ein Ort, um die Seele baumeln zu lassen. Das ist den Besitzern auch wichtig. Ein Tisch zum Mittag- oder Abendessen wird nicht zweimal vergeben. Hier kann man runterkommen und die kulinarischen Genüsse in Ruhe genießen. Slow Food in Vollendung eben.

Die meisten Produkte und Zutaten werden selbst angebaut, abgesehen von Fleisch und Fisch, kommen 70 Prozent der verwendeten Produkte aus eigener Herstellung – auch der Wein. Paolo hat einen eigenen Brolo (Obstgarten) mit 4000 m^2 Fläche, der nach alter lombardischer Manier bewirtschaftet wird. Außerdem werden Kräuter und diverses Gemüse selbst angebaut. Ein besonderes Wildkraut aus eigenem Anbau nennt sich Raperonzoli. Man könnte es als eine Mischung aus Rucola und Feldsalat beschreiben. Es hat einen sehr nussigen Geschmack, einen guten Biss und wird von Paolo als Salatgericht mit gebratenen Speckwürfeln und „uovo sbriciolato“ (gekochtem, zerbröseltem Ei) sowie einem herrlichen Dressing serviert. Fisch- und Fleischgerichte werden mit saisonalen Beilagen serviert. Im Herbst besonders zu empfehlen: Gerichte mit „finferli“ (Pfifferlingen). Oder – auch sehr lecker – Gerichte mit dem Brescianer Käse Bagoss, einem Käse aus dem kleinen Bergdorf Bagolino, in der Nähe des Idrosees. Hier findet jeder etwas Passendes auf der Karte. Vier hübsch eingerichtete B-&-B-Zimmer stehen ebenfalls zur Verfügung.

TIPP

Viele der selbst hergestellten Produkte, wie Pasta aus eigenem Urweizen, Marmeladen und Wein, kann man kaufen. Es gibt auch Lavendelprodukte, z. B. als ätherisches Öl oder Lavendelsäckchen.

ANTICA LOCANDA DEL CONTRABBANDIERE

Erlesenes Slow Food modern interpretiert

Adresse: Loc. Martelosio di Sopra 1, 25010 Pozzolengo (BS)
Von Peschiera kommend vor Pozzolengo auf das Hinweisschild achten

+39 030 91 81 51
www.locandadelcontrabbandiere.com

Ruhetag: Montag, sonst abends geöffnet, Sonntag auch mittags geöffnet
Preise: €€–€€€

Dem romantischen Namen des Lokals nach handelt es sich bei der Antica Locanda del Contrabbandiere um eine Art Räuberhöhle, die im einstigen Grenzland am Gardasee Schmugglern Unterschlupf gewährt hat. Romantisch ist das Landhaus zwischen Peschiera und Pozzolengo durchaus. Nur handelt es sich um ein Lokal, in dem man in elegant-rustikalem Ambiente auf vorzügliche, modern interpretierte Regionalküche trifft. Herr des Hauses ist Imero Bonato, der gemeinsam mit seinem Sohn und Chefkoch Lorenzo in drei liebevoll restaurierten Speisesälen empfängt. Sobald es das Wetter erlaubt, eröffnet auch die mit alten Backsteinen gepflasterte Gartenterrasse. Das Menü des Hauses verbindet Traditionen des nahen Gardasees mit typischen Einflüssen aus Mantova. Die Eleganz der Präsentation lässt bereits erahnen, dass ein Kürbisflan mit Speck und Taleggio-Fondue mit Pfifferlingen nicht auf dem Stand der Hausmannskost stehen geblieben ist. Unter den ersten Gängen finden wir Erlesenes, wie z. B. ein Risotto mit Melone und dem edlen Gardaseefisch Lavaret, oder Lavarello, wie er hier heißt. Kalbsbäckchen in Amarone oder Rinderfilet mit Stracchino-Fondue und Mostarda, also in Senf eingelegte Früchte, verbinden ganz typische Zutaten der Region mit köstlicher Kreativität. Auch beim Nachtisch bleibt bei einem Parfait alla grappa mit karamellisierten Orangen oder einem Semifreddo mit in Rum marinierten Feigen Kreativität das Hauptattribut des Hauses. Für die erlesene Weinkarte mit Flaschen aus ganz Italien zeichnet Hausherr Imero Bonato persönlich verantwortlich.

AGRITURISMO MOSCATELLO

Michelin-Sterneküche, Kunst und die Ruhe der Colline Moreniche

Adresse: Moscatello di Sotto 3/5, 25010 Pozzolengo (BS)
Von Pozzolengo in Richtung Süden, kurz vor dem Dorf Moscatello

+39 030 91 8521
www.agriturismomoscatello.it

Ruhetage: im Winter Montag und Dienstag
Preise: €€–€€€

Das Restaurant Moscatello-Mulinër befindet sich wenige Kilometer südlich von Pozzolengo, in dem zu einer eleganten und edlen Urlaubsunterkunft restaurierten Agriturismo Moscatello. Der Speisesaal ist mit Glas, Metall und Holz luftig modern gestaltet, über riesige Panoramafenster genießt man beim Essen aus farbenfrohen Ledersesseln den Blick auf die umliegende Landschaft der Endmoränenhügel des südlichen Gardasees. Lorenzo Bernardini ist Chefkoch dieses Restaurants und gleichzeitig passionierter Maler. Man kann sich des Eindrucks nicht erwehren, beim Essen an einem Gesamtkunstwerk teilzuhaben.

Jeder Teller ist nicht nur geschmacklich, sondern auch farblich ein Erlebnis. Ein Ergebnis, das bereits mit dem ersten Michelin-Stern ausgezeichnet wurde. Die Zutaten seiner kulinarischen Kunstwerke entnimmt Lorenzo Bernardini der umliegenden Landschaft, die exzellente Zutaten in großer Vielfalt bietet. Selbstverständlich folgt das Menü in seiner Komposition den Jahreszeiten, bleibt den Traditionen der Region treu und interpretiert diese immer wieder neu. So z. B. mit einer Komposition aus Radicchio und roten Zwiebeln aus Moscatello, die mit Speck und feinem Schinken kombiniert werden, oder als Pastavariation Paccheri mit Enten-, Gänse- und Rindfleischragout mit Trüffel.

Auch die Weinkarte bietet immer wieder neue Entdeckungen, ohne eine solide Basis exzellenter Tropfen zu vernachlässigen, die beständige Qualität garantieren. Wenn man Glück hat, kann man an einem der Degustationsabende teilnehmen, die regelmäßig in Begleitung von Livemusik organisiert werden.

107

FELICIANA

Oase der Ruhe und des Genusses

Adresse: Loc. Feliciana, 25010 Pozzolengo (BS)
Etwa 1 km von Pozzolengo Richtung Desenzano, dann links; beschildert

+39 030 91 82 28
www.feliciana.it

Ruhetag: im Sommer kein Ruhetag
Preise: €€

Der Agriturismo Feliciana liegt in Pozzolengo, nur wenige Kilometer von Desenzano und Sirmione entfernt. Er ist eine wahre Oase inmitten der Natur. Rundherum Weinberge, Olivenbäume und herrliche Blumen. Die ideale Umgebung, um die gute regionale Küche zu genießen und sich ein Tröpfchen des hauseigenen Weines zu genehmigen. Im Sommer sitzt man auf der schönen überdachten Terrasse. Im Inneren des Agriturismo ist das Ambiente schlicht, aber geschmackvoll.

Gekocht wird hier mit regionalen Produkten von Betrieben, die handwerklich produzieren. Es gibt Salami vom Hirsch oder Schinken vom Reh als Vorspeise. Eines der Markenzeichen sind die eigentlich aus der Emilia Romagna stammenden Gnocchi fritti. Das sind frittierte Teigflecken, die mit Salami, Käse und eingelegtem Gemüse als Antipasti auf den Tisch kommen. Sehr gut, aber auch sehr üppig ... Lassen Sie also noch Platz, um auch die hausgemachten Primi und Secondi zu kosten. Hier gibt es verschieden Pastagerichte, Kaninchen oder Fisch aus dem Gardasee. Oft verwendet wird Safran aus Pozzolengo.

Alle eigens auf dem Hof hergestellten Spezialitäten werden zur Verkostung und zum Direktverkauf angeboten. Produziert werden zwölf verschiedene Weine, Olivenöl und Grappa.

Im Herbst und Winter ist der Agriturismo Feliciana meist von Montag bis Donnerstag geschlossen. Es empfiehlt sich daher eine kurze telefonische Reservierung oder Anfrage. Besonders schön sind auch die bestens ausgestatteten Zimmer und Suiten, in denen man einen herrlich entspannten Urlaub verbringen kann.

FENIL CONTER

Ein schönes Landrestaurant

Adresse: Loc. Fenil Conter 1, 25010 Pozzolengo (BS)
Von Pozzolengo Richtung San Martino

+39 030 991 60 52
www.fenilconter.it

Ruhetage: Sonntagabend und Montag; außer Sonntag nur abends geöffnet
Preise: €€–€€€

Fenil Conter könnte man als edlen Landgasthof betrachten. Dicke Steinmauern, schönes altes Mobiliar und edel gedeckte Tische begrüßen den Gast. Von der großen überdachten Terrasse blickt man in das Bauernland zwischen Pozzolengo und San Martino, das den Zusatz „della battaglia" trägt. Die Hügel südlich des Gardasees waren Schauplatz der italienischen Befreiungskämpfe um die Mitte des 19. Jahrhunderts. Heute ist hier alles friedlich, die Gäste des Agriturismo können sich von einer gehobenen Landküche verwöhnen lassen. Dass man hier von der Regionalküche ausgeht, sie aber verschlankt und verfeinert, merkt man beispielsweise an dem klassischen Wurstaufschnitt mit Salami aus Pozzolengo, Pancetta und Coppa. Hier serviert man überbackenes oder gefülltes Gemüse dazu. Federleicht und mit bestem hiesigem Öl verfeinert, kommen die Fischsalate daher, der traditionelle Hecht mit grüner Soße und Kapern, Forellensalat oder mal der eine oder andere Meeresfisch. Auch die gekonnt zubereitete Lachsforelle im Ganzen wird mit reichlich Gemüse serviert, das von Bauern aus der Gegend und aus dem eigenen Garten stammt. Klassische Dolci wie Schokoladentörtchen oder Pannacotta mit frischen Früchten. Weine aus der Nachbarschaft von Cascina Le Preseglie.

CASCINA CAPUZZA

Ein antiker Bauernhof von 1400 mit Traditionsküche

Adresse: Loc. Selva Cappuzza, 25010 San Martino della Battaglia (BS)
4 km vom See entfernt, zwischen Pozzolengo und San Martino della Battaglia

+39 030 991 02 79
www.selvacapuzza.it

Ruhetage: Montag bis Mittwoch
Preise: €€–€€€

In der Nähe von San Martino della Battaglia, mitten im Grünen, liegt die Selva Capuzza - ein sog. Podere (Landgut) und ein Familienbetrieb mit eigener Weinproduktion. Die Weine kann man im hauseigenen Restaurant Cascina Capuzza verkosten und zusammen mit der hervorragenden Traditionsküche genießen. Das ist auch die Philosophie der Brüder Luca und Fabio Formentini, die den Betrieb heute leiten. Sie sagen, dass hier nicht die Weine mit dem Essen, sondern das Essen mit den Weinen kombiniert wird.

Das Bauernhaus, in dem sich das Restaurant und die Cantina befinden, stammt aus dem Jahr 1400, wurde in den 1980er-Jahren liebevoll renoviert und war der erste Agriturismo in Lombardia. Es gibt Innensitzplätze, die dank des Gewölbes eine angenehme Atmosphäre haben, aber auch Tische im Freien im großzügigen Garten, in dem eigene Kräuter angebaut werden.

Es gibt saisonal wechselnde Menüs und die Brüder legen sehr viel Wert auf die Qualität der stets frischen Zutaten. Sehr zu empfehlen sind die gemischten Antipasti mit eigener Salami, Schinken und je nach Saison z. B. Polenta mit Taleggio-Käse, Fenchelsalat mit Gurke, Melone und Balsamico oder ein Kartoffeltörtchen mit Kräutern und Safrancreme. Apropos Safran: Das „Rote Gold" wird hier in der Gegend angebaut und somit wird dem Safran ein eigenes Menü gewidmet, das „Menù zafferano di Desenzano". Es gibt aber auch andere Themenmenüs, wie z. B. mit Trüffel aus der Region, mit Seefisch, aber auch Meeresfisch sowie wirklich tolle und kreative vegetarische Optionen. Sowohl die Themen- als auch die saisonalen Menüs sollten im Vorfeld reserviert werden. Die hausgemachten Nachspeisen sind ebenfalls sehr zu empfehlen. Die Weine kommen, wie gesagt, alle aus eigener Produktion. Ein Wein, den man unbedingt probieren sollte, ist der „Campo del Soglio" aus der Traube Tuchì - ein San Martino della Battaglia DOC, dessen Gebiet nur knapp 12 ha umfasst und damit eine der kleinsten Herkunftsbezeichnungen in Italien ist.

Im angeschlossenen Agriturismo Borgo San Donino kann man übernachten und sich wunderbar in unberührter Natur erholen.

IL FIORE

Professionell verfeinerte Hausfrauenküche mit Preis-Leistungs-Oscar

Adresse: Loc. Vaccarolo, 25015 Desenzano (BS)
Im Hinterland von Desenzano. Auf die gute Beschilderung achten!

+39 030 910 33 02
www.trattoriailfiore.it

Ruhetage: Montag und Dienstagabend
Preise: €–€€

Schon die Anfahrt zur Trattoria Il Fiore ist schön. Von Desenzano aus geht es durch die sanften Hügel des Hinterlands in den kleinen Ortsteil Vaccarolo. Und es muss ja nicht immer das Auto sein. Unser Tipp: Nehmen Sie doch einfach mal das Fahrrad und erkunden Sie die schöne Gegend, bevor Sie beim Il Fiore einen Einkehrschwung einlegen. Dort kann man sich mit leckeren Gerichten aus Paola Papas Küche stärken. Echte durchdachte Hausfrauenküche wird gekonnt verfeinert. Seit 50 Jahren legt Familie Papa großen Wert auf regionale und hausgemachte Kost. Die Pasta dreht die Küchenchefin selbst durch die Nudelmaschine, Fleisch kommt aus dem nahe gelegenen Centro Carni in Pozzolengo und Fisch landet natürlich frisch gefangen aus dem Gardasee auf dem Teller der Gäste.

Als Antipasti werden z. B. traditionelle Aufschnittteller gereicht, Polenta mit Pilzen oder geräucherte Gänsebrust mit Apfel-Senf-Soße. Als Primi folgen raffiniert verfeinerte Kürbistortelli, frische Tagliatelle oder Bigoli mit Entensugo. Besonders zu empfehlen auch die Fleischgerichte. Es gibt Esel, Pferd, Rind und Geflügel. Paola ist eine Meisterin des Verfeinerns. Mit verschiedenen Gewürzen, Kräutern und Safran zaubert sie den ganz besonderen Geschmack für ihre Gerichte. Meisterhaft auch die Desserts: Semifreddo oder ein zart schmelzendes Schokoladentörtchen rundet das Menü ab.

TIPP

Das absolute Highlight, das Sie sich auf gar keinen Fall entgehen lassen sollten, sind Paolas Capunsei, Nockern aus Semmelbröseln, serviert mit zerlassener Butter und Salbei. Diese Nocken sind typisch für die Küche des Hinterlands zwischen Gardasee und Mantova und zergehen wahrhaftig auf der Zunge. Also, unbedingt probieren!

TRATTORIA CLEMENTINA

Feine Lokalküche abseits vom Trubel

Adresse: Piazza Rovizzi 13, 25019 Rovizza di Sirmione (BS)
Mitten am zentralen Dorfplatz von Rovizza

+39 030 919 66 63

Ruhetag: Dienstag
Preise: €€

Das Dörfchen Rovizza liegt auf halber Strecke zwischen Sirmione und Desenzano, jedoch 1 km vom Ufer landeinwärts, weshalb man hier in ländlich ruhiger Atmosphäre auch zur Hauptsaison entspannt die Kulinarik genießen kann. In der kleinen, auf den ersten Blick freundlichen, aber unscheinbaren Trattoria mit Terrasse auf dem Dorfplatz kocht Francesco eine moderne Version dessen, was er bei seiner Großmutter Clementina gelernt hat.

Das beginnt mit Antipasti aus köstlichen Wurstwaren, Käse und Mostarda, fein gewürzten Capunsei oder einer Pasta mit Kürbis und Salsiccia. Sehr gut sind auch die Tagliatelle mit Fisch direkt aus dem nahen Gardasee. Die delikate Zubereitung von Gardaseefisch ist eine Spezialität des Hauses, wie z. B. ein Carpaccio aus marinierter Forelle. Dazu ein Fenchel-Orangen-Salat. Natürlich gibt es auch gute hausgemachte Fleischgerichte, wie Ente, Schweinefilet oder Tagliata vom Rind. Zum Nachtisch gibt es den in Rosettenform gebackenen Tortino di rose mit Eis und weitere „Dolci della nonna“ aus Großmutter Clementinas Rezeptbuch. Die Weinkarte ist von Francesco sorgsam und mit Kenntnis der lokalen Winzer zusammengestellt worden. Ein Lokal, in das auch Einheimische immer wieder zurückfinden. Je nach Jahreszeit ist eine Tischreservierung zu empfehlen.

TIPP

Südlich von Sirmione befinden wir uns im Anbaugebiet eines ausgezeichneten Weißweins – dem Lugana. Der aus 90 Prozent Trebbiano-Trauben bestehende strohgelbe bis fast grünliche Wein war einer der ersten Weißweine, die in Italien mit der Herkunftsgarantie DOC geschützt wurden. Wie alle Weißweine wird er am liebsten im Sommer oder zum Aperitivo getrunken. Lugana gibt es sowohl in der stillen Variante als auch als Schaumwein.

IL CICLONE

Biopizza und Kerzenschein am See

Adresse: Via Verona 29, 25019 Lugana di Sirmione (VR)
Von Peschiera kommend noch vor Sirmione auf der rechten Seite

+39 030 919 61 77
www.ristorantepizzeriaciclone.it

Ruhetage: Dienstag und Mittwoch
Preise: €€€

Weil das Restaurant direkt am See liegt, mit herrlichem Blick von der Terrasse oder durch die Panoramascheiben, und weil hier aufgrund des Angebots jeder glücklich werden sollte, ist es zu empfehlen, zu reservieren, v. a. abends.

Beginnen wir bei der Pizza. Der Teig wird aus hiesigem Biomehl hausgemacht und mit frischen Zutaten guter Qualität belegt. Teilweise findet man auf der Karte sogar den Erzeuger der Produkte, z. B. bei der Salami. Ein weiterer Grund zur Freude: Auch die anderen Gerichte auf der Karte entstehen mit großer Sorgfalt und Kreativität. Das beginnt bei den Antipasti - hier sind die Variationen vom Gardaseefisch empfehlenswert –, geht weiter zu den Primi mit hausgemachten Tagliolini „con le sarde di lago" für Pastafans oder auch einmal zu einer schönen Fischsuppe oder einem Risotto mit Kastanien, Rosmarin und in Rotwein mariniertem Fleisch. Unter den Secondi finden sich Köstlichkeiten wie Gardaseerenke mit Oliven und Rote-Bete-Püree oder Tempura von Meeresfischen. Fleischliebhaber finden eine perfekte Tagliata vom Piemonteser Rind, einer ausgezeichneten italienischen Rinderrasse, die bestes Fleisch hervorbringt, oder Filet im Schinkenmantel mit Feigencreme und Gemüsesticks. Empfehlenswert sind die Menüs mit Garadaseefischen, „Terra" mit Fleisch und Gemüse oder auch das vegetarische Menü, das sehr kreativ mit Saisongemüsesorten spielt. Auch die Dolci sind selbstredend hausgemacht, z. B. die dreierlei Fruchtsorbets.

Auf der opulenten Weinkarte dürfte jeder etwas finden, Tropfen aus der Lugana, anderen Anbaugebieten des Gardasees und darüber hinaus.

TANCREDI

Edles Meeresgetier in coolem Ambiente direkt am See

Adresse: Via XXV Aprile 75, 25019 Sirmione (BS)
An der Landzunge Richtung Burg

+39 030 990 43 91
www.tancredi-sirmione.com

Ruhetag: Montag
Preise: €€€–€€€€

Im Tancredi ist alles chic und angesagt - vom Jazz aus den Lautsprechern, der Architektur, dem Designergeschirr, bis zur Auswahl der Speisen und deren Präsentation. Man fühlt sich wie auf einer Schiffsbrücke, sitzt direkt am Wasser und hat einen herrlichen Blick über den See. Bei Regenwetter peitschen die Wellen beinahe an die Fensterscheiben; mal ein ganz anderes, umso angenehmeres, wenn auch nicht gerade preisgünstiges Schlechtwetterprogramm. Bei schönem Wetter unter Sternenhimmel ist allein die Sicht über den See ein Spektakel.

Das Tancredi haben wir etwas gespalten verlassen. Wir haben sehr, sehr gut gegessen, der Platz ist traumhaft. Aber die Preise sind z. T. etwas überdehnt. Schon bei fünf Euro für das Gedeck haben wir etwas geschluckt, auch wenn das hausgebackene Brot ausgezeichnet ist. Bei 23 Euro für ein perfekt-nussiges Garnelentatar hätte man die auf der Karte versprochenen krossen Apfelscheiben gern gehabt. Gar nichts zu meckern hatten wir bei den Zupette dello Chef, dreierlei meisterhafte, in Miniterrinen servierte Süppchen (Steinpilz-Jakobsmuschel; Kichererbsen-Oktopus; Bohnen-Garnele) für dann wieder nachvollziehbare 18 Euro. Bei den Dolci - etwa Mangosüppchen mit Rosmarin und Olivenöl vom Gardasee - beweist der Koch Kreativität im Umgang mit ungewöhnlichen Kombinationen.

Wenn die Piccola pasticceria zum Caffè dann nicht nur schön ausgesehen, sondern auch geschmeckt hätte, wären wir vielleicht glücklich von dannen gezogen.

ANTICA CONTRADA

Beste Produkte von Land, See und Meer, mit Seeblick serviert

Adresse: Via Colombare 23, 25019 Sirmione (BS)
Auf dem Weg zur Burg von Sirmione auf der rechten Seite, Parkplatz gleich gegenüber

+39 030 990 43 69
www.anticacontrada.it

Ruhetage: Montag und Dienstagmittag
Preise: €€–€€€

Dieses schöne Restaurant befindet sich in Sirmione, einer der schönsten Ecken des Gardasees. Von außen wirkt es erst einmal ein kleines bisschen unscheinbar. Im Inneren eröffnet sich aber eine elegante Trattoria. Die Tische sind schön eingedeckt, das Ambiente in zartem Gelb gehalten. Man fühlt sich als Gast sehr wohl. Vor fast 30 Jahren hat Massimo Bocchio seine Trattoria eröffnet. Seitdem legt das Team um Küchenchef Antonio Silva das Hauptaugenmerk auf Fischgerichte. Hier nur ein kleiner Auszug der besonderen Karte: Gegrillter Aal, Thunfischtagliata, Coregone oder Catalana di crostacei erfreuen den Gaumen. Garniert oder verfeinert werden die Köstlichkeiten oftmals mit raffinierten hausgemachten Soßen oder geheimen Familienrezepten des Chefkochs.

Massimo legt allergrößten Wert auf absolut frische Produkte. Das gilt natürlich v. a. für den See- und Meeresfisch. Aber auch alle anderen Zutaten kommen täglich frisch aus der Region, der Fokus liegt auf dem Prinzip des „kilometro zero“, d. h. alles von Produzenten aus dem Umkreis.

Für diejenigen, die keinen Fisch mögen, bietet die Speisekarte eine gute Auswahl an Fleischgerichten, die je nach Saison von Steinpilzen, Trüffeln, Artischocken oder Spargel begleitet werden. Aber auch die selbst gemachten Ravioli mit Radicchio und Taleggio sollte man einmal probieren.

Die Weinkarte ist sehr vielfältig und umfasst mehr als 150 Etiketten. Der Fokus liegt natürlich auf den Weinen aus der Region, aber auch Weine aus anderen Regionen Italiens und Europas sowie Champagner lassen keine Wünsche offen.

LA TAVERNA DEL LAGO

Fischtradition „a due passi dal lago“

Adresse: Via Parrocchiale 58, 25015 Rivoltella (BS)
In Rivoltella fast am See

+39 030 911 09 26
www.latavernadellago.it

Ruhetag: Dienstag
Preise: €€

Auf dem Weg von Desenzano nach Sirmione fährt man durch den kleinen Ortsteil Rivoltella. Dort befindet sich auf dem ruhigen, gemütlichen Platz mit der historischen Kirche S. Biagio ein kleines Restaurant, die Taverna del Lago. Vito, Chef und Koch der Taverna zugleich, begeistert seine Gäste besonders mit hervorragenden Fischgerichten. Das „Antipasto misto di pesce di lago“ wollen wir Ihnen unbedingt ans Herz legen: milder Räucheraal, zarteste Sarde di lago mit ihrer Leber in saor, sanft geräucherte Lachsforelle, eine duftige Mousse aus Barsch. Wer lieber Meeresfisch wünscht, dem sei das „antipasto misto di mare“ empfohlen. Und falls Sie erst nach der Vorspeise Vitos Fischkochkünste kosten wollen, es gibt einen hervorragenden Artischockensalat mit Grana und Walnusskernen.

Bekannt ist das Restaurant auch für seinen Hecht, „luccio“. Die Pasta wird selbst gemacht und mit Fisch- oder auch Fleischsugo serviert. Als Secondi gibt es verschiedene Grillteller mit Fisch, aber auch Fleisch. Ein besonderer Tipp: Abends gibt es auf Vorbestellung frische Paella und Sangria.

Was uns zudem sehr freut, auf dem Tisch steht das vielfach ausgezeichnete Olivenöl des Frantoio Montecroce aus Desenzano.

116

LA FRASCA

Frigobar: ein Mix aus Tapasbar, gemütlicher Kneipe und Restaurant

Adresse: Piazza Garibaldi 9, 25015 Desenzano del Garda (BS)
Die Piazza ist in der Nähe der Burg

+39 346 360 08 60
www.osterialafrasca.eu

Ruhetag: Sonntag; sonst 12–22.30 Uhr geöffnet
Preise: €–€€

Etwas abseits von den Touristenpfaden, ganz in der Nähe der Burg findet man diese kleine Frigobar, einen Mix aus Tapasbar, Kneipe und Restaurant. Die Atmosphäre in den zwei kleinen Räumen ist gemütlich: alte Holztische, Kerzen, ein langer hübscher Tresen und darüber eine Tafel, auf der Speisen und Weine stehen. Nach einem Stadtbummel oder einfach als schnelles Mittagessen kann man hier ein paar Kleinigkeiten essen: Schinken- und Käseteller, verschiedene Bruschette oder die vielen verschiedenen Tapas – Olive ascolane, Tomaten mit Mozzarella, Garnelen ... Im La Frasca werden die Tradition der Küche Mantovas mit der des Gardasees verbunden. So findet man das typische Risotto alla pilota, das klassische Reisgericht der Arbeiter mit Salamella, einer regionalen Wurst, Tagliatelle mit verschiedenen Soßen, aber eben auch Fisch aus dem See wie Sarde di lago oder Nudeln mit Coregone.

Natürlich gibt es auch kleine vegetarische Gerichte, z. B. Wirsingflan mit Fonduta, gefüllte Auberginen oder Artischocken. Abgerundet wird das Ganze von leckeren Dolci und es gibt eine gute Auswahl an Weinen. Bei der Wahl des richtigen Tropfens ist man bei Bedarf gern behilflich. Und toll auch, dass es fast alle Gerichte zum Mitnehmen gibt.

OSTERIA AL BIANCHI

Die älteste Osteria von Brescia, unverändert gut

Adresse: Via Gasparo da Salò 32, 25121 Brescia (BS)
Im Herzen der Altstadt, in der Nähe von Piazza della Loggia und Dom

+39 030 29 23 28
www.osteriaalbianchi.it

Ruhetage: Dienstag und Mittwoch
Preise: €–€€

Das Al Bianchi ist einer der Orte, die den Charakter der Stadt Brescia ungeschminkt wiedergeben. Seit 1881 trifft man sich in den gemütlichen Räumen im Herzen der Provinzhauptstadt auf einen Caffè, ein Gläschen Wein oder einen Aperitivo. In der Osteria, die seit Generationen praktisch unverändert ihr typisch Brescianer Menü anbietet, schauen Studenten ebenso wie Handwerker oder der Bürgermeister selbst vorbei. Außer in den beiden schönen historischen Gasträumen mit ihren Balkendecken speist man im Sommer auch im Freien, wobei es zum Aperitivo, dem Pirlo, bereits hoch hergeht. Hier werden zu einem Glas Wein Fleischbällchen, frittierter Stockfisch oder guter Aufschnitt geboten. Es ist die ungezwungene Atmosphäre der Menschen, die hier zusammentreffen, die das Al Bianchi so besonders macht. Seit Jahren unveränderte kulinarische Klassiker des Hauses sind zum Hauptgang Malfatti genannte Spinatgnocchi, Eselragout und Stockfisch, der berühmte Baccalà alla vicentina. Spezialitäten der Lokalküche sind auch gefüllter Schinken, eine saftige Tagliata oder ein würziger Teller Pasta mit Bohnen. Die Weine, wie könnte es auch anders sein, sind typisch Brescianer Tropfen, Perlweine, wie der ausgezeichnete Franciacorta, Weiße, Rote und Dessertweine, die immer mit einem guten Häppchen zu begleiten sind.

TIPP

Brescia ist die Stadt der Mille Miglia, des vielleicht spektakulärsten Oldtimer-Rennens Europas, das jedes Jahr im Frühjahr Tausende Besucher in die Stadt lockt. Das Rennen führt traditionell von Brescia nach Rom und wieder zurück. Die genaue Streckenführung ändert sich von Jahr zu Jahr, das südliche Gardaseeufer gehört aufgrund seiner geografischen Nähe zu den ersten Streckenabschnitten, an denen das laut röhrende Museum der Automobilgeschichte an der begeisterten Menge vorbeirauscht. Im Osten der Stadt befindet sich das Mille Miglia Museum, das ganzjährig geöffnet ist und neben vielen Bildern auch ständig wechselnde Originalautos aus der goldenen Zeit des Rennens zeigt.

118

OSTERIA DELLA VILLETTA

Traditionsreiche Osteria an der Grenze der Franciacorta

Adresse: Via Guglielmo Marconi 104, 25036 Palazzolo sull'Oglio (BS)
Von der Autobahnausfahrt Palazzolo Richtung Pancrazio

+39 030 740 18 99
www.osteriadellavilletta.it

Ruhetage: Sonntag, Montag, Dienstag- und Mittwochabend
Preise: €–€€

Wir befinden uns an der südlichen Grenze zur Franciacorta. Hier kommt man nicht zufällig vorbei. Kulinarikfans steuern diese Bilderbuch-Osteria ganz gezielt an und dieser Weg lohnt sich allemal.

Die schönen Gasträume vermitteln dem Besucher die lange Tradition, die dieses Lokal von Grazia und Maurizio Rossi bereits vorweisen kann. Maurizios Urgroßeltern haben die Osteria am Anfang des 20. Jahrhunderts gegründet. Das charmante Jugendstilgebäude liegt in unmittelbarer Nähe des Bahnhofs von Palazzolo sull'Oglio, an der Strecke Mailand–Venedig. Zahlreiche Bilder an den Wänden und andere Einrichtungsgegenstände vermitteln einen Eindruck aus diesen Anfangszeiten.

Als wir die Osteria im Herbst besuchen, ist bereits die Winterspeisekarte aktuell. Auf dieser wählen wir als Vorspeise di „Lingua di vitello con giardiniera nostrana", ein hervorragendes Carpaccio von der Kalbszunge mit etwas Gemüse, das aus dem eigenen Gemüse- und Kräutergarten kommt. Auch die Fischvorspeise „Pesce di lago secondo il pescato" überzeugt uns; sie ist dem Iseosee gewidmet, der nur 15 Minuten entfernt liegt. Das sehr gute „Vitello tonnato arrosto capperi Salina" führt uns allerdings schmerzhaft vor Augen, dass wir erst bei den Vorspeisen angelangt sind und noch Platz lassen müssen. Weiter geht es mit einer köstlichen Kürbis-Leber-Suppe. Als Hauptgericht empfiehlt uns Grazia den Osteria-Klassiker „Polpetta, involtino di verza, guanciale di manzo in salsa verde", ein Trio aus Frikadelle, Wirsingroulade und Rinderbäckchen mit grüner Soße – einfach fantastisch!

Als Nachtisch entscheiden wir uns für die „Crostata con marmellata di mirtilli", einen Kuchen mit Heidelbeermarmelade. Wir sind restlos begeistert, beenden diesen schönen Aufenthalt mit einem Caffè und einem Grappa und freuen uns auf den kommenden Besuch. Dann mit einer neuen saisonalen Auswahl.

TIPP

Zum Haus gehören auch fünf einfache, aber hübsche Zimmer. Nur für den Fall, dass man etwas länger an diesem schönen Ort verweilen möchte.

DISPENSA PANI E VINI

Osteria, Restaurant, Weinbar, Enoteca und Catering

Adresse: Via Principe Umberto 23, 25030 Torbiato di Adro (BS)

+39 030 745 07 57
www.dispensafranciacorta.com

Ruhetag: Montag
Preise: €–€€€

Der Charme dieses Platzes lässt sich von außen kaum erkennen. Wenn man jedoch das vielseitige Lokal betritt, das sich in einer kleinen, modernen Einkaufszeile direkt an der Hauptstraße befindet, wird man sofort von einer wohltuenden Gastfreundschaft empfangen. Die Dispensa Pani e Vini ist ein Platz mit vielen Gesichtern. Er ist Osteria, Restaurant, Weinbar, Enoteca und Catering-Dienstleister in einem.

Unter Leitung von Daniele Merola und dem Küchenchef Marco Acquaroli wird großer Wert auf eine saisonale Küche gelegt. So bietet die Karte der Osteria traditionelle Gerichte aus der Region. Dazu gehört u.a. das „Manzo all'olio tradizionale di Rovato", ein Rinderbraten mit Polenta und Kartoffelbrei. Die ersten Dokumente, in denen dieses Gericht erwähnt wird, stammen aus der zweiten Hälfte des 16. Jahrhunderts. Darüber hinaus bietet die Karte eine gute Auswahl an „Presidi-Slow-Food"-Gerichten, also aus Lebensmitteln hergestellt, die die Bedürfnisse von Umwelt, Mensch und Tier nicht gegeneinander ausspielen, sondern im Sinne von Qualität und Nachhaltigkeit in Einklang bringen. Dazu gehören z.B. der Rohmilchkäse Bagoss oder die „Sardine essiccate del lago d'Iseo", in Salz eingelegte und dann luftgetrocknete Sardinen vom nahe gelegenen Iseosee.

Die Weine kommen zum großen Teil aus der Franciacorta. Hier finden Sie alle großen Etiketten dieser aufstrebenden Weinregion, aber auch interessante Neuentdeckungen von noch unbekannten Winzern. Das Schöne daran: Sie können diese Weine im hauseigenen Weinladen auch kaufen.

TIPP

Die Dispensa Pani e Vini bezieht viele ihrer Produkte vom Biohof BioFattoria, auf dem auch Privatpersonen einkaufen können.

BioFattoria
Via Paradello 9,
25050 Rodengo Saiano (BS)
Tel. +39 030 61 02 60
www.biofattoria.net

AGRITURISMO L'UNICORNO

Frische Bioküche in altehrwürdigem Gemäuer

Adresse: Via Quarena 17, Loc. Macesina, 25081 Bedizzole (BS)
Unweit von Padenghe in Bedizzole im schönen Valtènesi

+39 030 67 43 39
www.unicorno.eu

Ruhetag: im Sommer keiner, nur abends geöffnet; unbedingt reservieren!
Preise: €€€

Fast am Ende einer kleinen, engen Straße, erwartet einen ein beeindruckender Palazzo aus dem Jahre 1654: der Agriturismo L'Unicorno. Das historische Gemäuer wurde von seinen Besitzern Corrado und Gabriella liebevoll und mit ganz besonderen Details nachhaltig renoviert und ist nicht umsonst mit vielen Preisen ausgezeichnet worden, darunter der „Condé Nast Johansens Award for Excellence".

Das wunderbare Gewölbe mit originalen Fresken dient als Speisezimmer. In den zahlreichen Schönwettermonaten sollte man die feine Küche aber unbedingt draußen unter dem herrlichen Portico mit Blick auf die mediterrane Vegetation genießen. Je nachdem, was die Felder und der Garten so hergeben, gibt es täglich wechselnde Viergängemenüs, immer begleitet vom passenden, meist hauseigenen Wein. Im Herbst zaubert die Köchin z. B. einen zarten Gemüseflan auf einem Kürbisspiegel auf den Teller. Ein Spritzer getrüffeltes Olivenöl und ein paar getrocknete Blüten runden dieses Amuse-Gueule ab. Ebenso hausgemacht die verschiedenen Pastaarten, die oft als Primo serviert werden. Als Secondo gibt es vielleicht Manzo all'olio mit Polenta. Das Fleisch lässt sich mit der Zunge zerdrücken, so zart ist es. Das Dessert kommt ebenfalls aus eigenem Anbau. Die Köchin ist eine Meistern darin, aus den verschiedenen Gartenfrüchten z. B. leckere Sorbets zu kreieren. Ein wahrer Gaumenschmaus.

Erfreulich auch der Gedanke, dass allergrößter Wert auf Nachhaltigkeit und Bioqualität gelegt wird. Der große Garten liefert Früchte und Gemüse in Hülle und Fülle und viele andere Zutaten stammen entweder vom eigenen Hof oder kommen von Bauern und Partnern aus der Nachbarschaft. Und natürlich nicht zu vergessen die hauseigenen Weine, wie z. B. der Groppello, sowie die Grappe und Obstbrände.

TIPP

Für diejenigen, die die Produkte des Agriturismo L'Unicorno gern mit nach Hause nehmen wollen, gibt es den Hofladen La Bottega. Hier findet man Weine, Grappe, Liköre, Olivenöle, hausgemachte Marmeladen und viele weitere Geschenkartikel (telefonische Anmeldung erwünscht).

FRANCESCO

Quirlige Fischküche

Adresse: Via Marconi 20, 25050 Padenghe sul Garda (BS)
Am Kreisverkehr vor Padenghe direkt an der Gardesana

+39 030 990 06 06
www.ristorantefrancesco.net

Ruhetage: Montag bis Mittwochabend
Preise: €–€€

Giusy und Marco führen ihr quirliges Lokal wirklich mit Leidenschaft. Gekocht wird mit jeder Menge Liebe und Kreativität, das Auge isst schließlich mit. Bekannt und beliebt ist das Restaurant für seine Fischküche. Neben Gardaseefisch gibt es hier Meeresfisch in ausgezeichneter Qualität. Unser Tipp: Die gemischte Fischvorspeise und die gratinierten Muscheln. Lecker und hausgemacht die Tagliatelle und Gnocchi. Diese werden vom Küchenchef auch schon mal „mit Geschmack" serviert, z. B. mit unter den Teig gemischten Karotten oder Olivenpaté. Die Hauptspeisen sind ebenfalls sehr zu empfehlen. Lassen Sie sich die gegrillten Fischplatten schmecken oder das Fritto misto. Außerdem gibt es jeden Tag den „pesce del giorno", den Fisch des Tages. Je nachdem, was Meer oder See gerade so hergeben, die Küche zaubert daraus etwas auf den Teller der Gäste.

Wer statt Fisch lieber Fleisch will, für den ist auch gesorgt. Es gibt eine kleine, aber sehr feine Auswahl an „piatti di terra". Und weil natürlich eine Nachspeise nicht fehlen darf, wird ein Mittag- oder Abendessen von selbst gemachtem Tiramisu oder Semifreddo abgerundet.

Bekanntlich muss Fisch ja schwimmen. Der Hauswein ist ausgezeichnet und es gibt weitere Tropfen aus der Region sowie hausgemachte Liköre.

TIPP

Um Gnocchi „mit Geschmack" selbst zu machen, muss man kein Chefkoch sein. Man nehme z.B. Olivenpaste, mixe sie mit heißem Wasser, gebe Ei und durchgepresste gekochte Kartoffeln und ggf. ein bisschen Kartoffelmehl zum Binden dazu. Aus diesem Teig einfach die Gnocchi formen und in heißem Wasser sieden. Die Kartoffelnocken dann z.B. mit Garnelen und rohen Tomatenwürfeln servieren. Tipp für sommerliche Gnocchi: Einfach statt Olivenpaste pürierte Karotten oder Zucchini nehmen.

SAN ROCCO

Genuss im ehemaligen Franziskanerkloster

Adresse: Via Paolo ed Enrico Avanzi 11, 25080 Soiano del Lago (BS)
An der Straße von Padenghe nach Soiano, dann beschildert

+39 0365 198 04 99
www.sanroccoristorante.com

Ruhetag: Montag
Preise: €€

Ein altes Franziskanerkloster aus dem 13. Jahrhundert beherbergt dieses Restaurant. Die Innenräume wurden sorgfältig restauriert und man speist unter den schönen alten Gewölbedecken aus Stein. Draußen gibt es eine ansehnliche Terrasse unter Arkaden. Hier kann man laue Sommerabende genießen. Lassen Sie einfach den Blick schweifen über die Olivenhaine hinunter auf den See.

Die Speisekarte bietet eine große Auswahl an Spezialitäten aus der kulinarischen Tradition Brescias. Fisch, Fleisch und Käse, vieles davon verfeinert mit dem Olivenöl der familieneigenen Ölmühle. „Der Koch braucht viel Öl", lacht Paolo Manestrini, der das Anwesen zusammen mit seiner Familie betreibt.

V. a. der Fisch des Gardasees wird hier besonders schmackhaft zubereitet. Coregone, Forellenfilet in Salzkruste mit Zitronengemüse und lilafarbenen Kartoffelstücken oder die Fischsuppe nach Art der Fischer vom Gardasee. Wer es nicht so mit Fisch hat, dem seien das Carpaccio oder die klassische Tagliata di manzo, ein herrliches Rinderfilet, ans Herz gelegt. Und natürlich werden auch Vegetarier auf der Karte fündig. Es gibt verschiedene Pastagerichte, wie z. B. Fusilli mit Auberginenkaviar und Basilikum, garniert mit Cacio-Ricotta-Flocken und Tomatenratatouille.

Auf der Weinkarte finden sich Etiketten aus der direkten Umgebung: der dichte, farbintensive Groppello, ein leichter Chiaretto oder der fruchtige Lugana.

Die Residence San Rocco kann man auch für Familienfeiern und andere Festlichkeiten mieten.

TIPP

Die Residence San Rocco bietet Zimmer und Appartements. Da lässt sich der Blick von der Terrasse nicht nur während des Mittagessens genießen. Es gibt auch einen Pool und man schwimmt quasi im Olivenhain. Die Ölmühle hat unterhalb der Residence und des Restaurants einen schönen Laden. Dort werden Olivenöl und viele andere Spezialitäten verkauft. Man findet auch tolle Accessoires aus Olivenholz, die sich schön verschenken lassen.

VILLA AURORA

Leichter Genuss auf einer blumengeschmückten Terrasse

Adresse: Via Ciucani 1/7, 25080 Soiano del Lago (BS)
An der Straße von Soiano nach Polpenazze

+39 0365 67 41 01
www.ristorantevillaaurora.it

Ruhetag: Mittwoch
Preise: €€

Das Restaurant liegt oberhalb des Sees in dem kleinen Ort Soiano. Im Sommer sitzt man hier sehr schön auf einer blumengeschmückten Terrasse. Drinnen ist das Restaurant eher schlicht gehalten, aber trotzdem sehr einladend. Das freundliche Personal um Küchenchef Idalgo Picinardi legt Wert auf saisonale Küche. Gekonnt werden hier Fisch und Fleisch zu einfallsreichen Gerichten verarbeitet.

Steigen Sie doch mit einem lauwarmen Oktopussalat oder mit Zucchiniblüten, die mit in Safran eingelegtem Fisch gefüllt sind, ein. Wie wäre es anschließend mit hausgemachten, spargelgefüllten Crêpes oder frischer Pasta mit Perlhuhnsugo? Coregone mit Auberginen, Tomaten und Kapern, Risotto mit Seefischen oder eine saftige Tagliata di manzo stehen ebenfalls auf der Speisekarte. Man bekommt also alles, was das Schlemmerherz begehrt. Unbedingt empfehlen wir Ihnen auch die Desserts, die Idalgo Picinardi auf den Teller zaubert. Semifreddo und Tiramisu sind fast schon Klassiker, eine Art Bayerische Creme aus Mandeln mit Karamellsoße findet man aber nicht auf jeder Speisekarte. Herrlich auch das zart schmelzende Schokoladentörtchen mit Crème Chantilly.

Auch die Weinkarte lässt keine Wünsche offen. Man findet Weine und Spumanti aus ganz Italien. Der Schwerpunkt liegt aber natürlich auf dem Rebensaft aus der Region: Lugana, Valpolicella oder Franciacorta, um nur einige zu nennen.

AL RUSTICO DA BENA

Bauernküche im Rustico

Adresse: Via Castelletto 12, 25080 Polpenazze del Garda (BS)
In Polpenazze am Kreisverkehr kurz Richtung Calvagese, dann beschildert

+39 0365 67 42 51
www.rusticodabena.it

Ruhetag: Montagabend
Preise: €–€€

Ein wenig versteckt liegt das malerische Restaurant, das sich in einem renovierten Rustico, einem wohl ehemals landwirtschaftlich genutzten Gebäude, befindet. Es ist eine herrliche Oase mit einem schönen gepflegten Garten, mit Tischen draußen unterm Blätterdach oder unter Sonnenschirmen. Drinnen sind die Gewölbe und die dicken Steinmauern Zierde genug.

Die Küche ist genauso urig wie das Ambiente. Man bekommt die klassischen Antipasti der Gegend, nämlich handwerklich produzierte Salamisorten, Schinken, dazu selbst eingelegtes Gemüse. Auch die Pastagerichte sind selbstverständlich hausgemacht, wie etwa würzige Ravioli mit Radicchiofüllung, dazu eine cremige Käsesoße mit einer der hiesigen Käsespezialitäten, dem Bagoss, der aus dem nicht weit entfernten Bagolino in den Bergen über Brescia kommt und ausschließlich aus Bergweidemilch und edlem Safran entsteht. Eine Köstlichkeit. Sehr gut waren auch die Dinkel-Bigoli mit Spinat. Als Hauptspeise gibt es v.a. Fleischgerichte. Dicke Salsiccia, würzige rohe Bratwurst also, vom Grill, Tagliata vom Rind oder Schweineschnitzel, wiederum in einer kräftigen Käsesoße. Dazu werden gartenfrische Salate und gedünstetes oder gegrilltes Gemüse der Saison gereicht.

Es hätte als Dessert noch Schokoladensalami oder Tiramisu gegeben, doch so weit sind wir nicht gekommen, denn in der Küche wird nicht mit Butter und Sahne gespart. Lobend hervorzuheben ist, dass hiesiges Olivenöl aus einer guten Ölmühle verwendet wird, denn das Öl kommt von Manestrini aus Soiano del Lago, wenige Kilometer entfernt. Es gibt Weine der Region, fein (und angeblich verdauungsfördernd) auch die hausgemachten Liköre.

S.GIORGIO
14

TAVERNA PICEDO

Perle im Hinterland, Terrasse mit Seeblick

Adresse: Via Sotto Raso 7, Loc. Picedo, 25080 Polpenazze del Garda (BS)
Mitten im Weiler Picedo, südlich von Polpenazze

+39 0365 67 41 03
www.tavernapicedo.it

Ruhetag: Montagmittag
Preise: €€€

Die Taverna Picedo liegt in dem kleinen Dorf Polpenazze in den Hügeln des Valtènesi. Ein Kleinod am Brescianer Ufer im Hinterland, unweit des Gardasees. Hier werden Qualitätsweine und Olivenöl produziert, die man auch in der kleinen Taverna von Stefano Slaviero genießen kann – im Winter vor der Kulisse des knisternden Kamins und im Sommer auf der schönen Terrasse mit Seeblick.

Die Speisekarte wechselt gewöhnlich alle drei Wochen. So gibt es immer saisonale, ganz frische Gerichte, Tradition trifft auf Innovation. Nie fehlen dürfen allerdings Gemüse in zartem Tempurateig und das traditionelle „bistecca alla fioretina“ mit Scamorza. Fisch aus dem Gardasee und aus dem Meer steht ebenfalls auf der Speisekarte und sind sehr zu empfehlen. Die Pasta ist hausgemacht und wird je nach Jahreszeit schwerpunktmäßig mit Fisch-, Gemüse- oder Fleischsugo serviert. Toll ist der Brotkorb mit duftenden, selbst gebackenen Brotsorten, den man vorab bekommt. Die Liste der Süßspeisen, die das Küchenteam zaubert, wechselt zwei- bis dreimal im Jahr. Man ist immer sehr auf ein optimales Preis-Leistungs-Verhältnis bedacht. Die Weinkarte bietet selbstverständlich eine Auswahl an Weinen aus der Region, aber auch viele andere italienische Marken werden angeboten. Hervorragend das hausgemachte Gebäck, das zum Caffè serviert wird. Stefano hat einfach Spaß am Verwöhnen seiner Gäste, das merkt man.

TIPP

Das Restaurant ist gleichzeitig eine Enoteca. Man kann die meisten Weine, die man während des Essens genießt, auch kaufen. Zum Verfeinern der Speisen steht außerdem das Olivenöl der benachbarten Azienda Agricola I Lecci auf dem Tisch. Regional ist halt doch am besten.

DALIE E FAGIOLI

Sternekoch trifft Agriturismo

Adresse: Via Campagnola 45, 25080 Manerba del Garda (BS)
Von Süden kommend am Ortsausgang von Manerba

+39 0365 190 33 11
www.dalieefagioli.it

Ruhetag: Donnerstag
Preise: €€–€€€

Der Agriturismo Dalie e Fagioli wird Sie begeistern. Die Küche wird von Küchenchef Fabio Mazzolini geleitet. Dank der Einfachheit der traditionellen Geschmacksrichtungen und dank seines großartigen Könnens kann er wirklich jeden Gaumen überraschen. Nicht umsonst hat Fabio 2007 den Michelin-Stern erhalten. Aber keine Angst, im Agriturismo speist man auch mit „normalem" Portemonnaie. Seit 2012 teilt Fabio seine Leidenschaft mit seiner Lebensgefährtin Antonella Varese. Gemeinsam haben sie ein kleines Paradies für sich und für uns Genießer geschaffen. Bei Dalie e Fagioli sollen sich die Gäste immer wie zu Hause fühlen und während Fabio in der Küche zaubert, kümmert sich Antonella um die Gäste. Traditionelle lokale Rezepte und die Verwendung von nachhaltigen regionalen Produkten machen dieses Restaurant zu einem unvergesslichen Erlebnis. Die Gerichte sind bewusst mit wenigen Zutaten zubereitet, um das Beste aus jeder Komponente herauszuholen. Ganz nach dem Slow-Food-Gedanken. Und auch bei der Auswahl der Weine legt man besonderes Augenmerk auf regionale Weine und kleine, noch unbekannte Weingüter. Im Fokus steht dabei immer Qualität und nicht der schillernde Name.

Das fabelhafte Menü beginnt mit Vorspeisen, bei denen die Wahl wirklich schwerfällt. Budino di Grana Padano mit getrüffeltem Gemüse, Kürbiscreme u. v. m. Als Primi werden die auf traditionelle Weise zubereiteten Maccheroncini al ragù den Gaumen erfreuen, es gibt Fusilli aus gebranntem Weizen mit Carbonaraschaum, Räucherkäse aus dem Val Trompia und Speck oder Tortelli di spiedo, mit den Fleischsorten gefüllt, wie sie auf dem klassischen Brescianer Spieß vorkommen. Auch die Secondi begeistern: Costine, Quaglie, Tagliata di manzo oder der typische Gardaseefisch Coregone - auch hier ist die Auswahl sehr groß. Wer jetzt keinen Platz mehr für eine große Nachspeise hat, der sollte trotzdem eines der hausgemachten Sorbets probieren.

TIPP

Dalie e Fagioli bietet seinen Gästen vier Doppelzimmer und ein kleines Appartement. Genießen Sie die einfache, aber komfortable und geschmackvolle Einrichtung. Alle Gäste haben außerdem die Möglichkeit, sich zu vergünstigten Preisen von Fabio und Antonella verköstigen zu lassen.

FIOR DI LOTO

Fleischgenuss der Extraklasse

Adresse: Via dei Laghi 8, 25080 Puegnago del Garda (BS)
Von Puegnago aus beschildert

+39 0365 65 42 64
www.ristorantefiordiloto.it

Ruhetage: Montag und Dienstag
Preise: €€–€€€

Lassen Sie sich von diesem Restaurant verzaubern. Es heißt zwar Fior di Loto - Lotusblüte –, im Mittelpunkt steht aber Fleisch. Und dessen Qualität sucht seinesgleichen. Man sitzt sehr elegant drinnen und wunderschön draußen. Die Terrasse und das Drumherum sind eine Oase der Ruhe und Erholung. Da schmeckt es doch gleich noch viel besser. Im Innenteil des Restaurants staunt man nicht schlecht über den Grill und die prall gefüllte Fleischtheke. Das Fleisch kommt aus der ganzen Welt - Italien, Schottland, Österreich, Spanien –, ausgewählt werden aber nur die besten Stücke der einzelnen Rassen und man legt allergrößten Wert auf die Maserung und Reifung des Fleisches. Gelagert wird es im Fior di Loto fachgerecht, so können die natürlichen Reifeprozesse weiterlaufen. Das schmeckt man als Gast.

Steigen Sie ein mit einem saftigen Tatar, einer wohlschmeckenden Carne salada, Culatello di Zibello oder spanischem Patanegra-Schinken. Als Primi folgen hausgemachte Risotti oder Pasta, bevor es dann an die Secondi geht. Am besten, Sie suchen sich direkt aus, welches Stück des edlen Fleisches Sie gern verzehren möchten. Und wenn dann noch ein kleines Plätzchen ist, genießen Sie zum Abschluss eines der selbst gezauberten Desserts.

Wie es sich gehört, bietet auch die Weinkarte eine große Auswahl an verschiedenen, schwerpunktmäßig italienischen Etiketten.

TIPP

Wildfans aufgepasst: Sehr zu empfehlen ist der Hirschschinken. Er wird mit einer interessanten Balsamico-Reduktion mit Waldfrüchten serviert. Um diese Reduktion selbst herzustellen, nimmt man handelsüblichen Balsamico und verschiedene Beeren. Diese lässt man zu Beginn im Essig ziehen, püriert sie anschließend und lässt das Ganze dann einkochen, bis es eine sirupartige Konsistenz bekommt. Den Sud kann man zu Eis, Fleisch, Schinken oder auch zu Meeresfrüchten genießen.

ALLE TROTE

Frische Forellen vom Feinsten

Adresse: Via Bariaga 24, 25085 Gavardo (BS)
Zwischen Salò und Gavardo

+39 0365 312 94
www.trattoriatrote.it

Ruhetage: Dienstag; November bis März auch Montagabend
Preise: €€

Wenige Kilometer von Salò entfernt, im ruhigen Hinterland, befindet sich die Trattoria alle Trote. Dieses familiengeführte Restaurant ist ein echtes Mekka für Fischfans. Es gibt eine eigene Fischzucht und die Wassertierchen landen oft ganz fangfrisch auf dem Teller. Neben dem klassischen Seefisch, der „trota“ (Forelle), stehen auch Meeresfisch und Krustentiere auf der Karte.

Die Köstlichkeiten werden in allerlei Variationen serviert: geräuchert, mariniert, roh, gegrillt, als Vor- oder Hauptspeise. Hier kommt wirklich jeder auf seine Kosten.

Im Sommer sitzt man auf einer wunderschönen Terrasse und genießt den Blick auf Park und Zuchtbecken, während man nach Herzenslust schlemmen kann. Und wie es sich für ein Fischrestaurant gehört, gibt es jede Menge (Weiß-)Weine. Denn Fisch muss ja bekanntlich schwimmen ... Der Spitzenweinkeller der Trattoria alle Trote bietet eine hervorragend sortierte Auswahl an Weinen der Gardaseeregion und aus der angrenzenden Franciacorta.

Anmerken möchten wir auch, dass die Trattoria Mitglied der AiC (Associazione Italiana Celiachia) ist, der italienischen Vereinigung für glutenfreie Küche.

TIPP

Forelle, Lachsforelle und Saiblinge schmecken roh hervorragend. Am besten als Vorspeise in Form von Carpaccio serviert. Hauchdünne Scheibchen mit ein paar Tropfen Olivenöl und Zitrusfrüchten. Man kann den Saft der Zitronen auspressen und ihn mit Olivenöl und Pfeffer mixen. Das Carpaccio dann mit diesem Mix und ein paar frischen Orangen- und Zitronenfilets garnieren. Unbedingt sofort servieren, weil der Fisch durch die Säure der Zitronen reagiert und zu „garen“ beginnt.

RISTORANTE SOGNO

Traumhafte Terrasse über dem See

Adresse: Via Porto 41, 25010 San Felice del Benaco (BS)
Am Hafen von San Felice mit schönem Blick

+39 0365 621 02
www.ristorantesogno.com

Ruhetag: keiner, November bis Anfang März geschlossen
Preise: €€€

Exklusiver geht es wohl kaum. Hier sitzt man an schönen Tagen wirklich direkt am See oder besser gesagt eigentlich über dem See. Die wunderschöne Terrasse ist in das Wasser hineingebaut und es gibt eine private Bootsanlegestelle und einen Tender-Service. Man blickt auf die Rocca di Manerba.

Das Restaurant ist elegant eingerichtet und die Küche bietet entsprechend angerichtete Teller. Alle Zutaten werden sorgfältig ausgewählt, Qualität, Frische und Authentizität stehen dabei im Vordergrund. Man will den Gästen schließlich ein einzigartiges Geschmackserlebnis bieten. Meeres- und Seefisch findet man in allerlei Variationen auf der Speisekarte. Aber auch Krustentiere und natürlich zart zubereitetes Fleisch, z. B. Lamm oder Rinderfilet vom Grill. Lecker auch die Gnocchi mit Trüffeln oder Pasta mit Pfifferlingen und Taubenragù. Als kleiner Zwischengang vor der Nachspeise ist die Käseplatte zu empfehlen, serviert mit köstlichen Mostarde aus verschiedenen Früchten.

Die Auswahl an Weinen ist groß, da gibt es zu jedem Gericht und für jeden Geschmack das richtige Etikett.

Das Preis-Leistungs-Verhältnis stimmt, die besondere Lage muss man jedoch ein bisschen mitbezahlen. Allen, die länger an diesem schönen Fleckchen Erde bleiben wollen, sei das Hotel Sogno empfohlen.

VILLA ARCADIO

Ehemals Kloster, heute elegantes Hotel mit Restaurant

Adresse: Via Navelli 2, 25087 Salò (BS)
Südlich von Salò in den Hügeln

+39 0365 42 281
www.hotelvillaarcadio.it

Ruhetag: keiner
Preise: €€€–€€€€

Schon die Anfahrt zur Villa Arcadio ist wunderschön. Man fährt eine kleine Allee gesäumt von Olivenbäumen, hoch und sieht als Erstes die bezaubernde Außenfassade des ehemaligen Klosters aus dem 14. Jahrhundert. Die Villa wird geleitet von Jaana, einer Finnin aus Helsinki, und Francesco, einem Norditaliener, und man spürt, dass beide in der Villa Arcadio ihren Stil und Geschmack mit eingebracht haben (so gibt es z. B. auch eine finnische Sauna im Bereich Wellness). Innen wurde die Villa recht modern renoviert, ohne aber den Charme der alten Gemäuer zu verlieren. Viele Antiquitäten unterstreichen den historischen Charakter.

Zum Anwesen gehört ein großer Garten und vom Pool aus hat man einen wunderbaren Blick auf den Gardasee. Absolute Ruhe ist garantiert. Es wird auch kein großes Geheimnis daraus gemacht, dass dieser Ort eher den erwachsenen Gästen gewidmet ist. Schon bei einem Aperitivo an der kleinen Bar mit spektakulärem Blick über die Bucht von Salò und den Monte Baldo kommt man zur Ruhe.

Im Restaurant wird viel Wert auf die Frische und die saisonale Verfügbarkeit der Produkte gelegt, die sich dann in regionalen, aber auch internationalen Gerichten wiederfinden, wie z. B. Ravioli gefüllt mit Kaninchen, Tortelli mit dem edlen Käse Bagoss, aber auch in vielen Fischgerichten, allesamt raffiniert angerichtet. Auch Vegetarier finden hier eine große Auswahl. Die Desserts sind durchweg hausgemacht, manche davon mit Beeren aus dem eigenen Garten. Auf der Weinkarte gibt es eine breite Auswahl an regionalen Produkten aus den umliegenden Weingütern.

Es gibt sehr hübsche Innensitzplätze, besonders schön speist man aber ohne Zweifel auf der Veranda oder der Terrasse des Restaurants – auch hier wieder mit atemberaubendem Panorama. Das Hotel bietet 18 sehr hübsch eingerichtete Zimmer und eignet sich hervorragend als Event-Location oder für Hochzeiten.

ANTICA CASCINA SAN ZAGO

Hervorragende Küche im ehemaligen Kloster

Adresse: Via dei Colli 54, 25087 Salò (BS)
Oberhalb der Umgehungsstraße von Salò

+39 0365 427 54
www.anticacascinasanzago.it

Ruhetage: Montagabend und Dienstag
Preise: €€€

Die Antica Cascina San Zago ist ein wunderschönes altes Kloster aus dem Jahr 1600, in den Hügeln oberhalb von Salò gelegen. Im Sommer isst man draußen „nella corte", also im hübschen Innenhof. Durch die antiken Gemäuer hat aber auch der Innenbereich eine tolle Atmosphäre. Es gibt verschiedene Säle für Veranstaltungen wie z. B. Hochzeiten. Hinter dem Haus befindet sich eine weitläufige Terrasse mit Blick auf den eigenen großen Garten, in dem 300 Olivenbäume wachsen, mit denen auch ein eigenes Olivenöl erzeugt wird.

Carlo Bresciani und seine Frau Beatrice betreiben die Antica Cascina San Zago. Carlo ist Chefkoch, Vizepräsident der italienischen Föderation der Chefköche, Professor für italienische Küche und hegt eine große Leidenschaft für die japanische Küche.

Somit bekommt man hier viele Gerichte mit rohem Fisch, nach japanischen Rezepten zubereitet, also in Form von Sushi und Sashimi. Man legt viel Wert auf die Qualität und Frische der Zutaten. Viele der Zutaten kommen aus der direkten Umgebung, wie z. B. das Fleisch von der nahe gelegenen Metzgerei Bonometti aus Rodengo oder der Käse, den Carlo beim berühmten Mercato Coperto dei Formaggi in Gavardo bezieht (siehe Einkaufsadressen Lombardia). Übrigens: Menschen mit Glutenunverträglichkeit können hier unbeschwert essen, denn Carlo legt viel Wert auf die gewissenhafte Zubereitung glutenfreier Gerichte.

Auch der Sohn Alberto ist im Unternehmen tätig. Er ist als Konditor für die Süßspeisen zuständig, die man sich keinesfalls entgehen lassen sollte, wie z. B. das exotische Süppchen mit Kokoskuchen und hausgemachtem Limonensorbet.

Leider gibt es keine Übernachtungsmöglichkeiten, es ist aber wohl eine Hochzeitssuite in Planung.

TIPP

In der kleinen Osteria innerhalb des Klosters gibt es laut dem Chef einen „piatto informale", das bedeutet kleine Gerichte zu angemessenen Preisen, wie z. B. Taglieri mit Salumi und Käse. Salumi ist übrigens nicht Salami, sondern ganz generell Wurstaufschnitt verschiedener Sorten – und dazu ein Gläschen Wein.

OSTERIA DI MEZZO

Ein Paradies für Seefischliebhaber

Adresse: Via di Mezzo 10, 25087 Salò (BS)
In der Nähe des MuSa, des bekannten Museums in Salò

+39 0365 29 09 66
www.osteriadimezzo.it

Ruhetag: Dienstag
Preise: €€–€€€

Die Osteria di Mezzo gibt es mittlerweile seit 15 Jahren. Sie hat eine wunderbare Atmosphäre, da sie sich in einem sehr gemütlichen Gewölbe befindet, das noch aus alten Römerzeiten stammt. Eine Osteria ist in Italien dafür bekannt, dass man hier entweder essen oder einfach nur ganz entspannt ein Gläschen Wein trinken (die Weinkarte ist üppig) und dazu ein paar kleine Snacks genießen kann. Hier gibt es z. B. Salami aus eigener Produktion, frische und auch gereifte Käsesorten von kleineren lokalen Produzenten und dazu Olivenöl, ebenfalls aus der Region. Aber auch für ein ausgiebiges Mittag- oder Abendessen ist man hier herzlich willkommen. Mauro und Roberta führen die Osteria und sind einem auf Anhieb sympathisch. Zwei richtige „Macher", wie man so schön sagt. Die beiden sind große Liebhaber des Gardaseefisches, wie „persico" (Barsch), „sarde" (Sardinen), „luccio" (Hecht), „coregone" (Felchen) und „salmerino" (Saibling). Diese Seefische findet man in allerlei denkbaren Variationen auf der Speisekarte. Hier sind eine Besonderheit die sog. Crespelle. Das sind hauchdünne Pfannkuchen, auch als Crêpes bekannt, die mit Schleie gefüllt sind.

Pasta, Tortellini und Ravioli werden jeden Tag frisch zubereitet, auch Brot und Grissini werden selbst gebacken. Unbedingt zu empfehlen sind die ebenfalls hausgemachten Desserts. Und zum Abschluss einen Kaffee oder einen Digestif. Mauro ist besonders stolz auf seine kleine, aber feine Auswahl an besonderen Grappe, Whiskys und Cognacs. Man kann sich auch ein Menü bestellen – hier stehen Mauro und Roberta sehr gut beratend zur Seite. Die Preise sind für eine Osteria relativ hoch, aber gerechtfertigt. Eine Tischreservierung ist unbedingt zu empfehlen!

133

OSTERIA DELL'OROLOGIO

Ein Muss für Liebhaber der traditionellen regionalen Küche

Adresse: Via Butturini 26, 25087 Salò (BS)
Mitten in der Fußgängerzone

+39 0365 29 01 58

Ruhetag: Mittwoch
Preise: €€

Die Osteria dell'Orologio ist ein Muss für jeden, der traditionelle Gerichte der Lombardia essen möchte. Das Lokal hat eine lange Historie, was man schon an der antiken Außenfassade erkennen kann. Alberto Giacomini, der Betreiber der Osteria, kocht hier seit 24 Jahren mit großer Leidenschaft fürs Produkt und nach altüberlieferten regionalen Rezepten.

Die Weinkarte ist, wie es sich für eine Osteria gehört, recht groß. Man merkt auch hier die große Verbundenheit zur Region, da die Karte in erster Linie Valtènesi-Weine, Lugana oder Franciacorta umfasst, aber natürlich auch Weine aus anderen Regionen Italiens.

In der Osteria dell'Orologio ist man herzlich willkommen, einfach nur auf ein Glas Wein und, wie traditionell üblich, einen „tagliere" vorbeizukommen – eine Aufschnittplatte mit verschiedenen Wurstwaren oder Käse, wie z. B. dem typischen Bagoss, und dazu Gemüse „sotto olio" (in Öl eingelegt). Oder man kommt zu einem Mittag- bzw. Abendessen. Die Pasta ist frisch und hausgemacht. Es gibt „pasta e fagioli" (Nudeln mit Bohnen) oder mit Entensugo, „baccalà" (Stockfisch) mit Polenta, Polenta mit Pilzen oder Fleischgerichte wie Spanferkel oder Wachtel nach italienischer Art zubereitet. Beim Fisch wird auf den „pescato di giornata" gesetzt, also quasi auf den Fang des Tages aus dem See. Somit ist alles wie gesagt sehr traditionell, aber wirklich gut und zu angemessenen Preisen. Wenn es mal nicht Pizza oder Meeresfrüchte sein sollen und man sich auf regionale Küche einlässt, wird man hier keineswegs enttäuscht. Auch die Nachspeisen sind einfach, aber sehr lecker.

FLORIANA RISTORANTE

Raffinierte Gerichte mit authentischen Zutaten

Adresse: Piazza Sant'Antonio 3, 25087 Salò (BS)
In der Nähe vom Rathaus

+39 0365 20 233
www.florianaristorante.com

Ruhetag: keiner, Montag und Mittwoch nur abends offen
Preise: €€–€€€

Das Floriana befindet sich im historischen Stadtzentrum von Salò, hinter dem Palazzo della Magnifica Patria, dem Rathaus, und nur wenige Schritte vom „lungolago" (Seeufer) entfernt. Direkt vor dem Lokal gibt es eine kleine Terrasse, auf der man im Sommer sehr nett draußen sitzt. Aber auch drinnen kann sich das Lokal sehen lassen, da die Räumlichkeiten auf das Jahr 1500 zurückdatieren und durch das Gewölbe besonders gemütlich sind.

Pizza findet man nicht auf der Karte. Dafür aber regionstypische Gerichte, Fleisch, See- und auch Meeresfisch. Die Betreiber, Paola und Luca, stehen selbst in der Küche. Die beiden legen besonderen Wert darauf, wo die Zutaten für ihre raffinierten Gerichte herkommen. Die klassische Parmigiana (ein typischer italienischer überbackener Auflauf, meist mit Auberginen) wird hier mit einem eigens hergestellten Basilikumkaviar serviert, der dem Gericht eine interessante Note gibt.

Besonders zu erwähnen sind die Gnocchi, die nicht aus Kartoffeln, sondern aus Polenta hergestellt und mit einer Gorgonzolasoße und Speck serviert werden – eine tolle Kombination aus verschiedenen „sapori" (Geschmacksrichtungen). Oder auch sehr lecker: Das hier erfundene und sehr gute „risoca". Das ist ein Wortspiel aus Risotto und „oca" (Gänsefleisch), mit cremigem Büffelkäse und Trüffel serviert. Als Secondo dann Rouladen von Manzetta prussiana, einem besonders marmorierten Rindfleisch, mit schwarzem Lavasalz und Haselnussbutter, oder eines der vielen tollen Fischgerichte. Die Nachspeisen werden alle hausgemacht und wechseln so oft, dass man sie am Tag des Besuchs erst einmal erklärt bekommt. Dank der eigenen Cantina (in dem Fall ein Weinkeller) findet man eine große Auswahl an Weinen aus Italien und anderen Ländern und man wird bei der Auswahl der zum Essen passenden Weine sehr gut beraten.

GABRIELLINO

Wunderbares Essen in angenehmer Atmosphäre

Adresse: Piazza Cavour 29, 25087 Salò (BS)
Am südlichen Ende der Seepromenade in einer kleinen Gasse

+39 0365 29 07 46
www.gabriellino.com

Ruhetag: Montag
Preise: €€–€€€

Das Gabriellino liegt ruhig in einer kleinen Seitengasse und doch nur „due passi" (zwei Schritte) vom See entfernt, den man von der Terrasse aus auch sehen kann. Die Einrichtung ist modern und überwiegend in hellen Farben gehalten, meist stehen frische Blumen auf den Tischen, sanfte Musik unterstreicht das angenehme Ambiente. Alessandro und Massimiliano, die das Lokal betreiben, beweisen ein feines Händchen fürs Detail und beraten auf ruhige und charmante Art bei der Wahl der Speisen. Ein Ort zum Abschalten, Wohlfühlen und Genießen.

Auf der Speisekarte findet man viel Meeresfisch, auch roh, z. B. als gemischte Vorspeisenplatte. Hier ist die Frische der Zutaten besonders wichtig und darauf wird großer Wert gelegt. Auch beim Fleisch setzt man auf Qualität: Wirklich hervorragend schmeckt die „tartara di fassona piemontese" – Fassona ist eine Rinderart aus dem Piemont, die für ihr zartes Fleisch bekannt ist. Alternativ gibt es z. B. „riso nero venere con pistilli di zafferano e scampi" (schwarzer Venusreis mit Safran und Scampi) oder Tortellini aus Valeggio mit Butter und Salbei und zum Hauptgang eine tolle Auswahl an Fleisch- und Fischgerichten. Außerdem werden je nach Jahreszeit saisonale Spezialitäten angeboten, wie z. B. tolle Gerichte mit weißem Spargel oder auch Trüffel aus der Region. Es gibt eine große Auswahl an Weinen, v. a. aus der Toscana, aber auch aus der Gardaseeregion und aus dem Friaul – das breite Angebot an Champagner komplettiert die Karte.

Man sollte aber auch ein bisschen Platz für eine Nachspeise lassen – es ist alles „fatto in casa" (hausgemacht), auch das Eis, und bei der recht ansehnlichen Auswahl fällt die Entscheidung nicht leicht. Da das Lokal nicht besonders viele Sitzplätze hat, ist eine Reservierung zu empfehlen.

IL BAGNOLO ECO LODGE

Agriturismo mit eigenen Bioprodukten und tollem Panorama

Adresse: Loc. Bagnolo, Fraz. Serniga, 25087 Salò (BS)
Oberhalb von Salò in den Bergen

+39 0365 202 90
www.ilbagnolo.it

Ruhetag: Dienstag; ansonsten nur abends, am Wochenende auch mittags geöffnet
Preise: €–€€

Schon bei der Anfahrt zum Agriturismo Il Bagnolo lässt man den Alltag hinter sich, da er wunderschön inmitten unberührter Natur in den Bergen liegt.

Der Betrieb arbeitet nach biologischen Maßstäben und orientiert sich an den natürlichen Rhythmen der Natur. Eine wunderbare Philosophie, die man auch in der Herzlichkeit der Familie spürt. Elisabetta, Giacomo und Mamma Antonia empfangen ihre Gäste mit einer Gastfreundlichkeit, die einem sofort das Gefühl vermittelt, Teil der Familie zu sein.

Die Küche bietet gesunde und recht einfache Gerichte - nach traditionellen Rezepten und fast ausschließlich aus eigenen und natürlichen Zutaten zubereitet. Auch das Fleisch kommt aus eigener Produktion. Auf das Wohl der Tiere legt man hier besonders viel Wert. Sie werden selbst aufgezogen, können sich zeitlebens frei bewegen und werden ausschließlich mit ausgewähltem Futter versorgt. Somit hat das Fleisch eine außergewöhnliche Qualität. Auch das Gemüse und viele Kräuter kommen aus eigenem Anbau. Die Eier stammen von den hauseigenen, glücklichen Hühnern und die Milch von den eigenen Kühen. Aus der Milch wird neben Sahne, Butter und Joghurt auch ein hervorragendes Eis hergestellt.

Das berühmteste Gericht: „tagliatelle al ragù" - ein Teller hausgemachte Bandnudeln mit traditioneller Fleischsoße. Das Rezept ist noch von der „nonna" (Oma) überliefert.

Man isst entweder auf der Terrasse mit einem atemberaubenden Panoramablick auf den Gardasee oder, in der kühleren Jahreszeit, im Innenbereich mit Kamin. Für Naturliebhaber ist ein Besuch im Bagnolo nahezu ein Muss. Es stehen sehr hübsch und stilvoll eingerichtete Zimmer und Suiten zur Verfügung - der perfekte Ort für einen erholsamen Urlaub.

TIPP

Derzeit entsteht eine neue Käserei, die man auch besichtigen und dabei mehr über die Käseherstellung lernen kann. Hier wird Käse ausschließlich aus eigener Milch hergestellt. Das macht Il Bagnolo zu einem der letzten Betriebe am Gardasee, die so arbeiten. Den Käse und viele andere eigene Produkte (Wurstwaren, Butter, Milch, Joghurt, Sahne) kann man im dazugehörigen Hofladen kaufen.

DUE DI MORO

Ein Bioparadies schwebt über dem See

Adresse: Via Ceriolo 23–25, 25083 Gardone Riviera (BS)
An der Ampel in Gardone Riviera links zum Rathaus (Municipio) und nach ein paar Kurven rechts der Beschilderung „Percorso Panoramico Via Ceriolo" folgen. Es geht sehr steil nach oben, die Straße ist befahrbar, obwohl sie nur mit Natursteinen befestigt ist.

+39 0365 201 01
www.duedimoro.it

Ruhetag: keiner; nur abends geöffnet
Preise: €

Ist man erst einmal oben angekommen, fühlt man sich dem Paradies schon ein kleines Stück näher. Das jahrhundertealte Bauernhaus wurde baubiologisch renoviert. Ganz wunderbar vermählt sich alter Cottoboden mit einer modernen Feuerstelle, die Wände brauchen keine Bilder – das Material ist Zierde genug. Herrlich auch der Blick von den Tischen auf der überdachten Veranda, egal ob bei Tageslicht, wenn man den See unter sich glitzern sieht, oder abends, wenn die Lichter der Uferpromenaden die Umrisse des Sees nachzeichnen.

Die Küche von Luca Moro ist klar, präzise, schnörkellos. Er verwendet nur erstklassige Bioprodukte in seiner Küche, v. a. Gemüse, dem er Charakter und Aromen verleiht. Besonderes und lobenswertes Augenmerk erhält auch das Olivenöl: Luca stellt es selbst her, im Winter reist er gern nach Apulien und ist dort auf der Suche nach erstklassigem Öl und auch nach charakteristischer Pasta. Abend für Abend wechselt die Karte: Es gibt vegetarische Gerichte, vegane, aber als Hauptgang auch Fisch vom Gardasee. Je drei Antipasti, Primi und Secondi stehen zur Wahl, etwa Kräuter-Bruschetta oder Balsamico-Zwiebeln. Als Primo Gemüselasagne mit zarten Böhnchen oder Karottengnocchi, die so zart sind, dass sie fast über dem Teller schweben. Als Secondo wird eine perfekt gegrillte Renke angeboten. Beim Ratatouille aus gelber Paprika, Kartoffeln und Zwiebeln als vegetarisches Hauptgericht sind wir etwas gespalten: Es war sehr gut, aber wir finden, für einen Secondo sollte etwas mehr Abwechslung auf den Teller kommen.

Die Nachspeisen sind hervorragend. Ein perfekt gewürztes Birnensorbet mit Zimt und Birnengeist oder Tarte Tatin von Birne und Honig. Die Weinkarte: eine liebevolle, gelungene und stattliche Auswahl der Bioweine aus den Gardaseeregionen in ausgezeichneter Qualität.

TIPP

Das malerische B & B hat fünf Zimmer und zwei Appartements mit einem außergewöhnlichen Seeblick. Für Gäste wird jeden Abend gekocht. Dazu gibt es von Zeit zu Zeit Kochkurse. Informationen dazu auf der Internetseite.

LA TERRAZZA SEGRETA

Restaurant im Luxushotel Villa Eden in Gardone

Adresse: Via Ronciglio 51, 25083 Gardone Riviera (BS)
Oberhalb von Gardone in den Bergen, sehr gut beschildert

+39 0365 52 00 27
www.villa-eden-gardone.com

Ruhetag: keiner
Preise: €€€€

Die Villa Eden oberhalb von Gardone ist eines der exklusivsten Luxushäuser am Gardasee. Innerhalb der Villa Eden befindet sich das Gourmetrestaurant La Terrazza Segreta mit einer wunderbaren Panoramaterrasse. Die spektakuläre Architektur des Hotels ist sehenswert. Unter dem Motto „Fine Dining“ kann man in diesem Restaurant wahre Kochkunst und echte Geschmacksexplosionen erleben. Geführt werden Hotel und Restaurant von Peter Oberrauch, ursprünglich aus Südtirol und selbst Haubenkoch. Somit lässt er seinen Stil der Haute Cuisine natürlich in der Küche mit einfließen und überwacht alle Abläufe, um maximale Qualität zu garantieren.

In erster Linie werden lokale und saisonale Produkte verwendet, aber auch Meeresfisch steht auf der Karte. Das Konzept ist „Mediterran und Moderne“. Sehr lecker sind z. B. Garnelen und Kaviar auf Erbsencreme oder hausgemachte Pasta mit Hummer. Gefolgt von frischen Fisch- oder Fleischgerichten – natürlich auch hier stets mit viel Kreativität und Können verfeinert. So ist jeder Teller ein kleines Kunstwerk. Eine Spezialität des Hauses ist das Lamm. Sehr zart und von besonderer Qualität. Nicht außer Acht zu lassen sind außerdem die Nachspeisen, auch hier darf das Auge wahrlich mitessen. Die Weinauswahl ist groß – neben heimischen Weinen werden auch edle Tropfen aus anderen Regionen und Ländern angeboten. Preis und Leistung passen hier gut zusammen.

Einmal im Monat gibt es das Event „4 mani“ (vier Hände) mit wechselnden Sterneköchen, jeden Donnerstag findet der „aperitivo lungo“ (der lange Aperitif) mit Livemusik und anschließendem Essen statt. Eine Reservierung ist generell empfehlenswert. Allein schon, damit man sich am Tor melden kann, wenn man im Hotel ankommt. Wer etwas ganz Besonderes erleben will, reserviert den sog. Chef Table für mindestens acht Personen. Hier gibt es ein Zwölfgängemenü, das vom Chef persönlich erklärt und begleitet wird. Ob nun zu einer außergewöhnlichen Gelegenheit oder einfach so – ein Besuch dieses wunderbaren Ortes lohnt sich in jedem Fall.

OSTERIA ANTICO BROLO

Raffinierte Küche im zauberhaften Innenhof

Adresse: Via Carere 10, 25083 Gardone Riviera (BS)
Oberhalb des Giardino Botanico, gleich beim Rathaus

+39 0365 214 21
www.ristoranteanticobrolo.it

Ruhetag: Montag
Preise: €€–€€€

In einer „dimora" (Wohnhaus) aus dem 18. Jahrhundert mit historischem kleinem Innenhof befindet sich die Osteria Antico Brolo. Betrieben wird sie von Enrico und Marcello, die von Freunden zu Partnern wurden, da sie eine große Leidenschaft für die Gastronomie verbindet. Die beiden sind aber v. a. auch eins: kreativ. Und so findet man hier traditionelle Gerichte, die mit Kreativität und Liebe zum Produkt neu geschaffen werden. Auch die Art und Weise, wie die Teller angerichtet werden, ist besonders. Das Auge isst schließlich mit. Und das Ganze zu angemessenen Preisen.

Zum Antipasto gibt es selbst gebackenes Brot und besondere Grissini. Als Antipasto sind die Quattro assagini zu empfehlen. Das ist eine Auswahl von vier kleinen Vorspeisen, je nach Saison. Hier wird generell großer Wert auf die saisonale Verfügbarkeit der Zutaten gelegt. Danach eine hausgemachte Pasta, wie z. B. „Casoncello alla bresciana". „Casoncelli" sind die Brescianer Version der bekannten Ravioli und werden mit Butter und Maniva, einem regionaltypischen Bergkäse, serviert. Anschließend stehen Fleisch und Fisch auf der Karte (unbedingt merken: „moscardino", eine besondere Art Minikrake), darunter auch Seefisch und - unbedingt zu empfehlen - ein schönes Angebot an hausgemachten Desserts. Die Weinkarte lässt keine Wünsche offen: Es stehen lokale und überregionale Weine zur Wahl, auch glasweise.

Nach vorheriger Reservierung gibt es Degustationsmenüs, mit oder ohne dazu passenden Weinen.

Eine echte Besonderheit ist die sehr kleine Terrasse auf der Rückseite des Lokals - gerade groß genug für einen Tisch und zwei Stühle - mit einem tollen Blick auf den Gardasee. Eine kleine, exklusive Loge für ein romantisches Essen zu zweit.

Seit 2016 gibt es für Übernachtungsgäste über dem Restaurant auch vier modern und sehr geschmackvoll eingerichtete Zimmer.

TRATTORIA AGLI ANGELI

Eine „himmlische" Trattoria in zauberhafter Lage

Adresse: Via Dosso 7, 25083 Gardone Riviera (BS)
In Gardone Sopra, nahe des Vittoriale degli italiani

+39 0365 209 91
www.agliangeli.biz

Ruhetag: Montag (außer im Juli und August)
Preise: €€–€€€€

In Gardone, ganz in der Nähe des berühmten Vittoriale degli italiani, befindet sich die Trattoria Agli Angeli. Ganz genau gesagt, liegt sie in Gardone Sopra, dem Ortsteil, der etwas oberhalb von Gardone liegt und einen bezaubernden Charme hat, dank der etwas holprigen Gassen, der antik anmutenden Gebäude und der hübschen „piazzetta" (kleiner Platz). Weil hier keine Autos fahren, kann man auf der Terrasse der Trattoria ganz in Ruhe essen und genießen.

Das Restaurant ist seit 1976 im Besitz der Familie Pellegrini und wird heute von den Schwestern Patrizia und Elisabetta betrieben, die für eine familiäre Atmosphäre sorgen. Die Mitarbeiter sind schnell und aufmerksam - ein wirklich nettes Team.

Zur Begrüßung wird ein Prosecco gereicht, dazu hausgemachtes Brot und Grissini. In der Küche hat Chefkoch Matteo das Sagen. Matteo kocht am liebsten nach traditionellen Rezepten, die er aber modern interpretiert. Auf der Karte stehen köstliche Fischgerichte, sowohl aus dem See als auch aus dem Meer, aber auch Fleischgerichte, wie z. B. Entenbrust oder „costata di manzo" (Rumpsteak).

Unbedingt probieren sollten Sie die hausgemachte Pasta oder das Carnaroli-Risotto (Carnaroli ist eine Mittelkorn-Reissorte, die gern für ein besonders cremiges Risotto verwendet wird), das mit Artischocken, Kartoffeln und „crema di baccalà" (Stockfisch) serviert wird. „Caserecci", eine typisch sizilianische Nudelspezialität, sind leicht gedreht und nehmen durch ihre Form Soßen besonders gut auf. Diese Nudelart wird von Matteo am liebsten mit Ragù di faraona (Perlhuhnragout) serviert. Perlhuhn ist eine italienische Delikatesse und nicht immer leicht auf Speisekarten zu finden.

Die Weinkarte umfasst italienische und französische Weine, aber auch manche Spezialität aus anderen Ländern. Einen Tisch zu reservieren ist absolut empfehlenswert. Hinter dem Restaurant gibt es ein sehr romantisches kleines Hotel mit eigenem Pool.

TIPP

Die Betreiberinnen der Trattoria Agli Angeli führen gegenüber auch eine nette Pizzeria mit atemberaubendem Panoramaseeblick: das Ai Pines. Unbedingt mal vorbeischauen!

Agli Angeli

BELVEDERE

Hausgemachte italienische Klassiker und Regionales

Adresse: Via Maclino 6, 25080 Toscolano Maderno (BS)
Von Süden kommend, vor der Brücke von Toscolano links den Hang hinauf

+39 0365 64 12 10
www.belvederevillahotel.it

Ruhetag: im Winter Donnerstag
Preise: €–€€

Das Erste, was im Belvedere, dem Restaurant des gleichnamigen Hotels, ins Auge sticht, ist die wundervolle Aussicht auf den See. Etwas oberhalb des südlichen Ortseingangs von Toscolano Maderno gelegen, überblickt man von der Terrasse oder den großzügig verglasten Speiseräumen aus den gesamten südlichen Gardasee, mit Punta San Virgilio, der Isola del Garda und der Rocca di Manerba zum Greifen nah.

Der tolle Blick und gutes, täglich frisches hausgemachtes Essen machen aus diesem Hotelrestaurant auch für Nichthotelgäste ein sehr beliebtes Restaurant.

Die Erfahrung im Umgang mit frischen lokalen Zutaten greift auf eine mittlerweile fast hundertjährige Tradition des Belvedere zurück. Die Pasta wird genauso wie Ravioli und Gnocchi täglich frisch zubereitet. Das Olivenöl und ein Teil der Kapern stammen vom eigenen Grundstück und selbst die Zubereitung einiger Wurstspezialitäten wird heute noch nach überlieferter Familientradition selbst vorgenommen. Auch für den Nachtisch backt man im Haus jeden Tag frischen Apfelkuchen. Auf die Zutaten kommt es an, das wissen alle guten Restaurants. Im Belvedere ist man sogar darauf bedacht, den Grill für Fisch und Fleisch nur mit eigenem Olivenholz zu befeuern. Der am gesamten Westufer so beliebte Spiedo bresciano, ein üppig bestückter Fleischspieß, wird zur kühleren Jahreszeit auf Vorbestellung zubereitet. Für die übrige Jahreszeit bleibt ja noch ein saftiges Steak „alla fiorentina“. Sympathisch die Einladung des Restaurants, eine offene Flasche guten Weines ohne schlechtes Gefühl mit nach Hause zu nehmen, um sich auch keinen Tropfen des Genusses entgehen zu lassen.

TRATTORIA SAN MARTINO – LE 3 OCHE

Exquisite Gardaseeküche in Minimalchic

Adresse: Via Roma 33, 25084 Gargnano (BS)
Kleines Gässchen mitten in der Altstadt

+39 0365 714 36
www.trattoriasanmartino.it

Ruhetag: in der Vorsaison Montag
Preise: €€–€€€

Mariangela und ihr Mann Andrea führen mit der Trattoria San Martino – Le 3 Oche ein wahres Kleinod in der Altstadt von Gargnano, einem der chicsten Seeorte am Lago di Garda. Das Lokal besteht aus einem kleinen, minimalistisch-elegant designten Speiseraum und einem kleinen, nur wenige Tische fassenden Privatgässchen, das direkt am Wasser endet. Wenn man es schafft, rechtzeitig zu reservieren, sollte man sich die Tische in der kleinen Gasse, die komplett von einem Natursteingewölbe überdacht sind, nicht entgehen lassen.

Andrea hat einen Teil der Tische genauso wie die Brettchen, auf denen viele der Gerichte serviert werden, selbst aus Olivenholz gefertigt. Der kleine Olivengarten der Familie liefert nicht nur Holz, sondern auch das Öl für die Trattoria sowie die für Gargnano typischen Zitronen und Kapern. Das gesamte Menü basiert auf den exzellenten Zutaten des Brescianer Gardasees, wobei eine besondere Vorliebe für den Gardaseefisch ins Auge fällt. Bereits zur Vorspeise ist der bunte Teller „antipasto di pesce" absolut zu empfehlen. Als Alternative gibt es ein Rindfleisch-Carpaccio aus dem Hinterland mit Steinpilzen und Grana Padano. Auch die Primi und Secondi bieten jeweils sowohl etwas für Fisch- als auch für Fleischliebhaber, mit der einen oder anderen Variante auch für Vegetarier. Köstlich ist ein einfacher Teller Spaghetti mit Seefisch, Tomaten und Basilikum oder mit Gardaseefisch-Carbonara, gefolgt von einem gegrillten oder gebackenen Fischfilet. Unter den „secondi di terra" finden wir ein Schweinefilet mit geräucherter Käsecreme aus Tremosine, ein Rinderfilet in Balsamico oder eine Hähnchen-Zitrusfrucht-Tagliata. Auch die Desserts erhalten in der Interpretation italienischer Klassiker immer eine Note Lokalkolorit, wenn etwa die Pannacotta von Zitrone und Zitrusmarmelade anstelle der üblichen Waldfrüchte begleitet wird. Es empfielt sich, die Trattoria im Hinterkopf zu behalten, wenn es einmal etwas romantischer sein soll.

AEOLUS

Ein modernes Konzept aus Restaurant und Bar mit traditionellem Essen

Adresse: Piazza Angelo Feltrinelli 8, 25084 Gargnano (BS)
Direkt am kleinen Yachthafen der Piazza Feltrinelli

+39 0365 717 62
www.aeolusrestaurant.it

Ruhetag: keiner
Preise: €€–€€€

Das Restaurant Aeolus in Gargnano wurde 2018 von drei jungen Freunden eröffnet: Filippo Morandi, Federico Fregoni und Patrick Peletti.

Aeolus, der Gott des Windes, war für die Freunde ein naheliegender Namensgeber, da Filippo begeistert kitesurft. Patrick ist in Österreich aufgewachsen, wodurch auch ein wenig seiner Kultur mit einfließt und hier perfekt Deutsch gesprochen wird.

Kennengelernt haben sich die drei auf den Malediven, wo sie alle in der Gastronomie tätig waren. Dort ist auch die Idee für das neue Lokal und Konzept entstanden: Im Aeolus kann man nicht nur essen – es gibt auch eine schöne Cocktailbar. Hier kann man sich also vor dem Essen zum Aperitif treffen oder danach noch etwas sitzen bleiben. Federico, der Barkeeper im Haus, hat mit seinen Cocktailkreationen schon verschiedene Preise gewonnen und vergibt verheißungsvolle Namen wie z. B. „Once upon a Time in Mexico“ oder „Gardasee Gimlet“ – ein Drink mit Gin und hausgemachtem Likör, der besonders im Sommer schön erfrischend schmeckt.

Filippos Vater betreibt ein Traditionslokal in Brescia und steht Chefkoch Marcos immer wieder gern beratend zur Seite. Somit findet man auf der Karte in erster Linie typische norditalienische Traditionsküche. Filippo erklärt ihre gemeinsame Entscheidung für die traditionelle Küche so, dass sie, inspiriert von den Aromen und Düften, mit denen ihre Mütter und Großmütter die Küchen erfüllt haben, traditionelle Gerichte neu interpretieren wollen. So werden „Gerichte zu Momenten, Momente zu Erinnerungen, Erinnerungen zu Tradition“.

Es gibt in der Regel nur Seefisch und gelegentlich Meeresfrüchte. Auch hausgemachte Pasta steht auf der Karte, wie z. B. Casoncelli, Teigtaschen nach Brescianer Art. Neben den selbst gemixten Cocktails stehen 70 Weine zur Wahl.

Die Lage ist beeindruckend – im historischen Zentrum von Gargnano mit Blick auf den Yachthafen der Piazza Feltrinelli von der kleinen Terrasse aus. Wer draußen keinen Platz findet, setzt sich in den sehr hübschen Gewölbekeller.

LOCANDA GENZIANELLA

„veramente kilometro zero“

Adresse: Loc. Costa, Via dei Patrioti 40, 25084 Gargnano (BS)
Von Gargnano zunächst Richtung Valvestino, dann nach Costa

+39 0365 711 33
www.locandagenzianella.it

Ruhetag: im Winter montags
Preise: €

So sieht Almenküche am Gardasee aus: Die Butter, die hier reichlich verwendet wird, stammt von glücklichen Kühen, die weiden dürfen und richtiges Gras fressen. Der Käse wird ebenfalls aus der guten Milch gemacht oder auch aus der von Ziegen, die würzige Bergkräuter zu fressen bekommen. Das Rindfleisch, das Maura und Giacomo in der Küche verwenden, stammt vom Nachbarn, die Salami wird hausgemacht oder von befreundeten Erzeugern dazugekauft.

Mit diesen köstlichen Zutaten muss man gar nicht mehr viel machen – als Antipasti werden Käse, Schinken und Salami mit hausgemachten Soßen und frisch gebackenem Brot serviert. Außen knusprig und innen würzig kommt ein Gemüsestrudel daher. Die Pasta für die Primi ist selbstverständlich hausgemacht, gefüllt mit frischestem Ricotta, Bergkräutern und geschmolzener Bergbauernbutter. Das Fleisch für den legendären Spiedo bresciano, den Fleischspieß, stammt von hier und wird zusammen mit Gemüse sanft am offenen Feuer gegrillt. Beste Zutaten, wenig Hitze und lange Gardauer sind die Geheimnisse. Andere köstliche Fleischspeisen sind Tagliata vom Jungrind oder Spanferkel. Hausgebackene Kuchen mit frischem Obst oder Tiramisu runden das Mahl ab.

Die Weine stammen allesamt von der Brescianer Seite des Gardasees, wo Groppello zu Hause ist und der Chiaretto, der Rosé des Gardasees, „erfunden“ wurde. Hier oben kann man wandern, mountainbiken, die Ruhe genießen und der Hitze unten am See entfliehen. Wer bleiben will: Es gibt Zimmer zu mieten.

LA MINIERA

Rustikal-familiär in den Bergen

Adresse: Via Chiesa 9a, 25080 Tignale-Gardola (BS)
Mitten in Tignale-Gardola

+39 0365 76 02 25
www.gardaminiera.it

Ruhetag: Dienstag
Preise: €

Das Restaurant La Miniera liegt im Dorf Tignale-Gardola, das man vom See aus erreicht, wenn man die westliche Uferstraße Gardesana Occidentale verlässt, um von Süden her die Hochebene von Tremosine anzusteuern. Hier geht es in wenigen Autominuten vom See aus in die Berge und das merkt man auch atmosphärisch. Das sympathisch-rustikale Lokal könnte von außen betrachtet fast ein Privathaus sein. Es liegt hinter einem großen Garten, in dem im Sommer an einfachen kleinen Tischen aufgedeckt ist. In den Innenräumen dominiert, fast wie in einer Berghütte, das Material Holz: holzvertäfelte Veranda, dicke Stützbalken und viele Weinkisten.

Auch das Menü weist darauf hin, dass wir uns hier sehr wohl in Seenähe, aber zugleich in den Bergen befinden. So gibt es als Vorspeise Fisch mit gegrillter Polenta, gegrillten Käse oder kleine Frikadellen aus Rehwild. Die Primi sind selbstverständlich hausgemacht: frische Pasta, wie Bigoli mit Hirschragout, Gnocchi mit Kürbis und cremigem Taleggio oder Tagliatelle mit frischen Pilzen. Die Zutaten sind natürlich saisonabhängig. Silvia und Sergio führen das La Miniera auf sehr persönliche Art und wählen die frischen Zutaten sorgfältig bei lokalen Produzenten aus. Typisch für die Küche der Brescianer Berge sind die Fleischgerichte und im La Miniera ist es v. a. das Grillfleisch, für das die Gäste den z. T. längeren Weg nach Tignale antreten. Sonntags wird im offenen Kamin ein großer Grillspieß zubereitet, der traditionelle Spiedo bresciano. Um den Wein des Hauses kümmern sich Sergio und Bruno. Beide sind ausgebildete Sommeliers und haben nicht nur die Weinkarte mit viel Hingabe zusammengestellt. Auf Anfrage organisieren sie für Gruppen ab zehn Personen auch Degustationsabende durch die immer wieder außerordentlich spannende Welt der italienischen Weine.

AL LAMBIC

Hochgenuss in der alten Brennerei

Adresse: Via S. Zenone 1, 25080 Prabione di Tignale (BS)
Prabione ist ein kleiner Ortsteil von Tignale

+39 0365 734 02
www.agrilambic.it

Ruhetag: Montag; Juli bis August keiner; nur abends und Sonntagmittag geöffnet
Preise: €–€€

Nach Jahrzehnten im Ausland ist Alessandro mit seiner Frau Barbara in sein Heimatdorf zurückgekehrt. Dort hat er den kleinen und exklusiven Agriturismo Al Lambic eröffnet – ein traumhaftes Fleckchen Erde. In dem antiken Gewölbe gibt es ein paar Zimmer mit schönen alten und gemütlichen Möbeln. Hier kann man für eine Weile dem hektischen Rhythmus des Alltags entfliehen und in die einfache, ruhige Atmosphäre der Hochebene des Gardasee eintauchen. In den warmen Monaten ist der lauschige Garten geöffnet. Dort sitzt man wunderschön mit herrlichem Blick auf den Monte Baldo.

Chefköchin Reta zaubert aus Produkten der hofeigenen Landwirtschaft oder aus anderen regionalen Produkten, oftmals alles biologisch, herrliche bodenständige Gerichte. Ein Highlight, das man unbedingt probieren sollte, sind ihre Mezzelune, eine Art große, mit dem Brescianer Bergkäse Bagoss gefüllte Raviolo. Auch die Kastanientortellini sind ein echter Genuss! Aus den einfachen Zutaten schafft es Reta immer wieder neu, ihre Gäste auf eine ganz besondere Art zu verwöhnen. Sehr zu empfehlen sind auch die zarten Fleischgerichte: Rinderfilet, Kaninchen, Ente oder der klassische Grillspieß mit mehreren saftigen Fleischsorten.

Bereits in vierter Generation destilliert Alessandro außerdem Grappa: eine klassische Gardaseemischung aus verschiedenen Trestersorten, der „rugiada delle alpi" (Tau der Alpen) genannt wird. Jedes Jahr gibt es nur 300 l des edlen Tröpfchens, mehr darf der Hausherr dem alten Brennrecht nach nicht herstellen. Wenn Sie also ein Fläschchen ergattern: herzlichen Glückwunsch! Es wird sogar per Hand mit Ihrem eigenen Namen beschriftet. Auch beim Dessert findet der Grappa Verwendung: Es gibt eingemachte Birnen, verfeinert mit dem klaren Schnaps.

AGRITURISMO NAI

Gutes, rustikales Essen im Bergbauernhof

Adresse: Loc. Nai, Via Vassacler 50, 25010 Tremosine sul Garda (BS)
Nahe Pieve di Tremosine

+39 0365 91 80 01
www.agriturismonai.it

Ruhetag: Montag
Preise: €

Nur einen Steinwurf vom See entfernt, aber doch richtig in den Bergen liegt der Agriturismo Nai. Zuerst war der Bauernhof und dann das Speiselokal, und das sieht und spürt man. Sehr romantisch liegt der Hof zwischen Weiden und Koppeln, auf denen Kühe, Pferde, Ziegen und Esel zu Hause sind. Vom Agriturismo kann man zum Ausritt durch die Berge starten, bevor man sich entspannt zum Mittag- oder Abendessen auf die Terrasse setzt. Und wenn es einem geschmeckt hat, freut man sich, dass man den guten Käse, die Wurst, das Fleisch und das Olivenöl aus dem Hofladen auch gleich noch nach Hause mitnehmen kann.

Im Agriturismo Nai bekommt man einen guten Teller einfacher, aber ordentlich und schmackhaft zubereiteter Regionalküche. Auf dem Biohof werden Gemüse angebaut und Käse sowie hervorragendes Olivenöl hergestellt, der Schwerpunkt der Speisekarte liegt aber eindeutig auf den Fleischgerichten. Das beginnt bei der guten Aufschnittplatte und dem Carpaccio oder Tatar vom Jungrind oder Pferd und endet bei den aromatisch gebratenen Steaks und dem überm Feuer zubereiteten Grillfleisch, traditionell von Polenta oder Kartoffeln begleitet. Auf vorherige Anfrage werden auch Wildspezialitäten oder der berühmte Spiedo bresciano zubereitet. Aber natürlich gibt es auch hausgemachte Pastagerichte mit Steinpilzen, Ragout oder, als vegetarische Option, eine Ricotta-Kräuter-Rolle und Tortelli mit Butter und Salbei. Bei den Süßspeisen ist die Cialda, eine knusprige Teigrolle mit Vanillecreme und warmen Waldfrüchten, die Ausnahme in einem sonst klassischen Angebot aus Pannacotta, Tiramisu und einem duftenden Apfelstrudel. Die Philosophie des Hauses ist es, die Gerichte einfach und gut zu halten. Für erstklassige Zutaten steht der Hof dabei selbst ein.

148

AGRITURISMO ALPE DEL GARDA

Die Bergbauernkooperative von Tremosine kocht

Adresse: Via Provinciale 1, 25010 Tremosine sul Garda (BS)
Auf der Straße von Limone nach Tremosine gut ausgeschildert

+39 0365 95 30 50
www.alpedelgarda.it

Ruhetag: von Ostern bis Ende Oktober täglich geöffnet
Preise: €

Die Bergbauern von Tremosine, der kleinen Hochebene über dem nordwestlichen an die Provinz Trentino angrenzenden Gardaseeufer, sind seit gut 40 Jahren in einer Genossenschaft vereint, um die Milch der Kühe, die hier auf den Almen weiden, gemeinsam zu Käse zu verarbeiten und auf den Markt zu bringen. „Alpe del Garda“, so der Name, unter dem guter Bergkäse in verschiedenen Reifestufen und mit unterschiedlichsten Kräutern angeboten wird, von der einfachen Formagella Tremosine über den Rohmilchkäse bis zum ausgereiften Garda Riserva ist die Bandbreite groß. Die Kooperative verkauft ihren Käse auf Märkten der Umgebung, wie z. B. auf dem großen Wochenmarkt in Desenzano, aber auch im eigenen Laden in Tremosine selbst, wo das Angebot um Fleisch und Wurstwaren, die ebenfall aus der Genossenschaftsproduktion stammen, erweitert wird.

Am besten probiert man die ganze Bandbreite des Angebots bei einer gemütlichen Brotzeit im Agritursimo gleich in der Nachbarschaft der Käserei. Pur oder in einem der einfachen und traditionellen Rezepte, wie z. B. der für die Region so typischen Polenta mit Käse. Das gute Fleisch gibt es hier vom Grill und die Portionen sind üppig. Um dem Geschmack der Kundschaft entgegenzukommen, wird das Angebot mit Pastagerichten sowie mit lokalen Trüffel- und Wildspezialitäten abgerundet.

LA CANTINA DEL BAFFO

Ein Sternekoch interpretiert, was Gutes am Gardasee wächst und gedeiht

Adresse: Via Caldogno 1, 25010 Limone sul Garda (BS)
Am nördlichen Ortsrand von Limone

+39 0365 91 40 61
www.lacantinadelbaffo.it

Ruhetag: Montag
Preise: €€€

Das Gebäude verschleiert ein wenig die Klasse des Restaurants. Im Sommer hat man Gelegenheit, auf einer Aussichtsterrasse den Blick auf den See und die Berge zu genießen, aber sie ist etwas zu normal für die exquisite und hochkreative Küche, die man hier geboten bekommt. Der Chefkoch des Hauses ist Isidoro Consolini, der, bevor er sich vor gut fünf Jahren dazu entschlossen hat, sich auf das Abenteuer der Cantina del Baffo einzulassen, in Torri del Benaco bereits zu Michelin-Stern-Ehren gekommen war. Die Kreativität zeigt schon in der optischen Präsentation der farbenfrohen Gerichte, dass hier ein Könner am Werk ist. Dabei wird auf Exotisches in den Zutaten grundsätzlich verzichtet. Philosophie der Cantina del Baffo ist es, das Beste aus den Zutaten herauszuholen, die man in optimaler Qualität am Gardasee reichlich vorfindet. Eine gesunde Küche, in der neben Fleisch und Fisch aus dem vor Ort angebauten Gemüse auch köstliche vegetarische und vegane Gerichte gezaubert werden. Der Fisch stammt bevorzugt aus dem Gardasee, wie z.B. für die Ravioli mit Tomate oder die geräucherte Renke mit Spinat - aber nicht immer, wie der gegrillte Tintenfisch oder die Krabben in Kartoffelkruste zeigen. Das Fleisch ist von ausgezeichneter Qualität, wie nicht nur bei der Tagliata, sondern auch bei der Entenrolle mit Pecorino an Zitrusfrüchten zu erkennen ist. Die Cantina del Baffo bietet regelmäßig wechselnde Degustationsmenüs, die den Jahreszeiten folgend die Möglichkeit bieten, die Vielfalt der Kochkunst von Isidoro Consolini kennenzulernen.

150

AL VECCHIO FONTEC

Ein Juwel mitten in der Altstadt von Limone sul Garda

Adresse: Via della Corda 21, 25010 Limone sul Garda (BS)

+39 036 595 41 85

Ruhetag: Donnerstag
Preise: €€–€€€

Mitten in der Altstadt von Limone sul Garda, aber dennoch abseits des lärmigen touristischen Pfades, befindet sich das liebevoll gestaltete Restaurant Al Vecchio Fontec. Hier sitzt man in einem bezaubernden Hof im Freien, ist aber dennoch vor der Witterung geschützt. Außerdem gibt es einige Sitzplätze im Inneren des kleinen Lokals. Zudem hat jeder Tisch seine eigene Geschirrfarbe. Die Chefin bedient hier persönlich und nimmt sich für jeden Tisch und Gast sehr viel Zeit. Es gibt eine traditionelle Küche und die Speisen werden detailreich und mit viel Liebe angerichtet. Das Essen wird in interessanten und pfiffigen Zusammenstellungen serviert, z. B. gebratener Oktopus auf Wassermelone oder Ziegenkäse im Teigmantel mit Erdbeeren und einer Balsamico-Creme. Hier werden sowohl Fisch- als auch Fleischliebhaber fündig. Es gibt u. a. fangfrische Gardaseefische und zarte Lammkoteletts. Außerdem gibt es eine feine Weinauswahl, bei der v. a. der Hauswein sehr zu empfehlen ist. Insgesamt ist das Preis-Leistungs-Verhältnis wirklich gut. Unbedingt sollte als Dessert einer der hausgemachten Kuchen oder das Tiramisu probiert werden.

Wer noch nach einem guten Olivenöl sucht, kann dieses zuerst beim Essen probieren und anschließend direkt im Lokal kaufen. Rundum ein kleiner Geheimtipp im schönen Limone sul Garda.

LOMBARDIA

DIE EINKAUFSADRESSEN

81 Fattoria Cà Rossa
82 La Dispensa Contadina
83 Salumi Cobelli
84 Cantina Bertagna
85 Rob del Bosco Scuro
86 Luppolajo
87 Case Vecchie
88 Corte Bettini
89 Cantina Ricchi
90 Cantina Gozzi
91 Cascina Roveri
92 Centro Carni
93 Al Muràs
94 Bulgarini
95 Tenuta Roveglia
96 Selva Capuzza
97 Pilandro
98 Cà Lojera
99 Foggiato
100 Fenilazzo – Agrigelateria sull'Aia
101 Macelleria Gallina
102 Montecroce
103 Perla del Garda
104 Romantica
105 San Cristoforo
106 Ca' del Bosco
107 Monte Rossa
108 Bellavista
109 Ferghettina
110 Cantrina
111 La Torre

112 La Fucina dei Sapori
113 Redaelli de Zinis
114 Cascina Belmonte
115 Caffè Martini
116 Zuliani
117 Calvino Gusto Supremo
118 Manestrini
119 Il Roccolo
120 I Lecci
121 Le Sincette
122 Leali di Monte Acuto
123 Sergio Delai
124 Comincioli
125 Pasini San Giovanni
126 Costaripa
127 Manerba Brewery
128 Avanzi
129 Cooperativa Agricola San Felice
130 Poggio Riotto
131 Tassoni
132 Berealto
133 Pasticceria Vassalli
134 Mercato Coperto dei Formaggi
135 Pescheria Castellini
136 Karin Steinbacher
137 Frantoio Bonaspetti
138 Bignotti
139 Frantoio Olio Giacomini
140 Latteria Turnaria

81

FATTORIA CÀ ROSSA

Strada Statale Nord 249 5
46048 Roverbella (MN)
+39 0376 69 46 65

Eine Viertelstunde südlich von Valeggio sul Mincio liegt auf der Straße nach Mantova die Käserei Fattoria Cà Rossa. Die Milch vom eigenen Hof wird hier noch traditionell zu frischem und herzhaft gereiftem Caciotta verarbeitet. Stracchino, Ricotta, Joghurt und Mozzarella sind hier ebenfalls ganz frisch zu haben, z. T. mit guten Kräutern verfeinert. Die Fattoria Cà Rossa ist auch auf diversen Wochenmärkten der Region zu finden, so auf dem Bauernmarkt von Mantova und donnerstagvormittags in San Benedetto di Lugana bei Peschiera del Garda.

82

LA DISPENSA CONTADINA

Viale Risorgimento 5/7
46049 Volta Mantovana (MN)
+39 0376 83 84 90

Am Ortsrand des kleinen und romantischen Volta Mantovana führt Silvia mit viel Liebe für das gastronomische Detail ein Lebensmittelgeschäft mit frischem Gemüse und Spezialitäten aus der Region sowie diversen Bioprodukten. Neben gutem Käse, Salami und Schinken gibt es hausgemachten Kräuter-Grappa, die typische Sbrisolona und köstliches Brot. Als schnelle Lösung für alle, die nicht kochen wollen, bietet die Dispensa Contadina ein breites Repertoire an fertig zubereiteten Gerichten, die in Restaurants der Nachbarschaft landestypisch zubereitet und portionsweise verkauft werden.

83

SALUMI COBELLI

Via Monte Pagano 1c, Loc. Campagnolo
46040 Cavriana (MN)
+39 0376 822 53
www.salumicobelli.it

Im kleinen Dörfchen Campagnolo di Cavriana, im Hügelland westlich von Valeggio sul Mincio, stellt Cobelli typisch Mantovaner Fleisch- und Wurstwaren her. Hier gibt es Salami, Coppa und frisches Grillfleisch von ausgesuchten Höfen in vorzüglicher Qualität, und das zu einem ausgesprochen günstigen Preis. Besonderen Wert legt man darauf, dass alle Produkte gluten- und laktosefrei und damit auch für Menschen mit Lebensmittelintoleranzen bestens geeignet sind. Man muss den Laden im Ort ein wenig suchen, aber es lohnt sich.

84

CANTINA BERTAGNA

Via Madonna della Porta 14, Fraz. Bande
46040 Cavriana (MN)
+39 0376 822 11
www.cantinabertagna.it

Die Kellerei Bertagna liegt sehr schön mitten auf dem Land und in der Nähe des berühmten Örtchens Solferino. Die exzellente Weinbautradition von Bande, dem Dorf, zu dem auch das Weingut gehört, soll bis in die Zeiten des römischen Imperiums zurückreichen. Bertagnas Weine, die in der kleinen Gewölbekellerei mit Snacks zur Degustation geboten werden, sind durchwegs von guter Qualität. Bekannt ist der weiße Lugana, aber es gibt auch Roten, Rosé und Sekt sowie Dessertwein. Cantina Bertagna nimmt regelmäßig an Events wie Cantine Aperte teil. Eine gute Gelegenheit für einen Besuch!

85

ROB DEL BOSCO SCURO

Via Bosco Scuro 8
46040 Cavriana (MN)
+39 0376 81 50 40
www.robdelbosco.com

Wunderbare Frucht- und Gemüseaufstriche, Nudelsoßen und Gemüsesuppen. Rob del Bosco Scuro ist ein rein biologisch produzierendes Familienunternehmen am südlichen Gardasee. Die Zutaten stammen von den eigenen Feldern und von den ebenfalls biologisch wirtschaftenden Nachbarbetrieben. Hier ist der Weg vom Feld ins Glas oder in die Flasche so kurz wie möglich und das schmeckt man - bei den feinen Obstsäften aus Quitten, Äpfeln, Birnen und Kiwi genauso wie bei der traditionellen Mostarda di mela, die als süßer Kontrast bei keinem Mantovaner Fleischgericht fehlen darf.

86

LUPPOLAJO

Strada Carpenedolo 13
46042 Castel Goffredo (MN)
+39 333 969 17 24
www.luppolajo.it

Luppolajo ist hausgebrautes Bier aus der Poebene südlich des Gardasees. In den letzten Jahren sind kleine Qualitätsbrauereien in Italien sehr beliebt geworden. Das Bier von Luppolajo gehörte zu einem der ersten in der Region und ist wirklich zu empfehlen. Das Besondere an dem Betrieb ist aber, dass alle Zutaten vom eigenen Land kommen. Gerste und Weizen gedeihen in der Ebene hervorragend. Der Hopfenanbau wurde in dieser Region unter den Österreichern einst erfolgreich betrieben. Luppolajo knüpft an diese Tradition an. Mit „Bucolica“ steht sogar ein Bier in Kölsch-Brauart mit im Sortiment!

87

CASE VECCHIE

Strada Festoni 36, Loc. Case Vecchie
46040 Monzambano (MN)
+39 338 536 36 51

Case Vecchie ist ein sehr netter kleiner Biobetrieb mit tollen Spezialitäten. Naturwein wie Merlot, Cabernet und Chardonnay (Spontangärung), Marmeladen, Kräuter und Würzsalze, Pasta und Mehl aus Grano antico - dem sog. Urweizen, Olivenöl und verschiedene Arten von Honig, die immer wieder prämiert werden (hier wird besonderer Wert auf die artgerechte Haltung der Bienen gelegt). Ganz neu im Sortiment: ein leckerer Honigwein. Der Inhaber Paolo Ferri ist sehr sympathisch und empfängt seine Kunden in liebevoller Atmosphäre zu Verkostungen.

88

CORTE BETTINI

Strada Festoni 36
46040 Monzambano (MN)
+39 349 563 07 92
www.cortebettini.it

Elena Bertagna hat ihr Leben dem Anbau von Blumen sowie Heil- und Aromakräutern in den moränischen Hügeln, den Colline moreniche del Garda, verschrieben. Eine Besonderheit ist das sog. Elicrisio, ein Currykraut, auch italienische Strohblume genannt. Ihre Pflanzen verarbeitet sie dann zu Tees, zu Kräutermischungen zum Kochen und - ganz neu - zu rein natürlichen kosmetischen Pflegeprodukten. Sie arbeitet sehr eng mit Paolo von Case Vecchie zusammen und verkauft ihre Produkte auch in dessen Shop. Der respektvolle Umgang mit der Natur liegt ihr ganz besonders am Herzen.

89

CANTINA RICCHI

Strada Festoni 13 d
46040 Monzambano (MN)
+39 0376 80 02 38
www.cantinaricchi.it

Die Familie Stefanoni bewirtschaftet seit vielen Generationen in respektvollem Umgang mit der Natur ca. 40 ha Weinberge in den Moränenhügeln von Monzambano. Die Erde weist hier eine ganz besondere Qualität auf und auch die klimatischen Bedingungen tragen zu einer hervorragenden Traubenqualität bei. Neben Rotweinen wie Merlot und Cabernet gibt es den sog. Mandorlo, einen Weißwein mit einer sanften Mandelnote. Ein Spumante metodo classico (Herstellung wie Champagner), Grappa und Olivenöl komplettieren das Angebot. Nach Reservierung kann man das Weingut besichtigen und die Produkte verkosten.

90

CANTINA GOZZI

Via Ortaglia 16
46040 Monzambano (MN)
+39 0376 80 03 77
www.cantinagozzi.com

Die Cantina Gozzi ist ein Familienbetrieb, geführt von den Brüdern Cesare und Franco, doch inzwischen gestalten auch die Söhne mit. Auf rund 25 ha wird Wein angebaut, etwa der in den Moränenhügeln südlich des Gardasees beste Bedingungen vorfindende Merlot. Aber auch heimische Rebsorten wie Rondinella, Rossanella oder der weiße Garganega werden kultiviert. Der Weinführer Veronelli vergab einen Preis-Leistungs-Oscar für den Chiaretto. Hervorzuheben sind Riserve und ein ausgezeichneter Spumante. Grappa und Honig ergänzen das Angebot.

91

CASCINA ROVERI

Viale Pariani 6, Loc. Olfino
46040 Monzambano (MN)
+39 0376 80 08 07
www.cascinaroveri.it

Der Hof von Cristian Perantoni liegt im Tal des Mincio, zwischen Monzambano und Valeggio. In dieser Naturoase braut er aus eigenem Getreide drei Biersorten – Helles, Dunkles und Birra rossa, ein Doppelbock mit stolzen sieben Volumenprozent Alkohol. Hausgebrautes Bier ist in Italien nicht für den schnellen Durst zwischendurch gedacht, sondern immer etwas, wofür man sich Zeit nehmen sollte. Wie auf einem Weingut gibt es in der Cascina Roveri die Möglichkeit an einer kleinen Degustationstour teilzunehmen. Ein idealer Zwischenstopp bei einer sommerlichen Radtour.

92

CENTRO CARNI

Via Santa Maria 21
25010 Pozzolengo (BS)
+39 030 91 85 24
www.centrocarnicollistorici.it

Jeder Teil des Tieres ist wertvoll! Das ist nur eine von vielen Grundregeln für einen verantwortungsvollen Konsum, die Andrea Castrini und sein Team in ihrer Metzgerei in Pozzolengo ihren Kunden vermitteln wollen. Sie tun dies beispielsweise durch das Konzept des „quinto quarto“, zu Deutsch des „fünften Viertels“. Dabei sollen Teile des Tieres wie Kutteln, Leber, Herz, Backe und Zunge wieder stärker in den Blickpunkt gerückt werden. Im angeschlossenen Spezialitätenladen werden über die hervorragenden Wurstwaren hinaus viele andere Spezialitäten aus der Region wie Käse, Pasta und Olivenöl angeboten.

93

AL MURÀS

Via Morazzo 3
25010 Pozzolengo (BS)
+39 030 91 81 88
www.zafferanodipozzolengo.it

In der Azienda Agricola Al Muràs der Familie Grazioli unweit des Schlosses von Pozzolengo wird ein ganz besonderer Schatz angebaut: Safran. Er wird aus dem Blütenstempel der Krokusart Crocus sativus hergestellt. Der Anbau bei Al Muràs erfolgt rein biologisch und es wird von Hand geerntet. In einem Gramm des Produkts stecken viel Liebe und Arbeit, da die Blütenstempel mit großer Vorsicht von der Blüte getrennt werden müssen und dann behutsam über Holzglut getrocknet werden. Nicht umsonst wird Safran das „rote Gold" genannt.

94

BULGARINI

Loc. Vaibó 1
25010 Pozzolengo (BS)
+39 030 91 82 24
www.vini-bulgarini.com

Das Weingut Bulgarini im Herzen des Lugana in Pozzolengo gibt es seit 1930, gegründet wurde es von Emilio Bulgarini. Es blickt damit auf eine lange Historie zurück, heute werden die Weine von der dritten Familiengeneration mit viel Liebe zum Produkt hergestellt. Im Sortiment gibt es natürlich verschiedene Lugana-Weine – aber auch Rotwein, Roséwein, eine Trockenbeerauslese (den „Gerumì"), einen Sekt aus der Traube Chardonnay, nach der Charmat-Methode hergestellt (Charmat ist die Herstellungsart, mit der z. B. Prosecco produziert wird), sowie einen ausgezeichneten Grappa.

95

TENUTA ROVEGLIA

Loc. Roveglia 1
25010 Pozzolengo (BS)
+39 030 91 86 63
www.tenutaroveglia.it

Mitten im DOC-Anbaugebiet des hervorragenden Weißweins Lugana baut Tenuta Roveglia auf 70 ha Land Reben für ihre mittlerweile von vielen Fachzeitschriften prämierten Weine an. „Slow Wine", „Decanter", „Wine Enthusiast" und viele andere bescheinigen dem Gut, dass sich ein Besuch wirklich lohnt. Neben Lugana gibt es auch Rotwein, Passito und Grappa. Die besondere Atmosphäre bei einem Besuch des herrschaftlichen Gutes wird von einer interessanten Antiquitätensammlung im Weinkeller unterstrichen, in dem auch die Degustationen stattfinden.

96

SELVA CAPUZZA

Loc. Selva Capuzza
25010 Desenzano del Garda (BS)
+39 030 991 02 79
www.selvacapuzza.it

Das Weingut Selva Capuzza liegt im Herzen des Lugana und wird von den Brüdern Luca und Fabio Formentini betrieben. Es gibt den berühmten Lugana-Weißwein, Roséwein, Rotwein (u.a. aus den Trauben Groppello, Sangiovese, Barbera und Marzemino) und einen Spumante. Eine Besonderheit ist der Weißwein „Campo del Soglio“ aus der Traube Tuchì. Er ist ein Wein der kontrollierten Ursprungsbezeichnung San Martino della Battaglia DOC – das Gebiet umfasst nur 12 ha insgesamt. Das angeschlossene Restaurant Cascina Capuzza bietet eine hervorragende regionale Küche, im Agriturismo Borgo San Donino kann man übernachten.

97

PILANDRO

Loc. Pilandro 1
25015 Desenzano del Garda (BS)
+39 030 991 03 63
www.pilandro.com

In der Kellerei von Pilandro, so sagt man, entsteht einer der besten Lugana dieser beliebten Region. Geschmack liegt immer im Auge des „Verkosters“, da man bei Pilandro besonderen Wert auf eine herzliche Gastfreundschaft legt, kann man alle Weine probieren und selbst entscheiden. Die „Domus Pilandro“, die Kellerei, entstand bereits zwischen dem 15. und 16. Jahrhundert im historischen Ort San Martino della Battaglia und wurde 1980 von der Familie Lavelli übernommen, die neben ihren Lugana-Weinen auch Grappe, Sekt und diverse Rotweine (auch Bardolino-Wein) zur Verkostung und zum Kauf anbietet.

98

CÀ LOJERA

Via 1866 19, Loc. Rovizza
25019 Sirmione (BS)
+39 045 755 19 01
www.calojera.com

Wo einst Schmuggler am südlichen Gardaseeufer ihren heimlichen Geschäften nachgingen, steht heute das perfekt organisierte Weingut Cà Lojera. Nur der Name stammt aus jener Zeit, Cà Lojera bedeutet „Haus der Wölfe“. Ausschließlich auf den eigenen 18 ha Land bauen Franco Tiraboschi und seine Frau Ambra die Trauben für ihre Weißweine, Lugana sowie Chardonnay, an. Merlot und Cabernet Sauvignon werden für ihre Roten bzw. für den am See so beliebten Chiaretto kultiviert. Aus den Trebbiano-di-Lugana-Trauben wird auch ein sehr guter Spumante gemacht – eine lohnende Degustationsetappe zwischen Sirmione und Peschiera.

99

FOGGIATO

Via 1866 10, Loc. Rovizza
25019 Sirmione (BS)
+39 030 990 60 29
www.itticafoggiato.com

Wo kauft man am Gardasee am besten Fisch? Für das Südufer heißt eine gute Antwort: bei Foggiato in Sirmione. Weil Frische und Preis einfach stimmen, gilt Foggiato als Tipp unter Restaurantköchen. Aber auch für Privatkunden gibt es im kleinen Laden der Firma frischen Fisch aus ganz Italien, Meeresfische genauso wie Fisch aus dem Gardasee. Je nach Fangzeit ist nicht jeder Fisch zu jeder Jahreszeit zu haben. Man berät hier aber gern über Alternativen. Sollten Sie auf der Suche nach einem bestimmten Fisch sein, bestellen Sie ihn am besten am Abend zuvor. Man spricht Englisch und hilft immer gern.

100

FENILAZZO – AGRIGELATERIA SULL'AIA

Loc. Fenilazzo 1
25015 Desenzano del Garda (BS)
+39 030 911 06 39
www.cortefenilazzo.it

Eisfreunde aufgepasst! Fenilazzo bietet unglaublich gutes Eis aus den besten Zutaten. Frische Milch und Sahne aus eigener Molkerei werden direkt verarbeitet und mit frischen Eiern, Früchten etc. zu den leckersten Eissorten gemischt. Unbedingt probieren sollte man auch den Käse und den Joghurt. Geheimtipp: die Pizza. Zusammen mit Pizzaweltmeister Giorgio Sabbatini hat das Team von Fenilazzo ein innovatives Pizzabacken erfunden. Der Teig hat einen niedrigen Salz- und Fettgehalt und besteht aus proteinreichen und ballaststoffreichen Mehlen. Leicht, knusprig, leicht verdaulich. Was will man mehr ...?

101

MACELLERIA GALLINA

Via Croce Benedetto 14
25015 Desenzano del Garda (BS)
+39 030 911 09 38
www.macelleriagallina.it

Pferdefleisch ist v. a. in der südlichen Region des Gardasees sehr beliebt. Die Macelleria Gallina in Desenzano/Rivoltella ist ein echter Traditionsbetrieb. Hier kommt man in den Genuss von Pferdefleisch, Pferdesalami und -schinken und es lassen sich die feinen Sfilacci (dünne Streifen getrocknetes Pferdefleisch, gewürzt mit Olivenöl) kaufen. Das fachkundige Team hilft gern bei der Auswahl der zahlreichen Spezialitäten. Empfehlenswert sind auch die fertigen Gerichte, die frisch zubereitet werden, und die große Tatar-Auswahl.

(102)

MONTECROCE

Viale Ettore Andreis 84
25015 Desenzano del Garda (BS)
+39 030 991 15 04
www.frantoiomontecroce.it

Auf einem der sanften Hügel oberhalb von Desenzano geht die Familie Ramanzini seit Generationen ihrer Leidenschaft nach und produziert beste Olivenöle. Paolo und seine Familie lassen ihre Gäste und Kunden gern in die Materie eintauchen und erklären - auch auf Deutsch - sämtliche Details des Anbaus, der Ernte und der Produktion dieses Herzstücks der mediterranen Küche. Die verschiedenen Öle des Frantoio Montecroce haben weltweit schon viele Preise gewonnen. Neben dem herrlichen Olivenöl gibt es in dem kleinen Laden noch weitere Spezialitäten: Honig und verschiedene Essige.

(103)

PERLA DEL GARDA

Via Fenil Vecchio 9
25017 Lonato del Garda (BS)
+39 030 910 31 09
www.perladelgarda.it

Das Weingut Perla del Garda wurde erst im Jahr 2000 von der Inhaberin Giovanna Pradini gegründet und liegt im Lugana-Gebiet in Lonato del Garda. Der Lugana DOC „Madre Perla" zählt zu den „Top Hundred", den 100 besten Weinen Italiens. Neben der Traube Trebbiano di Lugana (die zur Herstellung des Lugana-Weins verwendet wird), werden auf 30 ha auch Sauvignon, Riesling und Chardonnay für weitere Weißweine sowie Merlot, Cabernet Franc und Rebo für die Produktion der Rotweine angebaut. Gruppen von bis zu 100 Personen sind für Verkostungen herzlich willkommen.

(104)

ROMANTICA

Via Vallosa 29
25050 Passirano (BS)
+39 331 772 74 86
www.romanticafranciacorta.com

Seit 1931 produziert die Familie Avanzi im Süden und Südwesten des Gardasees Wein und Olivenöl. Diesen großen Erfahrungsschatz haben sie auch in die Produktion von Franciacorta-Weinen gesteckt und vor wenigen Jahren eine moderne Kellerei errichtet, aus der bereits ausgezeichnete Jahrgänge hervorgegangen sind. Nur wenige Minuten von der Ausfahrt Ospitaletto entfernt, können Besucher das Weingut besichtigen und den Besuch mit einem Mittag- oder Abendessen abschließen. Eine Voranmeldung ist in jedem Fall erforderlich.

105

SAN CRISTOFORO

Via Villanuova 2
25030 Erbusco (BS)
+39 030 776 04 82
www.sancristoforo.eu

Nur fünf Autominuten von der Autobahnausfahrt Rovato entfernt, liegt das kleine Weingut San Cristoforo der Familie Dotti. Bruno Dotti produziert hier auf 10 ha hervorragenden Franciacorta. Beispielsweise den „Franciacorta Brut", der zu 100 Prozent aus der Rebsorte Chardonnay besteht. Oder den „Franciacorta Celeste", ebenfalls zu 100 Prozent Chardonnay, allerdings ohne Zuckerzusatz („Non Dosato"). Von Letzterem werden nur 1000 Flaschen erzeugt. Mitte September verwandelt sich der kleine Betrieb im Rahmen des Festival del Franciacorta zudem in eine kulinarische Begegnungsstätte.

106

CA' DEL BOSCO

Via Albano Zanella 13 (Eingang über die Via Lovera)
25030 Erbusco (BS)
+39 030 776 61 11
www.cadelbosco.com

Maurizio Zanella hat Unglaubliches geleistet. Mit großer Leidenschaft, Kreativität und Innovationsgeist hat er aus einem kleinen Weingut eine der renommiertesten Kellereien Italiens gemacht. Eingebettet in Weinberge und Wälder, erwartet die Besucher eine moderne Kellerei, die fast schon einem Museum gleicht. Überall auf dem Gelände finden sich Skulpturen in allen Farben und Materialien. Und auch die Weine sind wahre Kunstwerke. Nur gegen Voranmeldung können die Kellerei besichtigt und die ausgezeichneten Weine verkostet werden.

107

MONTE ROSSA

Via Monte Rossa 1 rosso
25040 Bornato di Cazzago S. Martino (BS)
+39 030 725 46 14
www.monterossa.com

Als im Jahr 1972 Paolo Rabotti mit seiner Frau Paola in die Produktion von Schaumwein einstieg, gehörten sie zu den Franciacorta-Pionieren. Heute leitet ihr Sohn Emanuele das Weingut, das mit einer Jahresproduktion von 500 000 Flaschen zu einer der angesehensten Kellereien der Region zählt. Das wunderschön gelegene Anwesen mit herrschaftlicher Villa und Kellerei kann gegen Voranmeldung besichtigt werden. Wenden Sie sich dazu an Frau Paola Beghini unter der Telefonnummer +39 348 758 69 48 oder per E-Mail an paola@monterossa.com.

108

BELLAVISTA
Via Bellavista 5
25030 Erbusco (BS)
+39 030 776 20 00
www.bellavistawine.it

Vittorio Moretti hatte einige Hektar Land von seinem Großvater geerbt und mit entschlossenem Unternehmergeist Bellavista zu einem der großen Namen im italienischen Weinbau gemacht. Pro Jahr werden heute 1,4 Mio. Flaschen produziert und die Weine gehören zu den besten aus der Region. Und auch ein anderer Name ist mit dem Erfolg von Bellavista eng verknüpft - Mattia Vezzola. Er wurde im Laufe seines Lebens schon mehrmals als bester Önologe ausgezeichnet. Es ist unbestritten, dass er mit seinem Engagement ab 1981 den besonderen Stil der Bellavista-Weine geprägt und großen Anteil am weltweiten Erfolg der Kellerei hat.

109

FERGHETTINA
Via Saline 11
25030 Adro (BS)
+39 030 745 12 12
www.ferghettina.it

Im Herzen der Franciacorta, auf einem Hügel mit schönem Panoramablick, liegt das Weingut Ferghettina. Geführt wird es von Roberto Gatti, seiner Frau Andreina und den Kindern Laura und Matteo. Sie produzieren vier Franciacorta-DOCG-Weine, die immer wieder die höchsten Auszeichnungen erhalten. Allen voran der „Franciacorta Pas Dosé Riserva 33". Aber auch der „Franciacorta Extra Brut" oder der „Franciacorta Saten" sind zu erwähnen.

110

CANTRINA
Via Colombera 7, Fraz. Cantrina
25081 Bedizzole (BS)
+39 030 687 10 52
www.cantrina.it

Ein Familienbetrieb mit echter Handarbeit. In dem winzigen Ort Cantrina haben sich Cristina Inganni und Diego Lavo der Kunst des Weinmachens verschrieben. Seit den 1990er-Jahren produzieren sie mit Sorgfalt und Können äußerst interessante Tropfen. Der „Espresso Wine Guide" hat in der Ausgabe 2019 dem 2012er „Sole di Dario" den begehrten Five Bottles Award verliehen und ihn zu einem der sieben besten Süßweine Italiens ernannt. Herausragend auch der typische Groppello oder der „Riné" aus Riesling, Chardonnay und Incrocio Manzoni. Es ist kein Problem, die Cantina zu besuchen und die Weine zu probieren, besser ist es aber, sich vorher anzumelden.

111

LA TORRE

Loc. Torre 3
25080 Mocasina di Calvagese (BS)
+39 030 60 10 34
www.pasini-latorre.com

Die Azienda Agricola La Torre liegt im Herzen des Valtènesi und ist in einem herrlichen alten Klostergemäuer untergebracht. Dem Hausherrn Attilio Pasini hat es besonders die heimische Rebsorte Groppello angetan. Aus dieser Traube keltert er seinen intensiven Rotwein „Mocasina". Herrlich fruchtig und ein idealer Begleiter zu Gardaseefisch ist der „Rossetto", ein frischer Riesling. Attilio Pasini verkauft aber auch Olivenöl aus eigenen Früchten, gepresst in der Nachbarschaft, in der Ölmühle Manestrini. Und natürlich Grappa. Geheimtipp: In der Cantina gibt es tolle Events, z. B. Jazzkonzerte, immer begleitet von einem guten Tropfen des Hauses.

112

LA FUCINA DEI SAPORI

Via Fucine 15
25080 Prevalle (BS)
+39 030 680 12 51
www.lafucinadeisapori.com

Eine wahre Geschmacksreise kann man in Prevalle, unweit von Calvagese, unternehmen. In dem kleinen Laden La Fucina dei Sapori zelebriert Besitzer Daniele Segala die Welt des feinen Geschmacks. V. a. die Käseauswahl ist beeindruckend. Es gibt aber auch tolle Weine, Schokoladen, Schinken, Salami u. v. m. Und sogar Bücher werden verkauft. Je nach Wunsch kann man die Produkte auch gleich vor Ort genießen, es gibt einen kleinen gemütlichen Essbereich.

113

REDAELLI DE ZINIS

Via N. H. Ugo de Zinis 10
25080 Calvagese Riviera (BS)
+39 030 60 10 01
www.dezinis.it

Zwischen Desenzano und Salò liegt der beeindruckende Landsitz der Adelsfamilie Redaelli de Zinis. Hier wird seit Jahrhunderten Wein produziert. Vom Spumante oder seiner Rosévariante über klassische junge Weißweine wie Pinot Grigio, Riesling und Chardonnay bis zu den gehaltvollen Rotweinen Groppello oder Cabernet Sauvignon – das Angebot ist wirklich mehr als komplett. Und natürlich fehlt es auch nicht an Grappa, Dessertwein, Olivenöl und anderen Spezialitäten.

114

CASCINA BELMONTE

Loc. Toppe, Fraz. Moniga del Bosco
25080 Muscoline (BS)
+39 333 505 16 06
www.cascinabelmonte.it

Enrico di Martino baut, seit er im Jahr 2000 die 20 ha Land seiner Eltern übernommen hat, mit exzellenten Ergebnissen rein biologische Weine an. Seine Roten wie die Weißweine weisen einen sehr geringen Sulfitgehalt auf, ein absolutes Plus für die Gesundheit. Cascina Belmonte arbeitet komplett ökologisch, vom Anbau über die Verpackung bis zum Respekt für die umliegende Natur. Zwei Landschaftsarchitekten haben einen halbstündigen Naturlehrpfad über das Weingut, Wiesen, Wälder und den Gemüsegarten angelegt. Eine tolle Gelegenheit, die Degustation mit einem kleinen Spaziergang zu verbinden!

115

CAFFÈ MARTINI

Via Chiesa 34
25080 Padenghe sul Garda (BS)
+39 349 068 55 32
www.caffemartini.eu

Eine Allgäuerin am Gardasee, die eine kleine, authentische Kaffeerösterei betreibt – das ist die Geschichte von Anita. Sie führt mit viel Leidenschaft die Rösterei ihres Schwiegervaters weiter, in der bereits seit 1939 die rohen Bohnen bearbeitet werden und sich so wenig später in herrlich duftenden Caffè verwandeln. Beste Qualität, schonende Röstung und eine liebevolle Abfüllung und Verpackung machen die verschiedenen Sorten so besonders. Während des Einkaufs hat Anita für ihre Kunden auch immer ein paar wertvolle Tipps auf Lager und allerhand Erklärungen rund um den dunklen Wachmacher.

116

ZULIANI

Via Tito Speri 28
25080 Padenghe sul Garda (BS)
+39 030 990 70 26
www.vinizuliani.it

Schon die Ankunft bei der Cantina Zuliani ist beeindruckend. Mitten im „Centro storico“ des kleinen Ortes Padenghe eröffnen sich einem die wunderschöne alte Villa, deren Grundmauern noch aus der Zeit der Römer stammen, und der malerische Innenhof. In den historischen Gewölben lässt die Familie Zuliani seit über 500 Jahren den besten Wein reifen. Die Weinberge liegen gleich in den Feldern vor den Toren von Padenghe. Unter den hervorragenden Weinen hervorzuheben ist der „Balòsse“, ein dichter, farbintensiver Groppello. Auch der Riesling ist jeden Schluck wert. Und wenn Sie Glück haben, dann führt Sie Signora Zuliani vielleicht ein bisschen herum und lässt Sie eintauchen in die jahrhundertealte Tradition des Weinguts.

117

CALVINO GUSTO SUPREMO

Via Calvino 4
25080 Padenghe sul Garda (BS)
+39 030 990 04 51
www.calvingusto.it

Seit 2001 hat sich die Familie Beretta der traditionellen und größtenteils biologischen Landwirtschaft verschrieben. Fast alle Produkte werden von Hand gemacht: Marmeladen, Mostarda, eingelegtes Gemüse u. v. m. Ganz besonders toll ist die große Käseauswahl. Hier reifen Grana Padano und Parmigiano Reggiano. Beeindruckend das riesige Käselager. Probieren sollten Sie auch unbedingt das exzellente Bioolivenöl. Der Betrieb ist ein von der Lombardei anerkannter Lehrbauernhof und bietet die Möglichkeit zu kostenlosen Führungen. Man kann erleben, wie eine Ölmühle aufgebaut ist, und die Geheimnisse der Käsereifung ergründen.

118

MANESTRINI

Via Avanzi 11
25080 Soiano del Lago (BS)
+39 0365 50 22 31
www.manestrini.it

Die Ölmühle Manestrini ist ein Familienbetrieb und bekannt für ihr hervorragendes Olio extra vergine DOP Garda Bresciano, das jedes Jahr zahlreiche Auszeichnungen erhält. Es gibt einen schönen Bestand an sehr alten, aber auch jüngeren Olivenbäumen, die Pressanlage ist sehr modern und das Öl wird besonders schonend hergestellt. Neben dem hochwertigen Olivenöl aus den Olivensorten Frantoio, Moraiolo, Leccino und Casaliva gibt es weitere Spezialitäten wie in Öl eingelegtes Gemüse, verschiedene Pastasoßen und Olivenpasten. Auf Voranmeldung kann man die Ölmühle auch besichtigen und Verkostungen buchen.

119

IL ROCCOLO

Via Giuseppe Zanardelli 49
25080 Polpenazze del Garda (BS)
+39 0365 67 41 63
www.roccolobertazzi.it

Das Weingut Il Roccolo befindet sich im Zentrum von Polpenazze, einem romantischen Dorf mit einem fantastischen Panoramablick über den See. Der Name Roccolo verweist auf den kleinen Turm aus dem 19. Jahrhundert, der das Zentrum des Weinguts ausmacht. Der kleine Familienbetrieb um Andrea Bertazzi baut Reben und Oliven an und produziert Rotweine wie den kräftigen „Indomito", Weine aus Marzemino und Groppello sowie einen Vino bianco frizzante (einen perlenden Weißwein) namens „Rugiada". Besonders zu erwähnen sind das wirklich hervorragende Olio extra vergine und die natürlichen Kosmetikprodukte aus Oliven.

120

I LECCI

Via San Pietro 5
25080 Polpenazze del Garda (BS)
+39 0365 67 45 07

Antonio Bianchi ist der Betreiber der Ölmühle I Lecci, die eigentlich als kleiner Geheimtipp gilt. Er kultiviert die klassischen Olivensorten wie Frantoio, Casaliva und Leccino. Sein Olio extra vergine ist von hervorragender Qualität und macht schon beim Eintunken mit einer einfachen Scheibe Weißbrot viel Freude.

121

LE SINCETTE

Via Rosario 44
25080 Polpenazze del Garda (BS)
+39 0365 65 14 71
www.lesincette.it

Die Azienda Agricola Le Sincette befindet sich in Polpenazze in der Region des Valtènesi, wo die typischen Brescianer Weine hergestellt werden. Auf 35 ha baut man Wein und Oliven an – und das nach den Lehren von Rudolf Steiner, also biodynamisch, was noch einen Schritt weiter geht als der „normale" biologische Anbau. Das Öl hat eine außergewöhnliche Qualität, auch der hauseigene Grappa überzeugt. Gäste sind gern gesehen und können alle Produkte verkosten.

122

LEALI DI MONTE ACUTO

Via Dosso 4
25080 Puegnago del Garda (BS)
+39 0365 65 12 91
www.lealidimonteacuto.it

Wein, Spumante, Grappa und Olivenöl. Das ist das klassische Angebot vieler kleiner Familienbetriebe am südlichen Gardasee. So auch bei Leali di Monteacuto im wunderschönen Valtènesi. Großvater Antonio hatte auf gerade einmal 2 ha Land mit dem Anbau begonnen, auf den inzwischen 14 ha stehen heute je etwa zur Hälfte Olivenbäume und Weinreben. Natürlich gibt es den für das Valtènesi so charakteristischen Rotwein Groppello und auch seine Rosévariante, den Chiaretto, sowohl „fermo" als auch in Spumante-Version. Unter den insgesamt sieben Weinen vertritt ein guter Riesling die Weißweine.

123

SERGIO DELAI

Via Aldo Moro 10
25080 Puegnago del Garda (BS)
+39 0365 55 55 27
www.delaisergio.it

Das Weingut Delai liegt in der malerischen Hügellandschaft des Valtènesi. Hier sind der Groppello, der „König des Valtènesi“, und der Chiaretto zu Hause. Sergio Delai und seine Familie achten seit jeher auf die Qualität ihrer Produkte und holen das Beste aus der Region heraus. Das zahlt sich aus und die Weine wurden bereits mehrfach prämiert. Auch die Grappe und das Olivenöl sollte man unbedingt einmal verkosten. Und für alle, die ein Geschenk suchen: Man kann die Produkte auch in schönen Geschenkkonfektionen erwerben.

124

COMINCIOLI

Via Roma 10, Loc. Castello
25080 Puegnago del Garda (BS)
+39 0365 65 11 41
www.comincioli.it

Wenn man den Shop von Comincioli betritt, sticht sofort das tolle Design der Flaschen und Verpackungen ins Auge. Aber auch der Inhalt ist besonders. Das Olio extra vergine wurde in New York zum besten Olivenöl der Welt gekürt, hat dafür aber natürlich auch seinen Preis. Die Frau von Eigentümer Gianfranco Comincioli versichert bei der Beratung aber, dass man mit einem Öl dieser Qualität sehr sparsam umgehen kann. Auch Weine werden hier produziert, wie z. B. Chiaretto, tolle Rotweine und auch Schaumweine, wie ein Spumante Extra Dry aus der Traube Trebbiano di Valtènesi. Außerdem gibt es Grappa.

125

PASINI SAN GIOVANNI

Via Videlle 2, Fraz. Raffa
25080 Puegnago del Garda (BS)
+39 0365 65 14 19
www.pasiniproduttori.it

Das Weingut Pasini wurde 1958 von Andrea Pasini gegründet und wird heute von der dritten Generation betrieben. Die Trauben werden auf 36 ha im Valtènesi und im Lugana-Gebiet angebaut und somit entstehen hier die typischen Brescianer Weine wie z. B. eben Lugana oder der „Rosagreen Chiaretto Organic“, der aus der Traube Groppello hergestellt wird. Die Familie legt allergrößten Wert auf respektvollen Umgang mit der Natur, erzeugt Energie mit der eigenen Fotovoltaikanlage und produziert ausschließlich Bioweine.

126

COSTARIPA

Via della Costa 1a
25080 Moniga del Garda (BS)
+39 0365 50 20 10
www.costaripa.it

Mattia Vezzola hat schon oft die Auszeichnung als „Bester Önologe des Jahres“ erhalten. Seine große Leidenschaft für den Wein und die Erde, auf der er wächst, zusammen mit seiner jahrzehntelangen Erfahrung machen sich in den Rebensäften bemerkbar. Bekannt wurde das Weingut v. a. durch seine Roséweine. Der „Molmenti 2015“ wurde als bester Rosé Italiens 2019 vom Weinführer „Gambero Rosso“ mit der Höchstnote von drei Weingläsern ausgezeichnet. Zu empfehlen ist aber auch der Spumante. Schon 1973 hatte Vezzola einen ersten Spumante Metodo classico vom Gardasee produziert und damit die Fachwelt beeindruckt.

127

MANERBA BREWERY

Via Trevisago 19
25080 Manerba del Garda (BS)
+39 0365 55 08 47
www.birrificiomanerba.it

Die Familie Avanzi produziert nicht nur Wein, sondern in der Privatbrauerei neben der Cantina auch sog. Craft-Biere. Die Manerba Brewery hat ihre Produktionsanlage von einem Hersteller aus Bamberg und ist damit technisch perfekt ausgestattet. Es gibt eine tolle Bandbreite an Bieren: Weizen und Helles nach deutscher Tradition gebraut, aber auch Spezialbiere nach belgischer und britischer Manier, wie z. B. das Bier „Garda“, ein hopfiges IPA-Bier. Im Pub gibt's deftige alpenländische Küche und Pizza – durch eine Glasscheibe kann man einen Blick ins Sudhaus werfen.

128

AVANZI

Via Trevisago 19
25080 Manerba del Garda (BS)
+39 0365 55 13 09
www.avanzi.net

Das Weingut Avanzi ist ein Familienbetrieb in Manerba del Garda und produziert seit 1931 Weine und kalt gepresstes Olivenöl. Die Weine und das Öl werden ausschließlich aus Oliven und Trauben aus dem eigenen Besitz hergestellt, der sich von Sirmione über Desenzano bis nach Polpenazze erstreckt. Es gibt natürlich Lugana – diesen auch als Riserva, der für kurze Zeit im Holzfass ausgebaut wird. Dann gibt es Garda Classico DOC-Weine, einen hervorragenden Chiaretto Roséwein und Spumante Brut. Das Sortiment runden die Destillate Grappa di Groppello und Grappa di Lugana ab. Avanzi hat außerdem eine Brauerei, direkt neben dem Weingut, und eine weitere Cantina in der Franciacorta.

129

COOPERATIVA AGRICOLA SAN FELICE

Via delle Gere 2
25010 San Felice del Benaco (BS)
+39 0365 623 41
www.oliofelice.com

Die Kooperative von San Felice ist vor Ort unter dem Namen La Verità, also „die Wahrheit“, bekannt. Seit 1948 bringen hier Klein- und Kleinstproduzenten ihre Olivenernte in die Presse und verkaufen so gemeinsam ihr Öl. 280 Mitglieder zählt die Kooperative, die in einem kleinen Laden unweit der Isola del Garda heute auch weitere Olivenprodukte und eine Kosmetiklinie sowie Konfitüren, Honig, Wein, Käse u. v. m. anbietet. Alle Produkte sind rigoros lokal erzeugt, einige hiervon auch biologisch zertifiziert. La Verità ist Name und Firmenphilosophie zugleich und steht für authentische Gardaseeprodukte.

130

POGGIO RIOTTO

Loc. Riotto
25125 Cunettone di Salò (BS)
+39 338 845 79 99
www.poggioriotto.it

Simon Albanese baut auf den Hängen südlich von Salò seine Oliven seit fast 20 Jahren biologisch an. Er tut dies aus Überzeugung: um so sich selbst bei der Arbeit keinen chemischen Produkten auszusetzen und um seinen Kunden in jeder Hinsicht die bestmögliche Qualität bieten zu können. Sein vorzügliches Gardasee-Olivenöl verwendet er auch bei der Herstellung eingelegter Gemüseaufstriche und Nudelsoßen, für die er ebenso das Gemüse, wie Paprika und Tomaten, biologisch anbaut. Der Hof liegt etwas versteckt im Ortsteil Riotto. Die Produkte sind regelmäßig auf den lokalen Bauernmärkten zu finden.

131

TASSONI

Via San Carlo 28
25087 Salò (BS)
+39 0365 22 686
www.cedraltassoni.it

„Il Cedro“, zu Deutsch Zitronatzitrone, gibt es seit dem 14. Jahrhundert am Gardasee und wird heute von der Firma Tassoni zu Cedrata verarbeitet, einer Limonade mit einem ganz eigenen Geschmack. In dem kleinen Shop mit Bar im Zentrum von Salò kann man Cedrata kaufen oder auch den dort erfundenen Sprizz di Salò verkosten – er wird aus Cedrata und einem sog. Bitter gemixt. Ohne Zweifel erinnert der Bitter von Tassoni an Aperol, ist aber eine eigene Produktion. Es gibt von Tassoni auch Tonic Water und andere alkoholische und nicht alkoholische Getränke.

132

BEREALTO

Via Europa 2
25087 Salò (BS)
+39 0365 52 02 17

Wer sich einen guten Überblick über den Wein der Gardaseeregion verschaffen möchte, der ist in der Enoteca Berealto von Mauro Baccolo gut aufgehoben. An der Hauptstraße, die von Salò nach Süden ins Valtènesi führt, gibt es eine breite Auswahl von Franciacorta bis Valpolicella und von den Trentiner Weinen bis zum Lugana und Soave. Beratung und auch Verkostungen machen Berealto zu einem Kennertipp, auch über die Gardaseeweine hinaus. Neben Wein findet man in der Enothek auch ein breites Angebot an Gardasee-Olivenöl.

133

PASTICCERIA VASSALLI

Via San Carlo 84
25087 Salò (BS)
+39 0365 207 52
www.pasticceriavassalli.com

In einer kleinen Gasse mitten in Salò liegt diese historische Pasticceria (Konditorei), die schon seit 1930 besteht und in der alles hausgemacht ist – von Pralinen über Kuchen und Torten bis hin zu Marmeladen und traditionellem Gebäck. Man kann hier auch Kaffee oder Tee trinken oder zu einem Glas Wein salzige Häppchen genießen. Die Eigentümerin steht selbst im Laden und sorgt dafür, dass sich Kunden und Gäste rundum wohl fühlen.

134

MERCATO COPERTO DEI FORMAGGI

Via Molino 3
25085 Gavardo (BS)
+39 0365 311 10

Für Käseliebhaber ist ein Besuch bei Giuseppina und Enrico Orioli eigentlich Pflicht. Die beiden haben eine unglaubliche Auswahl an Käsesorten aus der Region, beraten mit viel Geduld und Kenntnis und man darf alles probieren. Manche Sorten reifen im eigenen Keller. Wichtig ist ihnen auch, zu wissen, wo ihr Käse herkommt. Sie wählen ihre Lieferanten sorgsam aus und kennen jeden einzelnen davon persönlich. Ein wahres Käseparadies.

135

PESCHERIA CASTELLINI

Via Roma 3
25083 Gardone Riviera (BS)
+39 0365 205 35

Fisch ist ein Saisonprodukt. So bietet auch das gut sortierte Fischgeschäft im Herzen von Gardone Riviera täglich, was der Fang hergibt, direkt aus dem Gardasee genauso wie aus dem Meer. Wenn die Fangzeit es erlaubt, gibt es Renken, auch Felchen genannt, die auch am Gardasee zwei verschiedene Bezeichnungen tragen: „lavarello“ bzw. „coregone“. „sarde di lago“ sind die berühmten Gardasee-Sardinen und unter „Tinca“ versteht man Schleie. Neben frischem Fisch gibt es bei Castellini auch Tiefkühlware, um zu jeder Jahreszeit das Angebot zu erweitern.

136

KARIN STEINBACHER

Via Caduti 23
25083 Gardone Riviera (BS)
+39 0365 724 62

Karin Steinbacher ist ein „Urgestein“ am Gardasee. Sie kommt ursprünglich aus München, lebt aber seit vielen Jahren am Lago. Ihre Leidenschaft gehört in erster Linie den „Limoni del Garda“ – den heimischen Zitronen. Daraus macht sie Marmeladen und einen hervorragenden, fruchtigen Limoncello. Ihre Marmeladen stellt sie auch aus anderen Früchten der Umgebung her – alles in eigener Handarbeit nach alten Rezepten und in traditioneller Herstellungsweise sowie ohne Farb- und Konservierungsstoffe. Da ihr kleiner Laden nur wenige Meter vom berühmten Vittoriale entfernt liegt, lohnt sich ein Besuch doppelt.

137

FRANTOIO BONASPETTI

Via Bellini 75
25088 Toscolano Maderno (BS)
+39 0365 64 10 60
www.frantoiobonaspetti.com

Die Westküste des Gardasees ist bekannt für ihr ausgezeichnetes Olivenöl. Frantoio Bonaspetti ist eine der ältesten noch bestehenden Ölmühlen hier am See. Das Olio extra vergine, das hier entsteht, hat einen wunderbar fruchtigen Duft und Geschmack und eine sehr geringe Säure. Es gibt das Öl in verschiedenen Flaschengrößen und -formen sowie in Kanistern. Man wird vom sympathischen Chef selbst beraten, der auf Wunsch auch die Herstellung erklärt.

138

BIGNOTTI

Via Roma 13
25084 Gargnano sul Garda (BS)
+39 0365 712 20

Im Zentrum von Gargnano befindet sich dieses Spezialitätengeschäft der sympathischen Brüder Bruno und Gianpaolo Bignotti, das 1963 als Metzgerei von ihrem Vater gegründet wurde. Es gibt eine große Auswahl an typischen Fleisch- und Wurstwaren, frische Pasta, Mostarde, Eingelegtes u. v. m. Darüber hinaus produzieren die beiden Käse mit Milch aus der Region im Caseificio (Käserei) hinter dem Laden. Hier kann man auf Anfrage auch Kurse machen und die Käseherstellung beobachten bzw. die Grundlagen dazu erlernen.

139

FRANTOIO OLIO GIACOMINI

Via Villavetro 82
25084 Gargnano (BS)
+39 335 594 64 41
www.oliogiacomini.com

Oliven, Kapern und Zitronen – Süden pur bietet das Mikroklima von Gargnano am Westufer des Gardasees in Form erstklassiger Produkte aus dem Haus Frantoio Giacomini. Das reinsortige Bioolivenöl ist in diesen Jahren von italienischen Olivenöltestern bereits zu einem der besten seiner Art gekürt worden. Die ausgezeichnete Qualität ist neben dem Klima einem perfekten Ernte- und Verarbeitungsprozess zu verdanken. Ernte und Presse erfolgen an einem einzigen Tag, wobei streng darauf geachtet wird, das Olivenöl keinen unnötigen Oxidationsprozessen auszusetzen.

140

LATTERIA TURNARIA

Via Manzoni 1
25080 Tignale (BS)
+39 0365 734 71
www.latteriaturnaria.it

Der Name ist etwas irreführend, denn Latteria bedeutet Molkerei. Wurde die Kooperative Turnaria zu Beginn des 20. Jahrhunderts auch zum Zweck der gemeinschaftlichen Butter- und Käseerzeugung gegründet, so werden hier seit Mitte der 1990er-Jahre Oliven gepresst und Marmeladen aus den Zitrusfrüchten der traditionellen Gewächshäuser am Seeufer gekocht; dazu kommt noch Honig. Alles rein biologisch. Geblieben ist das Erzeugerprinzip. In der Kooperative haben sich ca. 100 Kleinstproduzenten zusammengeschlossen, um gemeinsam ein gutes und marktfähiges Produkt anbieten zu können.

BAUERNMÄRKTE

DIREKT VOM ERZEUGER

Die Bauernmärkte am See

Eine erfreuliche Entwicklung der letzten Jahre: Rund um den See gibt es Bauernmärkte, auf denen Erzeuger direkt ihre Produkte anbieten. Dies kann ein Fischer vom See sein, der Frischfisch und selbst eingelegte Sardinen, Paté aus Felchen oder gar getrocknete Gardaseefische anbietet. Da sind die vielen Obst- und Gemüseerzeuger des Hinterlands. Wer einmal Aprikosen oder Pfirsiche, frisch und absolut reif vom Baum, aus dem Anbaugebiet um Custoza, Sommacampagna und Villafranca gekostet hat, der kennt den Unterschied. Salate und Gemüse schmücken die Auslagen mit ihren frischen Farben und verströmen ihren Duft. Im Herbst und Winter lockt ein Trüffelstand die Besucher an. Es gibt Stände mit hausgemachter Pasta, mit Schinken, Salami, Mortadella und Porchetta von den eigenen Viehbeständen. Und natürlich fehlen auch Schafs- und Ziegenkäse nicht, z. B. frische kleine Ziegenkäse, mit Kräutern und Blüten vom Monte Baldo verziert, und gereifte Ziegenhartkäse oder von der Malga Faggioli ein exzellenter, kräftiger und doch zarter Ziegenweichkäse. Man findet Grana und im Norden Trentingrana sowie Käse vom Monte Baldo oder der Hochebene von Tremosine. Bauersfrauen bieten eingelegtes Gemüse wie Gemüseantipasti in Würzessig oder Olivenöl an, Pesto vom Broccoletto di Custoza oder Sellerie vom Val Gresta, wo bereits zwei Drittel der Erzeuger biologisch arbeiten. Organisiert werden die Märkte von Bauern- oder Agriturismi-Vereinigungen. Noch mehr Bauernmärkte und weitere Informationen zu den Erzeugern, von denen Sie viele auch direkt besuchen können, findet man unter www.verona.coldiretti.it für die Provinz Verona und www.agriturismomantova.it/mercati-list.php für die Provinz Mantova.

Auch die vielen Wochenmärkte rund um den Gardasee, auf denen man v. a. Kleidung, Schuhe, Geschirr oder Andenken findet, bieten Lebensmittel an. Dort stellen neben reinen Händlern auch Direkterzeuger ihre Ware aus. Markttage unter www.gardasee.de.

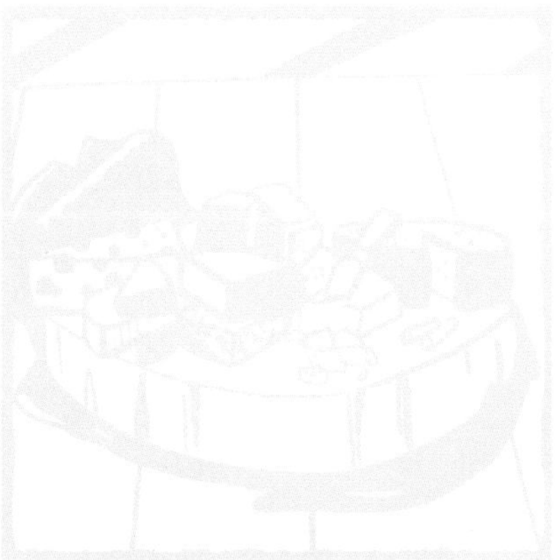

Montag

Cavalcaselle (VR), Via Mantovana

Manerba del Garda (BS), Fraz. Montinelle (Juni bis September)

Toscolano Maderno, Piazza Nassirya

Dienstag

Arco (TN), Viale delle Palme

Marmirolo (MN), Piazza Roma

Bussolengo (VR), Piazza XXIV Aprile

Salò (BS), Piazza Leonardo Da Vinci

Mittwoch

Malcesine (VR), Piazza Santo Stefano (März bis November)

Donnerstag

Brenzone sul Garda (VR), Loc. Assenza, Piazza San Nicolò

Castiglione delle Stiviere (MN), Piazza San Luigi

San Benedetto di Lugana (VR), Via Falcone, direkt an der Hauptstraße

Desenzano del Garda (BS), Piazza Garibaldi

Freitag

Riva del Garda (TN), Viale Roma

Goito (MN), Piazza Matteotti

Samstag

Lonato (BS), Piazza Martiri della Libertà

Mantova (MN), Lungo Rio IV Novembre (beim Teatro Sociale)

Calmasino (VR), Piazzale della Battaglia

Sonntag

Castelnuovo del Garda (VR), Via Marconi

Costermano sul Garda (VR), Fraz. Albarè

Sommacampagna (VR), Piazza della Repubblica (erster Sonntag im Monat)

Grazie di Curtatone (MN), Via Francesca

Castel d'Ario (MN), Via Trieste

Moniga del Garda (BS), Piazza San Martino (Juni bis September)

Reguläre Wochenmärkte jeweils von 8 bis 13 Uhr
(www.gardasee.de/shopping/maerkte)

GLUTENFREI

GLUTENFREI AM GARDASEE

Empfohlen von gardasee.de

Pasta, Pizza, Tortellini oder die Brotnocken Capunsei - alles feine Speisen, die auch einen gelungenen Urlaub ausmachen. Und gerade weil viele Spezialitäten der italienischen Küche auf Weizenmehl basieren, richten sich immer mehr Gastronomen auch auf diejenigen ein, die gerade das nicht vertragen. Hier eine Auswahl an Restaurants und Hotels, die glutenfreie Speisen anbieten. Mehr unter www.celiachia.it.

Trentino

La Berlera, Riva del Garda, Loc. Ceole 8/b, +39 0464 52 11 49, www.laberlera.it

Agritur Eden Marone, Riva del Garda, Via Marone 23, +39 0464 52 15 20, www.eden-marone.it

Veneto

Athena, Caprino Veronese, Via Pertini 10/h, +39 045 623 08 13

Ristorante Villa Mimosa, Bardolino, Riva Cornicello 1, +39 045 621 10 20, www.gardasee.de/ristorantevillamimosa

Ristorante Convivium, Lazise, Loc. Le Greghe, +39 045 649 01 77, www.hotelprincipedilazise.com

Tortuga Coffee & Restaurant, Peschiera del Garda, Via Lungolago Mazzini 2 b, +39 0456 40 17 35, www.tortugapeschiera.com

Lombardia

La Speranza, Solferino, Via S. Martino 6, +39 0376 85 41 91, www.la-speranza.it

Al Braciere, Sirmione, Via San Martino 2, +39 030 990 55 61, www.ristorantealbraciere.com

La Lisca, Sirmione, Via Brescia 41, +39 030 990 41 91, www.liscaristorante.it

Rose e Sapori, Desenzano del Garda, Lungolago C. Battisti 89, +39 030 914 45 85, www.roseesapori.eu

Kapperi, Desenzano, Via Nazario Sauro 7, +39 030 999 18 93, www.kapperi.eu

Dalla Cugina, Manerba del Garda, Via del Rio 37, c/o Camping Rio Ferienglück, +39 334 509 86 58, www.dallacugina.it

El Mamacita, Gavardo, Via A. Gosa, 164/f, +39 0365 342 75, www.elmamacita.it

Trattoria alle Trote, Gavardo, Via Bariaga 24, +39 0365 312 94, www.trattoriatrote.it

Antica Cascina San Zago, Salò, Via dei Colli 54, +39 0365 427 54, www.anticacascinasanzago.it

Villa dei Roccoli, Toscolano Maderno, Via Sanico 11, +39 0365 54 15 92, www.ristorantevilladeiroccoli.com

Al Torchio, Tignale, Via Europa 1, +39 0365 76 02 96, www.altorchiotignale.it

Apollo XI, Tignale, Via Badiale 4, +39 0365 198 04 22, www.gtstignale.it

UNTERKÜNFTE MIT GLUTENFREIER KÜCHE

Empfohlen von gardasee.de

Trentino

B & B Un tempo per Noi - Vegan Raw Glutenfree, Drò, Via Torre 6, +39 333 364 95 54, www.untempopernoi.it

Active & Family Hotel La Gioiosa ****, Riva del Garda , Via Cartiere, 70/b, +39 0464 52 13 56, www.gioiosa.it

Hotel Villa Alberta ***, Torbole, Via Strada Piccola 24, +39 046 450 53 65, www.hotelvillaalberta.it

Veneto

Principe di Lazise Wellnesshotel & SPA ****, Lazise, Loc. Le Greghe, +39 045 649 01 77, www.hotelprincipedilazise.com

Hotel Bellevue San Lorenzo ****, Malcesine, Via Gardesana 164, +39 045 740 15 98, www.bellevue-sanlorenzo.it

Hotel Eden ***, Brenzone sul Garda, Via Zanardelli 6, +39 045 742 01 02, www.hoteleden.info/de

Hotel Fortuna - Ristorante & Pizzeria, Albarè di Costermano sul Garda, Via Costabella 17, +39 045 620 04 94, www.hotelristorantefortuna.it

Lombardia

Hotel Villa Capri ****, Gardone Riviera, Via Zanardelli 172, +39 036 52 15 37, www.hotelvillacapri.com

Villa Rosa Hotel ****, Desenzano del Garda, Lungolago C. Battisti 89, +39 030 914 19 74, www.villarosahotel.eu

Strandhotel La Paül, Sirmione, Via XXV Aprile 32, +39 030 91 60 77, www.hotellapaul.it

Hotel Residence Holiday, Sirmione, Via Achille Grandi 5, +39 030 919 62 61, www.hotelresidenceholiday.it

VEGETARISCH

& VEGAN

VEGETARISCH UND VEGAN AM GARDASEE

Empfohlen von gardasee.de

Immer mehr Menschen möchten sich vegan oder vegetarisch ernähren. Und auch wenn die klassische italienische Küche eher nicht unbedingt vegan ist, bietet sie trotzdem schon viele vegane Gerichte wie Pasta al pomodoro/aglio e olio/con ceci oder Minestrone. Die Auswahl an Restaurants ist jedoch meist leider ziemlich klein. In der letzten Zeit wächst allerdings die Zahl der rein veganen und vegetarischen Lokale. Immer mehr Gastronomen und Hoteliers ergänzen ihre Speisekarten zudem mit hervorragenden vegetarischen und/oder veganen Alternativen. Hier eine Auswahl an Restaurants und Unterkünften, die ausschließlich vegane und vegetarische Speisen oder zumindest eine sehr gute Auswahl anbieten.

Trentino

Veganima, Arco, Viale Magnolie 29, +39 0464 51 97 64, www.veganima.com (100 % vegan)

BioEssere Risto & Cafe, Arco, Via S. Caterina 40, +39 0464 51 65 97, www.bioesserearco.com (100 % vegetarisch)

Officina Verde, Riva del Garda, Loc. S. Giacomo 6, +39 0464 79 10 12, www.officinaverde.bio (100 % vegan)

Ristorante Pizzeria Bar e Gelateria L'Ora, Riva del Garda, Viale Rovereto 101, +39 0464 55 61 00, www.lorarivadelgarda.com

Veneto

Il Giardino delle Rane, Garda, Lungolago Regina Adelaide, +39 045 725 67 44, www.ilgiardinodellerane.com

Vecchio Mulino Beach, Peschiera del Garda, Strada Bergamini, +39 388 902 12 34, www.vecchiomulinobeach.com

Ristorante Bue D'Oro, Valeggio sul Mincio, Via Alessandro Sala 3, +39 045 795 24 51, www.buedorovaleggio.it

Ristorante Pizzeria Bar La Torre, Valeggio sul Mincio, Via Circonvallazione Sud 1, +39 045 795 20 88, www.latorrepizzeria.it

Lombardia

Pachamama bio restaurant, Salò, Piazza Leonardo da Vinci 7, +39 0365 186 3333, pachamama-bio-restaurant-restaurant.business.site (100 % vegan)

Ristorante Pizzeria Desenzanino, Desenzano del Garda, Lungolago Cesare Battisti 91, +39 030 912 80 96, www.desenzanino.eu

UNTERKÜNFTE MIT VEGETARISCHER UND VEGANER KÜCHE

Empfohlen von gardasee.de

Trentino

Hotel Gabry, Riva del Garda, Via Longa 6, +39 0464 55 36 00, www.hotelgabry.com (nur Frühstück)

B & B vegan La Casota, Torbole sul Garda, Via di Coize 10, +39 0464 50 60 37, www.lacasotavegan.it (100 % vegan)

B & B Un tempo per Noi - Vegan Raw Glutenfree, Drò, Via Torre 6, +39 333 364 95 54, www.untempopernoi.it (100 % vegan)

Veneto

Ambienthotel PrimaLuna, Malcesine, Via Gardesana 165, +39 045 740 03 01, www.primalunahotel.com

Lombardia

Lefay Resort & SPA, Gargnano, Via Angelo Feltrinelli 136, +39 0365 24 18 00, www.lefayresorts.com

MICHELIN-STERNE

MICHELIN-STERNE

Trentino

Dolomieu *
Via Castelletto Inferiore 10, 38086 Madonna di Campiglio
+39 0465 44 31 91
www.dvchalet.it

Il Gallo Cedrone *
Via Cima Tosa 80, 38086 Madonna di Campiglio
+39 0465 44 10 13
www.ilgallocedrone.it

L Chimpl *
Strada de Tamion 3, 38039 Vigo di Fassa
+39 0462 76 91 08
www.hotelgranmugon.com

Malga Panna *
Strada de Sort 64, 38035 Moena
+39 0462 57 34 89
www.malgapanna.it

El Molin *
Piazza Cesare Battisti 11, 38033 Cavalese
+39 0462 34 00 74
www.alessandrogilmozzi.it/ristorante-mulino-trentino-val-di-fiemme.php

Locanda Margon **
Via Margone 15, 38040 Ravina
+39 0461 34 94 01
www.locandamargon.it

Veneto

Vecchia Malcesine *
Via Pisort 6, 37018 Malcesine
+39 045 740 04 69
www.vecchiamalcesine.com

Oseleta *
Loc. Cordevigo, 37010 Cavaion Veronese
+39 045 723 52 87
www.ristoranteoseleta.it

La Veranda *
Via Santa Cristina 5, 37011 Bardolino
+39 045 621 08 57
www.ristorantelaverandabardolino.it

12 Apostoli *
Vicolo Corticella San Marco 3, 37121 Verona
+39 045 59 69 99
www.12apostoli.com

Maffei *
Piazza delle Erbe 38, 37121 Verona
+39 045 801 00 15
www.ristorantemaffei.it

Casa Perbellini **
Piazza San Zeno 16, 37121 Verona
+39 045 878 08 60
www.casaperbellini.com

Il Desco *
Via Dietro San Sebastiano 7, 37121 Verona
+39 045 59 53 58
www.ildesco.com

Osteria La Fontanina *
Portichetti Fontanelle Santo Stefano 3, 37129 Verona
+39 045 91 33 05
www.ristorantelafontanina.com

Perbellini *
Via Muselle 130, 37050 Isola Rizza
+39 045 713 53 52
www.perbellini.com

Lombardia

La Rucola 2.0 *
Vicolo Strentelle 3, 25019 Sirmione
+39 030 916 326
www.ristorantelarucola.it

Esplanade *
Via Lario 3, 25015 Desenzano del Garda
+39 030 914 33 61
www.ristorante-esplanade.com

Capriccio *
Piazza San Bernardo 6, Loc. Montinelle, 25080 Manerba
+39 0365 55 11 24
www.ristorantecapriccio.it

Lido 84 *
Corso Zanardelli 196, 25083 Gardone Riviera/Fasano
+39 0365 200 19
www.ristorantelido84.com

Villa Feltrinelli **
Via Rimembranza 38/40, 25084 Gargnano
+39 0365 79 80 00
www.villafeltrinelli.com

Villa Giulia *
Via Rimembranza 20, 25084 Gargnano
+ 39 0365 710 22
www.villagiulia.it

La Tortuga *
Via XXIV Maggio 5, 25084 Gargnano
+39 0365 712 51
www.ristorantelatortuga.it

Dal Pescatore ***
Loc. Runate - Canneto sull'Oglio, 46013 Runate
+39 0376 72 30 01
www.dalpescatore.com

KULINARISCHE EVENTS

KULINARISCHE EVENTS

In fast jedem Dorf gibt es eine „sagra", ein kulinarisches Fest, den Pilzen, den Trauben und dem Wein, Kastanien, Pfirsichen, ja gar dem Brathuhn gewidmet, wie etwa im kleinen Dorf Olfino bei Monzambano in den Moränenhügeln im Süden. Sie alle aufzuzählen ist beinahe unmöglich. Daher hier eine Auswahl der (kulinarisch) interessantesten. Die genauen Daten finden Sie immer aktuell unter www.gardasee.de/kulinarische-feste.

März/April

Gran Premio Palio del Recioto, Negrar

Buntes (kulinarisches) Fest rund um den Dessertwein Recioto.
www.paliodelreciotoedellamarone.it

Mai/Juni

Fish & Chef, verschiedene Seeorte

Viele Restaurants bieten ein besonderes Menü aus Gardaseefischen.
www.fishandchef.it

Cinquemiglia del ghiottone, Tremosine sul Garda

Der Rundweg, den die Veranstalter für den Schlemmerspaziergang auswählen, ist fünf Meilen - cinque miglia - lang, also etwa acht Kilometer. Er führt durch die Idylle der Gemeinde Tremosine und es werden jede Menge Schlemmerpausen eingelegt.
www.infotremosine.it/lago-di-garda/lacinquemigliadelghiottone2017passeggiataeno-gastronomica.htm

La Festa del Pesce e dell'Olio, Malcesine

Alljährliches Fischfest im Juni.
www.visitmalcesine.com

Per Corti e Cascine (dritter Sonntag im Mai), Region Mantova

Bauernhöfe, Produzenten von allerlei Spezialitäten und Weingüter öffnen die Pforten.
www.agriturismomantova.it

Palio del Chiaretto, Bardolino

Buntes Weinfest zur Feier des Rosés vom Gardasee.
www.bardolinotop.it

Italia in Rosa, Moniga del Garda

Alljährliches Chiarettofest in Moniga.
www.italiainrosa.it

Cantine Aperte, letzter Sonntag im Mai

Zahlreiche Winzer öffnen ihre Weinkeller und laden zu Gesprächen und Besichtigungen ein.
www.movimentoturismovino.it/it/eventi/2/cantine-aperte

Festa del Nodo d'Amore, Valeggio sul Mincio

Die 600 m lange Visconti-Brücke verwandelt sich zu Ehren dieser lokalen Pastaspezialität in ein großes Freiluftrestaurant. Unbedingt reservieren!
ACHTUNG: Das Event findet 2019 nicht statt! Weitere Informationen immer aktuell auf www.gardasee.de.

La Pesca a Tavola, Region Sommacampagna

Von Juni bis September kann man in der Region Sommacampagna leckere Gerichte mit der regionaltypischen Obstsorte kosten: dem Pfirsich.
www.lapescaatavola.it

Festa del Vino Custoza, Custoza

Weinfest mit Musik und breitem gastronomischem Angebot.
www.prolococustoza.it

August/September

Festa della Zucca, Pastrengo

Großes kulinarisches Fest zu allem rund um den Kürbis, inkl. der Möglichkeit von Hofbesichtigungen.
www.prolocopastrengo.it

Tortellini e Dintorni, Valeggio sul Mincio

Enogastronomische Rundreise durch die Region um Valeggio sul Mincio, es dreht sich (fast) alles um die berühmten Tortellini.
www.tortelliniedintorni.net

Ciottolando con Gusto, Malcesine

Jedes Jahr im Herbst gleicht die malerische Altstadt des Ortes einem Schlaraffenland, in dem man sich genüsslich durch die Köstlichkeiten der Gardaseeregion schlemmen kann.
www.ciottolando.com

Ende September/Anfang Oktober

Sagra del Tartufo, Tignale

Großes Trüffelfest. Ausflüge und Verkostungen rund um die berühmte Knolle.
www.tignale.org

Festa dell'Uva e del Vino, Bardolino

Weinfest mit Kultstatus, das Besucher von nah und fern anzieht.
www.bardolinotop.it

Fiera del Riso, Isola della Scala

Berühmtes Reisfest: Rund um die Isola della Scala, südlich vom Zentrum Veronas, liegt das Reisanbaugebiet der Region.
www.fieradelriso.it

Oktober/November

Antica Fiera di Santa Caterina, Castelletto di Brenzone

Schöne Bauernmesse rund um das neue Olivenöl.
www.brenzone.it

Festa della Castagna, San Zeno di Montagna

Zahlreiche Kochevents rund um die Esskastanie.
www.marronedisanzeno.it

1. Auflage 2019

ISBN 978-3-9818656-2-2

Herausgeber Hubert Kiebler - gardasee.de

AutorInnen Elena Bottaro, Marta Dal Maso, Lisa Fiderer, Dr. Heike Hoffmann, Hubert Kiebler, Tibor Lepel, Antonia Reich, Stephanie Strohmeier

Produktion bookwise GmbH, München

Illustration & Grafik Claudia Huth, Leeloo Molnár

Lektorat Maja Schöffel für bookwise GmbH, Stephanie Strohmeier

Bildnachweis Thilo Weimar: 2, 3, 4, 11, 26, 27, 38, 48, 60, 61, 65, 70, 73, 74, 75, 77, 82, 93, 105, 130, 147, 151, 152, 153, 157, 169, 174, 178, 179, 181, 195, 203, 215, 227, 233, 239, 245, 246, 247, 250, 260, 266, 270, 274, 275, 282, 283, 286, 287, 290, 291. Außerdem: auergraphics (Adobe Stock): 19; Baibaz (fotolia.com): 278, 279; ; Flavio Vallenari (istockphoto.com): 290, 291Pixelshop (Adobe Stock): 14, 15

Besuchen Sie uns im Internet unter **www.gardasee.de**

NOTIZEN

KARTE EINKAUFSADRESSEN

Die Karte mit den Restaurants
finden Sie am Anfang des Buches.

Einkaufsadresse
Bauernmarkt
Michelin-Sterne

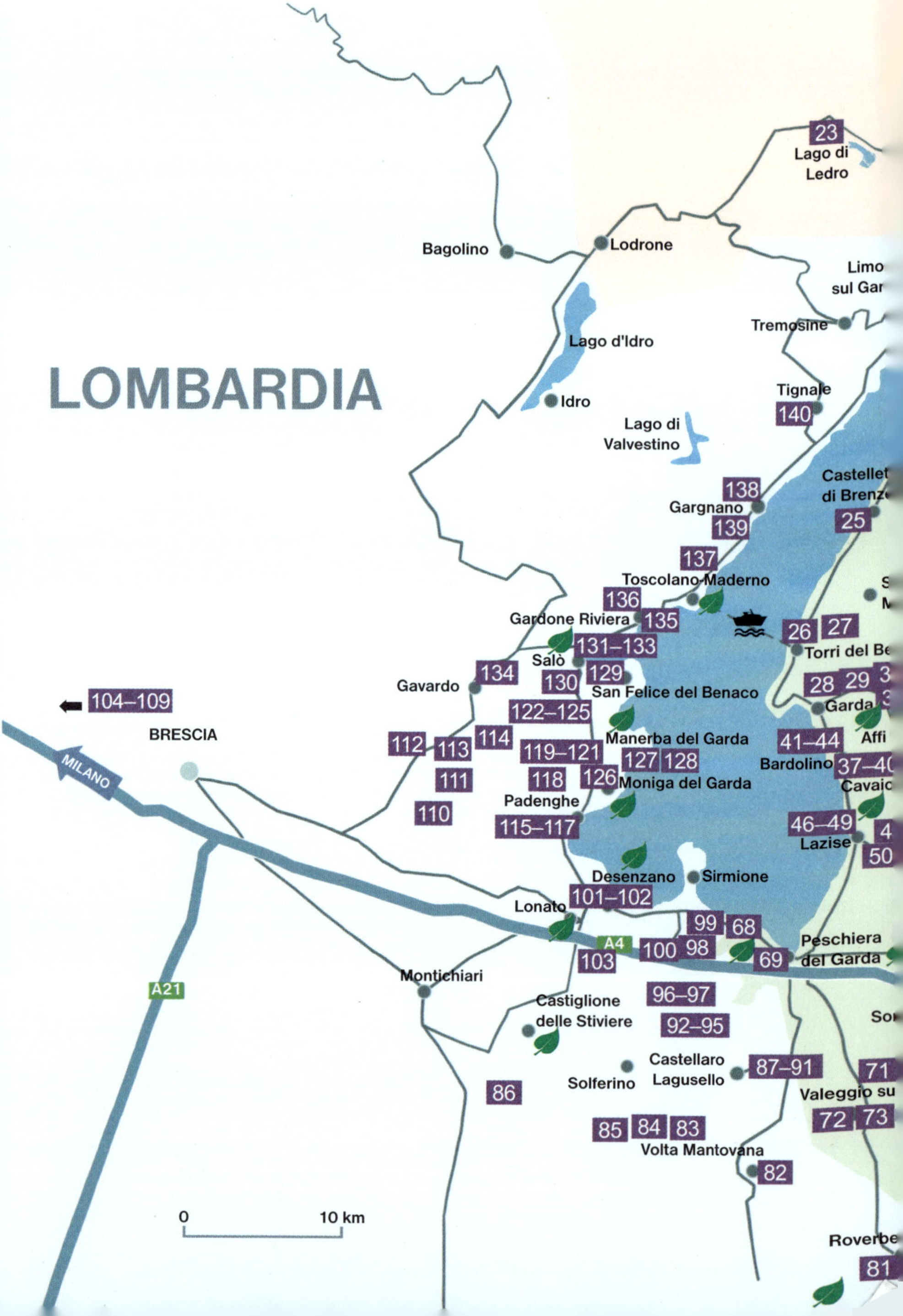